# O MUNDO DAS MARCAS

**Actual Editora**
**Conjuntura Actual Editora, Lda**

## Missão

Editar livros no domínio da gestão e economia e tornar-se uma editora de referência nestas áreas. Ser reconhecida pela sua qualidade técnica, **actualidade** e relevância de conteúdos, imagem e *design* inovador.

## Visão

Apostar na facilidade e compreensão de conceitos e ideias que contribuam para informar e formar estudantes, professores, gestores e todos os interessados, para que através do seu contributo participem na melhoria da sociedade e gestão das empresas em Portugal e nos países de língua oficial portuguesa.

## Estímulos

Encontrar novas edições interessantes e **actuais** para as necessidades e expectativas dos leitores das áreas de economia e de gestão. Investir na qualidade das traduções técnicas. Adequar o preço às necessidades do mercado. Oferecer um *design* de excelência e contemporâneo. Apresentar uma leitura fácil através de uma paginação estudada. Facilitar o acesso ao livro, por intermédio de vendas especiais, *website*, *marketing*, etc.
Transformar um livro técnico num produto atractivo.
Produzir um livro acessível e que, pelas suas características, seja **actual** e inovador no mercado.

# O MUNDO DAS MARCAS

**Rita Clifton** e **John Simmons**
com
Sameena Ahmad
Tony Allen
Simon Anholt
Anne Bahr Thompson
Patrick Barwise
Tom Blackett
Deborah Bowker
Chuck Brymer
Deborah Doane
Kim Faulkner
Paul Feldwick
Steve Hilton
Jan Lindemann
Allan Poulter
Shaun Smith

www.actualeditora.com
Lisboa — Portugal

**Actual Editora**
Conjuntura Actual Editora, S.A.
Sede: Rua Fernandes Tomás, 76-80, 3000-167 Coimbra
Delegação: Avenida Engenheiro Arantes e Oliveira, 11 – 3º C. – 1900-221 Lisboa - Portugal

TEL: (+351) 21 3190240
FAX: (+351) 21 3190249

www.actualeditora.com

**Título original:** Brands & Branding
Copyright © The Economist Newspaper Ltd 2003
Copyright texto © Sameena Ahmad, Tony Allen, Simon Anholt, Anne Bahr Thompson, Patrick Barwise, Tom Blackett, Deborah Bowker, Chuck Brymer, Rita Clifton, Deborah Doane, Kim Faulkner, Paul Fedwick, Steve Hilton, Jan Lindermann, Allan Poulter, John Simmons, Shaun Smith, 2003
Edição original publicada em 2003 por Profile Books Ltd

Edição Actual Editora – Janeiro 2018
Todos os direitos para a publicação desta obra em Portugal reservados
por Conjuntura Actual Editora, Lda
Tradução: Carla Pedro
Revisão: Marta Pereira da Silva e Sofia Ramos
Copy: Marta Pereira da Silva
*Design* da capa: Brill, Reino Unido.
Paginação: Sérgio Lopes
Gráfica: Papelmunde
Depósito legal: 222820/05
**ISBN 10:** 972-99078-6-2
**ISBN 13}:** 978-972-99078-6-9

Nenhumas partes deste livro podem ser utilizadas ou reproduzidas, no todo ou em parte, por qualquer processo mecânico, fotográfico, electrónico ou de gravação, ou qualquer outra forma copiada, para uso público ou privado (além do uso legal como breve citação em artigos e críticas) sem autorização prévia por escrito da Conjuntura Actual Editora.
Este livro não pode ser emprestado, revendido, alugado ou estar disponível em qualquer forma comercial que não seja o seu actual formato sem o consentimento da sua editora.

**Vendas especiais:**
O presente livro está disponível com descontos especiais para compras de maior volume para grupos empresariais, associações, universidades, escolas de formação e outras entidades interessadas. Edições especiais, incluindo capa personalizada para grupos empresariais, podem ser encomendadas à editora. Para mais informações contactar Conjuntura Actual Editora, Lda.

# Índice

| | |
|---|---|
| Os autores | vii |
| Prefácio<br>*Patrick Barwise* | xiii |
| Introdução<br>*Rita Clifton* | 1 |

**Parte I – A importância das marcas** ... 11
1 O que é uma marca? ... 13
  *Tom Blackett*
2 O valor financeiro das marcas ... 27
  *Jan Lindemann*
3 O valor social das marcas ... 47
  *Steve Hilton*
4 Porque é que as marcas são importantes ... 67
  *Chuck Brymer*

**Parte II – As melhores práticas de *branding*** ... 79
5 O posicionamento e a criação da marca ... 81
  *Anne Bahr Thompson*
6 A experiência da marca ... 99
  *Shaun Smith*
7 Identidade visual e verbal ... 133
  *Tony Allen e John Simmons*
8 Comunicação da marca ... 149
  *Paul Feldwick*
9 Relações Públicas e *branding* ... 167
  *Deborah Bowker*
10 Protecção da marca ... 181
  *Allan Poulter*

**Parte III – O futuro das marcas** ... 195
11 Globalização e marcas ... 197
  *Sameena Ahmad*

12 Uma perspectiva alternativa sobre marcas: 211
mercados e princípios morais
*Deborah Doane*
13 *Branding* no Sudeste Asiático 227
*Kim Faulkner*
14 *Branding* de locais e de países 241
*Simon Anholt*
15 O futuro das marcas 255
*Rita Clifton*

Índice remissivo 271

# Os autores

**Rita Clifton** é uma profissional reconhecida, autora e especialista em marcas e *branding*, com experiência em muitas empresas de sucesso de todo o mundo. Depois de ter terminado o curso em Cambridge, passou os primeiros anos da sua carreira na área da publicidade, tornando-se vice--presidente e directora estratégica da Saatchi & Saatchi. Convidada frequentemente como oradora para conferências em todo o mundo, é também colaboradora regular da CNN, da BBC e de todos os grandes jornais e revistas de negócios. Em 1997 assumiu a função de Presidente Executivo (CEO – *Chief Executive Officer*) e mais tarde a de Presidente do Conselho de Administração da Interbrand, uma empresa global de consultoria de marcas. Foi também a editora do livro da Interbrand intitulado *The Future of Brands*.

**John Simmons** foi o precursor da disciplina de identidade verbal e consultor de marcas em todo o mundo, como a Guinness, a Lever Fabergé e a Air Products. É consultor e autor e os seus dois livros, intitulados *We, me, them and it* e *The invisible grail*, tornaram-se amplamente reconhecidos como textos de referência na área do *branding*. Anteriormente, foi Director da Newell and Sorrell e depois da Interbrand, onde como director de identidade liderou importantes programas de marcas para empresas como a Royal Mail ou a Waterstone's.

**Sameena Ahmad** é correspondente para a área de negócios na revista *The Economist* e tem escrito sobre *marketing* e marcas. Já viveu em Nova Iorque e Londres e actualmente faz a cobertura de negócios na Ásia, a partir de Hong Kong.

**Tony Allen** licenciou-se em Antropologia Física na Universidade de Cambridge. Depois, entrou para a McCann-Erikson, onde trabalhou com algumas das maiores contas desta agência de publicidade, e esteve envolvido no lançamento da Diet Coke (Coca-Cola Light) no Reino Unido. Em 1985, ingressou na empresa de identidade empresarial Newell and Sorrell, conhecida pelo seu trabalho com clientes como a British Airways e a rede de livrarias Waterstone's. Estabeleceu o escritório da empresa em Amesterdão, em 1995, onde trabalhou em várias fusões e aquisições entre empresas de vários países, incluindo a da PriceWaterhouse e da

O MUNDO DAS MARCAS

Coopers & Lybrand, bem como a da Pharmacia e da Upjohn. Na sequência da compra da Newell and Sorrell pela Interbrand em 1997, regressou a Londres para se tornar Director Executivo adjunto da nova empresa em 1999 e foi Presidente Executivo da Interbrand no Reino Unido até 2004.

**Simon Anholt** é um dos pensadores de *marketing* internacional mais conhecidos do Reino Unido. Depois de se ter licenciado em Línguas Modernas na Universidade de Oxford, trabalhou como coordenador criativo internacional na McCann-Eriksson, antes de fundar a empresa de comunicação World Writers, em 1989, que dirigiu até 2001. Especializou-se no *branding* de locais durante mais de uma década e aconselha muitas cidades, regiões e países sobre diplomacia pública e estratégia de marca, incluindo aos Governos do Reino Unido (e, separadamente, da Escócia), da Eslovénia, da Croácia, da República Checa, da Alemanha e da Nova Zelândia. Presta também consultoria junto do Banco Mundial, da Organização das Nações Unidas (ONU), do World Travel and Tourism Council (Conselho Mundial de Viagens e Turismo), da World Technology Network (Rede Mundial de Tecnologia) e de várias outras organizações. É autor do *best-seller* da revista Ad Week: *Another One Bites de Grass* e do livro *Brand New Justice: The Upside of Global Branding*, publicado em 2003. É Director fundador da Placebrands, uma empresa internacional de consultoria.

**Anne Bahr Thompson** tem trabalhado como consultora e estratega nas áreas de *marketing*, planeamento e investigação, e com marcas como a Chase, a Citibank, a Fidelity, a Kraft Foods, a Quaker Oats, a Random House e a UBS Switzerland. Antes disso, foi vice-presidente de estudos de mercado e planeamento no Bankers Trust, e assumiu cargos na área da gestão de produtos e do planeamento estratégico no Chemical Bank. Detém um MBA em Finanças e Negócios Internacionais, da Darden Graduate School of Business (Escola Estudos de Pós-graduação em Ciências Empresariais de Darden), pertencente à Universidade da Virginia, bem como um BA (Bacharelato) em Comunicação e Inglês, pela Universidade de Rutgers.

**Patrick Barwise** é professor de Gestão e *Marketing*, e Presidente do Future Research Programme na London Business School (LBS). Entrou para a LBS em 1976, tendo passado os primeiros anos da sua carreira na IBM. É o autor do livro *Television and its Audience, Accounting for Brands, Strategic Decisions, Predictions: Media and Advertising in a Recession*, bem como de inú-

viii

meros artigos e ensaios académicos, a maioria dos quais sobre marcas, comportamento consumidor/audiências e novos meios de comunicação.

Os seus projectos mais recentes incluem um estudo alargado sobre *Marketing Expenditure Trends* (Tendências de Gastos com *Marketing*) globais e a publicação de *Simply Better*, um livro sobre estratégia orientada para o consumidor, editado pela Harvard Business School Press.

**Tom Blackett** é um especialista de renome em marcas e *branding* que se tornou conhecido ao longo dos últimos 20 anos. É o autor de *Trademarks* e co-editor de *Co-branding: the science of alliance* e de *Brand Medicine*, tendo igualmente contribuído com muitos outros textos importantes sobre marcas. A Heineken, a Unilever, a GlaxoWellcome, a BP Amoco e a Volvo são algumas das marcas internacionais com quem trabalhou durante a sua carreira. É também um orador regular em conferências e comentador nos meios de comunicação social.

**Deborah Bowker** é especialista em planeamento estratégico, comunicação da mudança, meios de comunicação social e relações com o Governo. Antes de entrar para a Burson-Marsteller, foi Directora do Centre of Excellence for Strategic Communications na PricewaterhouseCooper (PWC), bem como consultora técnica de comunicações e planeamento de *marketing* para muitos clientes da PWC. Foi também assistente do Director-Geral dos correios e Vice-Presidente da US Postal Service (USPS), onde liderou importantes projectos, como um patrocínio olímpico mundial e um programa nacional de literacia. A sua promoção dos selos de correio com o Elvis valeu-lhe um lugar no *ranking* das 100 melhores campanhas publicado na revista *Ad Age*. É bolseira da Fundação Sloan no Massachussets Institute of Technology (Instituto de Tecnologia de Massachussets), onde obteve um Mestrado em Gestão.

**Charles (Chuck) Brymer** iniciou a sua carreira na BBDO, tendo fundado a representação desta empresa em Houston em 1982, antes de ser transferido para a sede, em Nova Iorque. Desde que passou para a área do *branding*, liderou programas para a MCI, a Compaq, a Samsung, a Discover, a Procter & Gamble, a Gillette e a AT&T. Na qualidade de Presidente Executivo do Grupo Interbrand, com sede em Nova Iorque, é responsável pela gestão dos interesses globais da empresa, mantendo-se igualmente envolvido em projectos de cliente. Escreve e dá conferências sobre marcas, identidade empresarial, atribuição de nomes (*naming*) e avaliação de marcas.

**Deborah Doane** é Directora do Programa *Transforming Markets* na New Economics Foundation. Este programa reúne um grupo de especialistas para discutir temas (*think-tank*) que visam a construção de uma economia justa e sustentável. É activista e investigadora na área da responsabilidade social das empresas e preside à coligação CORE (*Corporate Responsibility* – responsabilidade das empresas), que defende uma responsabilização empresarial mais sólida nos negócios. É uma oradora frequente em conferências internacionais, dirigidas a governantes e a empresários, colaborando também com meios de comunicação televisivos e da imprensa escrita, incluindo a BBC e os jornais *The Guardian* e *The Independent*. No passado, chefiou o *International Humanitarian Ombudsman Project* (projecto onde se analisam as queixas apresentadas por privados contra o Governo) e iniciou a sua carreira como analista política sénior junto do Governo canadiano. Fez um Mestrado em Estudos do Desenvolvimento na London School of Economics.

**Kim Faulkner** tem 20 anos de experiência em *branding*, comunicações de *marketing* e gestão de *design*, tendo trabalhado com um variado leque de organizações de clientes locais e internacionais na Ásia. Foi sócia-fundadora do escritório da Interbrand em Singapura, onde é actualmente Presidente. Faz também parte do Conselho de Administração da International Enterprise Singapore. Além disso, é membro do DesignSingapore Council (Conselho de *Design* de Singapura, criado pelo Ministério da Informação, Comunicação e Artes, para liderar o projecto DesignSingapore Initiative, que pretende estabelecer Singapura como o mais importante centro de *design* de toda a Ásia) e da Action Community for Entrepreneurship (ACE – um movimento que envolve os sectores público e privado, pretendendo criar um ambiente mais empreendedor em Singapura).

**Paul Feldwick** entrou para a agência de publicidade BMP (na altura conhecida por Boase Massimi Pollitt) em 1974. Hoje é o Director Executivo de planeamento na mesma empresa (BMP DDB) e Director Internacional de planeamento de marcas para a DDB. É Presidente da Association for Qualitative Research e do Account Planning Group e é membro do corpo directivo do instituto britânico de publicidade IPA (Institute of Practioners in Advertising), bem como da Market Research Society. Participou como orador na Conferência Norte-americana do Account Planning Group e, por duas vezes, foi-lhe atribuída a menção de "melhor" dissertação na Conferência da Market Research Society (Reino Unido). É autor do livro intitulado *What is Brand Equity, Anyway?*

OS AUTORES

**Steve Hilton** é sócio-fundador da Good Business, uma empresa de consultoria líder na área da responsabilidade empresarial. É um comentador de renome sobre o papel social do meio empresarial e autor de *Good Business – Your World Needs You*, uma resposta construtiva ao movimento contra a globalização. Foi coordenador da bem sucedida campanha do Partido Conservador nas eleições gerais de 1992, tendo posteriormente trabalhado na Saatchi & Saatchi, onde relacionou as componentes de *marketing* social e de *marketing* comercial junto de clientes que variam desde a companhia aérea British Airways até ao ex-presidente russo Boris Ieltsin.

**Jan Lindemann** é Director-Geral Global, Avaliação de marcas, no Grupo Interbrand, responsável pelas práticas de avaliação de marcas da empresa a nível mundial. Tem uma vasta experiência em consultoria sobre marcas, *marketing* e assuntos financeiros em todas as grandes indústrias e países, com clientes como a American Express, a AT&T , a AXA, o Bank of America, a BBC, a BP, a BT, a Gucci, a Fujitsu, a GE, a Heineken, a IBM, a Japan Tobacco, a L'Oreal, a MasterCard, a Nestlé, a NYCE, a Olivetti, a Orange, a Pilsner Urquell, a Prada, a Powergen, a Prudential, a RHM, a Samsung Electronics, a Texas Instruments, a TNT, a Vodafone e a Wells Fargo. O seu trabalho tem sido publicado em todo o mundo e é também um orador frequente em conferências e comentador na imprensa escrita, rádio e TV sobre assuntos relacionados com marcas, incluindo a criação de um *ranking* sobre as marcas globais líderes. Anteriormente, trabalhou como consultor na área de fusões e aquisições no Chase Manhattan Bank.

**Allan Poulter** é sócio da Field Fisher Waterhouse, uma empresa de advocacia com sede em Londres, actuando no âmbito do departamento das Marcas Registadas e Protecção de Marcas. Especializou-se como procurador e advogado na área das marcas registadas, tendo anteriormente sido director-geral na Markforce Associates. Tem gerido as carteiras internacionais de marcas registadas de vários clientes reconhecidos pelo grande público, e é especialista em procedimentos no âmbito do registo de marcas na União Europeia. É membro da Administração da área de Publicações da International Trade Mark Association (INTA – Associação Internacional de Marcas Registadas) e editor da publicação da INTA sobre assuntos relacionados com marcas registadas na UE. Das conferências onde tem participado como orador por todo o mundo, destacam-se a Annual Trade Mark Conference da Eurolegal e o Madrid Protocol Forum, da INTA, em Washington, Chicago e São Francisco.

**Shaun Smith** é um especialista reconhecido na assistência a organizações na criação e na oferta de "experiências ao consumidor" que diferenciem as suas marcas. É consultor de várias organizações, que cobrem diversos sectores industriais, e autor dos livros *Managing the Customer Experience* e *Uncommon Practice*. Iniciou a sua carreira na British Airways, tendo-se tornado chefe do departamento de serviço de apoio ao cliente, vendas e formação em *marketing* a nível mundial, e depois ido para a Ásia, onde permaneceu 11 anos como Director Executivo da empresa de consultadoria Cathay-Performa. Mais tarde, entrou para o Forum Corporation como Vice-Presidente sénior da Customer Experience Business, responsável pelas práticas de consultoria em "experiências ao consumidor" na Europa. Actualmente, gere o seu próprio negócio, que reparte entre participações em conferências a nível internacional e a consultoria a empresas na área da "experiência das marcas".

# Prefácio

Esta recolha de textos surge numa altura interessante para as marcas. Nos últimos anos, assistimos ao aparente triunfo do conceito de marca: todos, desde os países até aos partidos políticos, passando pelos indivíduos nas organizações, são motivados para se auto-identificarem como uma marca. Numa perspectiva positiva, isto significa preocupar-se, analisar e compreender a forma como os outros o vêem e adaptar o que faz tendo isso em conta, sem colocar de lado aquilo em que acredita. Numa perspectiva negativa, significa fingir uma aparência ou invenção manipuladora do seu produto ou das suas acções, para induzir em erro ou manipular aqueles que pretende explorar. Estas ideias não são propriamente novas. O que é novo é a utilização ubíqua e muitas vezes confusa da terminologia de *branding* * para as descrever.

Este livro oportuno pretende trazer uma maior compreensão sobre esta área complexa e, para alguns, emotiva. Escrito por profissionais e analistas do meio, coloca as marcas e o *branding* no seu contexto histórico, descreve o pensamento corrente, a melhor prática e arrisca alguns pensamentos acerca do futuro.

Parte da confusão sobre as marcas resulta do facto de esta palavra ser utilizada com, pelo menos, três significados diferentes, mas relacionados:

- No dia-a-dia (em, por exemplo, "que marca é que compraste?"), uma marca é um produto ou serviço ao qual está associado um nome.
- Em determinados contextos (como, por exemplo, "que marca devo utilizar para este novo produto?"), as marcas são denominações comerciais (*trade marks*).
- Noutros contextos (como, por exemplo, "de que forma é que isto vai fortalecer ou enfraquecer a nossa marca?"), a marca refere-se às crenças e expectativas dos clientes e de outros interessados sobre os produtos e serviços vendidos com uma determinada marca registada ou acerca da empresa que os fornece. O melhor termo é "património da marca" (*brand equity*).

---

\* **N.T.** *Branding* - Termo que define estratégias relacionadas com a construção de uma marca. Este conceito não foi traduzido porque consideramos que não existe em português uma palavra com a mesma abrangência de significado.

A utilização da mesma palavra para denominar três coisas categoricamente diferentes não ajuda a esclarecer o conceito; e a reflexão torna-se ainda mais confusa quando o movimento antiglobalização se refere às "marcas como opressores", quando na verdade pretender atacar as multinacionais, maioritariamente norte-americanas, que detêm as marcas globais.

Uma vez mais, a avaliação da marca é uma tentativa de atribuir parte do valor total de uma empresa ao património da marca. Mas o património da marca – especialmente para uma grande empresa, como a Microsoft, a IBM ou a GE (General Electric), por oposição a um produto, como o Windows ou o Persil – é como a reputação: não pode ser comprada ou vendida. Pelo contrário, uma marca registada pode ser vendida, mas tem pouco valor intrínseco quando desassociada do património da marca.

Isto não significa negar que as marcas – ou seja, o património de uma marca – possam ser uma componente extremamente importante do valor de uma empresa. Nos dias de hoje, a maioria dos negócios mais bem sucedidos são valorizados pelo mercado por muito mais aspectos do que o valor dos seus activos tangíveis. O património da marca, seja ou não um activo dissociável ao qual possamos atribuir um valor financeiro individual válido, é muitas vezes o factor intangível mais importante na ponderação desta diferença. Os mercados financeiros entendem agora esta questão e estão a começar a exigir uma gestão de topo para agir como bom administrador deste aspecto crucial do desempenho de um negócio.

Se os gestores de topo se estão a transformar em administradores de marcas, em que assuntos devem reflectir?

**Avaliação, responsabilização e compreensão da marca.** Para se gerir o património de uma marca (ou qualquer outra coisa), é necessário informação válida e actual. Isto inclui dados de diagnóstico sobre porque é que a marca está onde está. Poucos detentores de marcas fazem isto bem. Parte do fracasso da "diplomacia pública" norte-americana (relações públicas por parte do Governo, destinada aos estrangeiros) deriva do facto de não se ter dado ao trabalho de compreender, de forma sistemática, como é que a "Marca América" é percepcionada. Esta falha coloca uma ameaça potencial às marcas associadas ao estilo de vida norte--americano, como a Coca-Cola, a Marlboro e a McDonald's, se bem que seja demasiado cedo para dizer o quanto a ameaça é real. Outro tema relacionado com a responsabilização diz respeito à métrica do *marketing*, onde se inclui conceitos como a quota de mercado, a fidelidade do cliente, o preço relativo e a qualidade relativa percepcionada. Os gestores de-

PREFÁCIO

vem observar regularmente esta informação e transmitir os dados principais aos accionistas.

**Apoio da marca.** Incluir uma série de métricas de *marketing* nos sistemas de avaliação de desempenho, como o *balanced scorecard* (para complementar as avaliações financeiras de curto prazo), deve facilitar a manutenção do investimento em actividades que irão construir e desenvolver o património da marca. As principais tendências são uma transição gradual dos recursos, que passam da publicidade tradicional nos média para *marketing* directo e interactivo, e uma concentração gradual de recursos em menos marcas, mas maiores, cada uma capaz de apoiar mais produtos. Relativamente à avaliação e à responsabilização, os gestores devem insistir em avaliações quantitativas (pós-auditorias) de todos os investimentos em marcas, mesmo que não seja provável que consigam identificar todos os efeitos de longo prazo. Os três critérios para uma pós-auditoria devem ser a eficácia (a campanha atingiu os objectivos a que se propôs?), a eficiência (os resultados compensaram o capital investido?) e a aprendizagem (o que é que aprendemos que nos irá ajudar a fazer melhor no futuro?).

**A posição social e ética do detentor da marca.** Não existe consenso sobre o impacto social líquido dos negócios, das marcas ou do *branding*, tanto nos casos particulares como nos gerais. Nem tão pouco existe consenso sobre as suas implicações na política pública (regulação e incentivos de investimento, por exemplo) ou para os próprios negócios. Mas, devido aos ataques por parte de vários grupos (tanto consumistas como anti-consumistas), os detentores de marcas devem debruçar-se sobre estes assuntos. Os detentores de marcas argumentam, acertadamente, que muitas das críticas que lhes são feitas são confusas e baseadas em informações imprecisas; que, por exemplo, os padrões das multinacionais em termos de trabalho e ambiente nos países em vias de desenvolvimento são normalmente mais elevados do que os dos concorrentes locais; e que aqueles que criticam a sua presença nesses países raramente explicam as possíveis consequências caso esse envolvimento acabe. Estes argumentos, contudo, não são suficientes para chegar aos assuntos mais importantes ou para conquistar corações e mentes. Actualmente, os detentores de marcas precisam de ter em atenção o facto de estes assuntos começaram a afectar não apenas as opções dos consumidores em termos de marcas, mas também áreas como o recrutamento de licenciados e as relações governamentais. E

xv

# O MUNDO DAS MARCAS

que, num mundo digitalmente interligado, os *websites* e as campanhas via *e-mail* contra as marcas podem ter, em apenas alguns dias, um enorme impacto.

**Tornar consistente a experiência de comprar e de utilizar uma marca com a promessa que é feita.** Um tema recorrente neste livro é que a gestão de marcas bem sucedida vai muito além da cosmética do *branding* (nome da marca, embalagem, publicidade, etc.). Todas as grandes marcas são construídas sobre uma base de confiança que deriva da experiência dos clientes na compra e utilização de produtos e serviços vendidos sob determinada marca comercial. O património de marca resultante é reforçado por um excelente *branding*, que normalmente desempenha um papel de apoio. Das marcas classificadas no *Top* 10, em 2002, pela Interbrand – uma empresa de consultoria de marcas – em associação com a JP Morgan (ver página 29), apenas a Coca-Cola e a Marlboro tinham sido criadas principalmente pelo *branding*, apoiadas por um bom produto e uma excelente distribuição. A Intel deve alguma da sua força à sua campanha de "*branding* dos ingredientes", denominada Intel Inside, mas mais à relação preço/desempenho dos seus produtos, à sua aliança estratégica com a Microsoft e ao seu domínio de padrões. As restantes marcas deste *Top* 10 – a Microsoft, a IBM, a GE, a Nokia, a Disney, a McDonald's e a Mercedes-Benz – são, antes de mais, marcas construídas pela experiência dos consumidores.

Isto representa a maior oportunidade para a gestão de topo como administrador das marcas. Depois de 25 anos de Gestão da Qualidade Total (TQM- *Total Quality Management*), de *Customer Relationship Management* (CRM) e de outras receitas ao nível da gestão, existe ainda um grande *gap* entre a promessa e o que é oferecido pela maioria das marcas, especialmente no que diz respeito às marcas de serviços.

Li recentemente a recensão de um livro que se debruçava sobre "proporcionar óptimas experiências aos clientes". O crítico conta como se instalou para ler o livro ao regressar de Bruxelas para Londres, pela Eurostar (empresa que faz a travessia ferroviária do Túnel da Mancha), depois de o seu comboio inicial ter sido cancelado e... nem perguntem (isto foi algumas semanas depois de a Eurostar ter deixado várias centenas de passageiros à espera durante cinco horas). Imaginem as reacções do crítico ao descobrir que o Director-Executivo da Eurostar era citado três vezes no livro, aludindo sempre à maravilhosa cultura da sua empresa virada para o cliente. Será que este Director-Executivo tinha alguma ideia da experiência real dos clientes com a marca?

xvi

PREFÁCIO

A minha esperança e expectativa é que o próximo grande aconteci-
mento ao nível das marcas seja ver os gestores de topo, na qualidade de
administradores de marcas, a trabalhar para aproximar a diferença entre
o que é prometido e o que é oferecido no âmbito da experiência com
marcas. As marcas criam valor para o cliente porque reduzem o esforço e o risco da compra e, consequentemente, dão aos fornecedores um incentivo
para investirem em qualidade e inovação. O *branding* pode também
melhorar a experiência do cliente em termos estéticos e psicológicos.
Hoje assiste-se a um crescente interesse pelas marcas e um maior
reconhecimento da sua importância do que há 10 ou 20 anos atrás, mas
ainda existe muita ignorância e mal-entendidos relativamente a muitos
destes temas. Este livro destina-se a qualquer um com uma mente aberta
que procure uma melhor compreensão do valor social e financeiro das
marcas, das melhores práticas actuais de *branding* e de alguns temas que
começam a emergir relacionados com este tópico tão importante, complexo e sempre fascinante.

PATRICK BARWISE
*Setembro de 2003*

# Introdução

*Rita Clifton*

Este livro e a abordagem que faz ao tema das marcas e do *branding* foi, em grande medida, inspirado no artigo de fundo "Pro Logo", publicado na revista *The Economist* a 8 de Setembro de 2001. A data de publicação poderá dar uma pista sobre o porquê de não se ter incentivado um debate tão profundo como seria de esperar. No entanto, existiam (e existem) outros factores que reprimiram o tipo de apoio que o artigo defendia para as marcas. O título "Pro Logo" foi uma resposta, em forma de trocadilho, ao título e aos argumentos do livro *No Logo*, de Naomi Klein, publicado em 1999. O livro tinha-se tornado uma "bíblia" não oficial do movimento anticapitalista e antiglobalização, argumentando que as marcas globais tinham demasiado poder e eram a causa de uma série de males e de injustiças presentes nas sociedades do mundo inteiro. O artigo publicado na revista *The Economist,* no seu essencial, aconselhava Naomi Klein e os seus seguidores a deixarem de ser infantis e a reconhecerem a importância da globalização e das marcas para o desenvolvimento económico e social de todas as nações. As marcas têm tido sucesso porque as pessoas as querem. E a necessidade que todas as organizações têm de proteger a sua reputação (e, dessa forma, o seu valor empresarial) é um incentivo eficaz para se comportarem como deve ser.

O facto de o artigo de *The Economist* ser um raro exemplo de uma publicação sofisticada a salientar de forma clara a incoerência inerente a tantos dos argumentos anticapitalistas foi também um desafio para reflexões por direito próprio. Porque é que parece haver uma menor defesa da importância colectiva das marcas do que aquilo que os factos parecem justificar?

É uma falta de compreensão da sua natureza e função? Será uma forma de negação pessoal do quanto nós somos influenciados por marcas, uma espécie de culpa do mundo desenvolvido? Certamente que existem poucos indícios deste tipo de "procura da alma" num país como a China, onde o Governo declarou explicitamente que vê as "mercadorias de marca" como a forma da China alcançar sucesso mundial.

Compare esta questão com a opinião defendida numa carta enviada pelo presidente executivo de uma empresa cotada no índice londrino

# O MUNDO DAS MARCAS

FTSE, em resposta a um contacto feito por parte de uma empresa de consultoria de marcas. Ninguém pode levar a mal o facto de o Presidente Executivo responder negativamente a uma oferta de serviços por parte de um fornecedor, mas a razão apresentada é que foi esclarecedora: "O *branding* não é a nossa principal preocupação neste momento". A carta era educada, mas a insinuação era clara. Basicamente, e perante as difíceis condições de mercado, o Presidente Executivo estava preocupado com coisas "mais importantes", tais como, possivelmente, redução de custos e reestruturação. Em contrapartida, o *branding* da marca era, na sua opinião, um custo discricionário e estava, muito provavelmente, associado a custos elevados relacionados com o logotipo. Considerar a "marca" uma cosmética superficial é o mesmo que dizer que somos, na verdade, apenas o somatório do nome, rosto e vestuário.

Tendo em conta todos estes pontos de vista defendidos (e, na verdade, não esclarecidos) de diferentes formas, pareceu-nos importante que este livro desse a conhecer e explorasse os diferentes ângulos das marcas e do *branding*, tanto positivos como negativos, a um público variado. Foi isto, de facto, o que se definiu para este livro, como se pode ver pelos temas e pelos colaboradores presentes nos vários capítulos.

No entanto, importa clarificar que há um princípio central presente neste livro, esteja ou não reflectido nas constribuições individuais. A marca é o activo mais importante e o mais sustentável de qualquer organização – seja uma empresa essencialmente de produtos, serviços ou com fins não lucrativos – e deveria ser o princípio organizador central subjacente a todas as decisões e a todas as acções. Qualquer organização que deseje acrescentar valor ao processo e aos custos diários precisa de pensar em si como uma marca.

## A importância económica das marcas

Sem dúvida que temos todas as evidências económicas da importância central da marca. Se bem que a marca pertença claramente aos activos "intangíveis" de uma organização, isto dificilmente faz com que a sua contribuição económica e a sua importância sejam menos reais. A título de exemplo, o elemento intangível da capitalização de mercado combinada das 100 empresas cotadas no FTSE aumentou para cerca de 70 por cento, face aos cerca de 40 por cento de há 20 anos atrás, e tudo indica que cresça ainda mais, à medida que as diferenças tangíveis entre empresas se tornam menos sustentáveis. O elemento "marca" desse valor de mercado combinado ascende a cerca de um terço do total, o que prova que a marca é o activo individual mais importante da empresa. Em

INTRODUÇÃO

termos globais, estima-se que as marcas sejam responsáveis por aproximadamente um terço de toda a riqueza, e isto se considerarmos apenas a sua definição comercial. Algumas das marcas mais reconhecidas e influentes de todo o mundo são, obviamente, as das organizações sem fins lucrativos, tais como a Oxfam ou a Cruz Vermelha. Esta é uma parte das "marcas globais" que raramente é considerada no debate público sobre marcas e *branding*. A importância económica das marcas na cena nacional e internacional é inegável. A título de exemplo, em 2001, quando o PIB da Tailândia era de cerca de 115 mil milhões de dólares, o valor combinado das duas maiores marcas mundiais (Coca-Cola e Microsoft) era de 134 mil milhões de dólares. Se o poder financeiro demonstrado por estas empresas perturba alguns comentadores, isso não deveria acontecer. Os detentores de marcas são também instituições muito responsáveis. Se uma marca oferece aquilo que promete, comportando-se de forma responsável e continuando a inovar e a acrescentar valor, as pessoas continuarão a comprá-las, manifestando respeito e mesmo afeição por elas. Se, contudo, uma marca começa a tomar a sua posição como garantida, se sente satisfeita consigo própria e considera que não tem de se esforçar mais, torna-se gananciosa e menos escrupulosa nas suas práticas empresariais, deixaremos de apostar nela, com efeitos potencialmente desastrosos para a marca e para quem a detém.

Num mundo digital de processamento de texto e acessível a todos, onde os fantasmas das más condutas empresariais nunca desaparecem, existem todos os incentivos para que as empresas se comportem da forma correcta. Uma das ironias do recente movimento anti-globalização, cujo alvo original são as marcas globais, é a incapacidade de perceber que a importância da reputação da marca oferece um forte incentivo a uma empresa para que esta faça tudo quanto for possível para proteger a reputação da sua marca, o seu activo empresarial mais valioso. Se a capacidade de aumentar o valor desse activo é a "cenoura" para as empresas, então o "pau que segura a cenoura" é a percepção de como se tornaram um fracasso os outrora admiráveis nomes Andersen e Enron.

Numa perspectiva de investimento, a marca é um indicador mais fidedigno e estável da saúde futura de um negócio. A inspecção do valor da marca, as medidas do seu património e as relações com o público fornecerão uma base mais completa e realista ao valor subjacente do que os resultados financeiros de curto prazo, que muitas vezes reflectem prioridades também de curto prazo. Um estudo recente realizado pelas Universidades de Harvard e da Carolina do Sul comparou o desempenho finan-

3

# O MUNDO DAS MARCAS

ceiro das 100 marcas mais valiosas de todo o mundo com a média do Índice Morgan Stanley Capital e do Índice Standard & Poor's 500. A grande diferença de desempenho confere uma ainda maior solidez quantificada àquilo que é qualitativamente óbvio. Marcas fortes significam mais rendimento, por menos risco.

## O aspecto social e político das marcas

Contudo, as marcas não são apenas entidades económicas.

Além dos benefícios sociais óbvios da criação de riqueza relativamente à melhoria dos níveis de vida, tanto nacionais como internacionais, existem efeitos e benefícios sociais menos reconhecidos. A maioria das marcas mundiais mais valiosas existe há mais de 50 anos. As marcas são o activo mais estável e mais sustentável dos negócios, sobrevivendo à passagem das mais variadas equipas de gestão, gabinetes, avanços tecnológicos e depressões económicas de curto prazo. Evidentemente que, para conseguirem esta riqueza sustentável, precisam de ser geridas de maneira correcta. Mas alcançar riqueza sustentável significa mais rendimento seguro para as empresas, o que por sua vez significa maiores ganhos. Tudo isto, leva a mais segurança e estabilidade no emprego, o que é, por si só, um importante benefício social.

Em relação à perspectiva social, existe também um grande significado político nas marcas. Muito para além do facto de os partidos políticos de todo o mundo utilizarem actualmente práticas profissionais de *branding*, têm sido publicados inúmeros artigos e estudos sobre temas como a "Marca América". Estes analisam o papel e o domínio global das marcas norte-americanas e de que forma estas estão a ser utilizadas como símbolos políticos, para o bem e para o mal. Se bem que, inicialmente, a presença da McDonald's tenha sido acolhida com entusiasmo pela ex-URSS como símbolo da nova descoberta de "libertação" da Rússia, mais recentemente a McDonald's foi alvo de demonstrações contra os Estados Unidos, apesar dos seus esforços de valorização das estruturas de gestão local e de abordagens que oferecem produtos e práticas adaptados a diferentes culturas.

Um desenvolvimento curioso que vai mais além na ideia de boicote tem sido o lançamento de iniciativas rivais, tais como a Mecca-Cola, introduzida em 2002 por Tawfik Mathlouthi, um empresário francês. Esta é mais uma demonstração do grau elevado de importância simbólica e económica das marcas. As marcas mais fortes trabalharam sempre ao nível da identidade pessoal. Assim, mesmo que a Mecca-Cola não constitua um desafio financeiro imediato para o valor da marca Coca-Cola, es-

4

INTRODUÇÃO

timado em 70 mil milhões de dólares, destacou novas possibilidades de expressar de forma activa diferenças fundamentais de pontos de vista, com o toque agradavelmente irónico de a marca de "declaração alternativa" ter quase as mesmas características físicas da original. No entanto, antes que os comentadores fiquem demasiado entusiasmados com este assunto, a natureza da concorrência das marcas sempre significou concorrência entre características de produtos e entre associações, imagem e valores da marca mais vastos. Independentemente das motivações para o lançamento de uma marca competitiva, o seu sucesso de longo prazo irá depender da sua capacidade para satisfazer uma massa crítica de clientes no que diz respeito ao produto, ao serviço e à imagem.

No entanto, um aspecto político muito forte acerca das marcas é a sua capacidade para atravessar fronteiras e, potencialmente, unir povos e culturas de forma mais rápida e eficaz do que os governos nacionais ou os mecanismos burocráticos do direito internacional alguma vez conseguiriam.

Cada vez mais, a televisão tem actuado como uma segunda superpotência. Enquanto no passado uma determinada cultura demorava décadas e séculos para se introduzir noutra, hoje fazer durar e transformar imagens de diferentes culturas pode ser algo que se transfere em segundos. O domínio norte-americano dos mercados da televisão e dos meios de comunicação assegurou que as marcas norte-americanas (e, com efeito, a Marca América) dominassem, por sua vez, os mercados globais; e apesar das instalações de produção e de prestação de serviços para as marcas beneficiarem de flexibilidade regional, aqueles que possuem as marcas são detentores da maior riqueza. Contudo, qualquer marca bem sucedida, seja qual for a sua proveniência, deve continuar a compreender e a antecipar as mudanças no seu público, de forma a manter o seu sucesso. Não deixa de ser irónico que a Internet – essencialmente uma invenção americana e "fornecida" pela América – se tenha tornado um instrumento de desafio para as suas marcas e as suas instituições. Será na verdade interessante ver até que ponto as marcas mais valiosas do mundo continuarão a adaptar-se às complexas e constantes mudanças na nova ordem mundial.

Este livro irá explorar estes e outros assuntos, tais como de que forma as marcas asiáticas poderão emergir como fortes intervenientes a nível global. O que é certo, porém, é que as marcas mais fortes já assistiram, no seu período de vida, a transformações sísmicas em situações políticas, sociais e económicas e continuam a prosperar pelo facto de merecerem a confiança e de manterem relações de longo prazo. As marcas de

5

## O MUNDO DAS MARCAS

todos os tipos têm poderes extraordinários: poder económico, poder político e poder social. Não é exagero dizer que as marcas têm o poder de mudar a vida das pessoas e, na verdade, o mundo. A este propósito, não pense apenas nas imagens de "um mundo livre" introduzidas pela publicidade da Coca-Cola ao longo dos anos e na universalidade da Cruz Vermelha, mas reflicta também sobre o aparecimento mais recente da Microsoft e da Nokia como inspiradores e facilitadores de transformações sociais.

### Compreender o papel das marcas

Se as marcas são claramente poderosas, e uma vez que a sua definição e o seu benefício abrange qualquer tipo de negócio e de organização, a questão que se coloca é saber porque é que nem todas as áreas de negócio e nem todas as organizações querem concentrar os seus recursos, a sua estrutura e a sua responsabilidade financeira em torno deste activo tão importante. Com efeito, é importante que as organizações estejam consistentemente preocupadas com a manutenção da vantagem competitiva sustentável oferecida pela marca. O enfoque que o posicionamento de uma marca forte oferece às organizações irá criar sempre mais eficácia, mais eficiência e uma maior vantagem competitiva em todas as operações. E, numa perspectiva financeira pragmática, a investigação feita junto de comunidades de investimento confirma que uma estratégia clara é um dos primeiros critérios de avaliação de empresas.

Então, porque é que as marcas não são levadas a sério como esta informação nos revela? Parecem existir várias explicações possíveis.

### Falta de compreensão

Talvez a primeira e mais óbvia seja a falta de uma concordância total entre alguns gestores seniores do que é, na verdade, *branding* de sucesso. Se o *branding* for tratado apenas como um exercício de cosmética e visto meramente como um novo nome/logotipo, estacionário e, possivelmente, uma nova campanha publicitária, então terá, na melhor das hipóteses, um efeito meramente superficial. Na verdade, se esta abordagem "cosmética" for aplicada como um esforço para tornar mais atractivo um negócio que é mau ou confuso, é fácil de perceber porque é que os denominados exercícios de "re-*branding*" incentivam essa descrença. A reputação é, afinal de contas, a realidade com um efeito retardado. O *branding* precisa de começar com uma visão clara sobre a forma como uma organização deve ser e como irá oferecer uma vantagem competitiva sustentável. Depois disso, é tudo uma questão de organizar todas as operações relacionadas

INTRODUÇÃO

com produtos, serviços e a empresa em si, para que tal seja alcançado. Os elementos visuais (e verbais) do *branding* deviam, obviamente, simbolizar essa diferença, alojar-se de forma memorizável nas nossas mentes e protegê-la pela lei através da marca registada.

## Terminologia

A segunda explicação para o facto de o *branding* por vezes não ser central na agenda da empresa parece estar relacionada com terminologia. O termo "marca" está actualmente presente em todos os aspectos da sociedade e pode ser tão facilmente aplicado a empresas de utilidade pública, a instituições de caridade, a equipas de futebol e mesmo a iniciativas governamentais como foi no passado aos bens de consumo. No entanto, parece haver ainda uma convicção remanescente e inflexível de que as marcas são relevantes apenas para os bens de consumo e para o comércio. É evidente que isto é um disparate, uma vez que todas as organizações têm "consumidores" de algum tipo; além disso, algumas das marcas mais valiosas do mundo são do tipo B2B (*business to business*), mas isso não as torna menos orientadas para os "consumidores". No entanto, em vez de nos envolvermos profundamente nos significados mais amplos de "consumo", será talvez mais útil falar de audiências para as marcas nos dias de hoje. Pode tratar-se de audiências de consumo, audiências de influência ou audiências internas. Todos estes tipos de audiências necessitam de se comprometer com a marca – quer se trate de um produto, de um serviço, de uma empresa ou de uma organização se fins lucrativos – para que esta atinja o seu potencial.

Se mesmo assim alguns ainda digam "sim, mas por que razão temos de lhe chamar marca?", convém lembrar que todos os negócios e organizações bem sucedidos precisam de se estabelecer e organizar em torno de alguma ideia distinta. Para que uma organização se distinga de outras de forma eficaz e eficiente, convém que tenha algum tipo de sinal estenográfico: símbolos visuais ou verbais, talvez um ícone que possa ser registado e protegido. Arranjar um outro termo para tudo isto poderia parecer estranho, uma vez que já existe o *branding*. Em vez disso, vale a pena explorar a razão pela qual algumas pessoas e organizações têm esta aparente aversão ou ideia errada e atacar as causas pela raiz. No caso de algumas organizações na área das artes e de beneficiência, pode haver problemas com conotações comerciais; para as organizações comerciais que trabalham num cenário B2B, ou na área dos serviços pesados ou téc-nicos, podem existir preocupações com o facto de o *branding* se poder percepcionar de forma demasiado ténue e intangível

7

# O MUNDO DAS MARCAS

para que seja relevante. No que diz respeito ao primeiro exemplo, é uma dura realidade do novo mundo das artes e dos fins não lucrativos que estão a competir pelo talento, financiamento, apoiantes e público, e precisam de concentrar os seus esforços e investimento na eficácia e na eficiência que a disciplina de marca lhes faculta. Relativamente ao segundo exemplo, não há nada de "ténue" no valor financeiro que um *branding* forte cria, em qualquer sector; nem tão pouco é "ténue" recorrer a todas as alavancas competitivas possíveis para conquistar cada cliente num mercado internacionalmente hipercompetitivo. O preço será sempre um factor importante na escolha. Mas actuar como uma mercadoria, e não como uma marca de confiança e diferenciada, acabará por conduzir apenas à "estrada dos preços mais baixos" que leva à perdição.

## Propriedade

A terceira área a analisar prende-se com a propriedade dentro das organizações. Enquanto que as empresas de bens de consumo bem estabelecidas cresceram em torno das suas marcas individuais, organizações tecnológicas e mais complexas podem frequentemente ser geridas por profissionais que têm pouca experiência em *marketing* ou vendas. Consequentemente, a marca pode simplesmente ser encarada como uma área que pertence à esfera de acção especializada da equipa de *marketing* ou, uma vez que os aspectos visuais da marca são as manifestações mais óbvias, a gestão da marca poderá ser delegada a um gestor de *design*. Não se pretende lançar calúnias sobre o *marketing* especializado e funções de *design*, uma vez que as suas capacidades são vitais para a manutenção do valor e estética da marca. No entanto, se o Director-Geral de uma organização não for um defensor da marca, esta manter-se-á sob a gestão de um departamento, em vez de ser um objectivo motivador de todos na organização. Se bem que o *marketing* seja essencial na criação e na apresentação de uma marca à sua audiência da forma mais eficaz, as marcas e o *marketing* não são a mesma coisa. E no que diz respeito à necessidade de atenção por parte do Presidente Executivo, se a marca for o activo mais importante da organização, faz sentido que seja uma preocupação central por parte da gestão. A estratégia de um negócio é, ou deveria ser, a estratégia de marca, e vice-versa. Uma gestão empresarial eficiente e eficaz é uma gestão orientada pela marca.

## Elementos tangíveis e intangíveis

A última área a cobrir na explicação de qualquer ambivalência que reste

INTRODUÇÃO

acerca das marcas prende-se com a sua conjugação específica de elementos tangíveis e intangíveis.

A área tangível é sempre mais fácil, uma vez que a cultura empresarial sénior ainda se sente melhor concentrando-se nos aspectos tangíveis, racionais e quantificáveis do negócio. No que diz respeito à quantificação, as marcas podem agora ser avaliadas e é extremamente importante que o sejam. Se a sua contribuição financeira ainda não for auto-evidente, existem muitas maneiras formalmente reconhecidas de lhes dar um valor sólido e quantificável.

São os elementos intangíveis, mais criativos, visuais e verbais da marca que podem, por vezes, ser levados menos a sério do que deviam por parte da gestão sénior. Contudo, são estes elementos que vão motivar e inspirar as pessoas, externa e internamente, em benefício da organização. Quando John McGrath, ex-Presidente Executivo da Diageo, descreve a criação da marca empresarial Diageo e a visão e os valores que estão na sua base, fala calorosamente da visão que clarificou e inspirou a empresa para um novo futuro. Ele acrescenta que, nessa altura, o milhão de libras pago a consultores para ajudar a empresa a criar uma marca foi um assunto de aceso debate nos meios de comunicação social. Isto em comparação com os muitos mais milhões de libras em honorários e comissões que se relatou terem sido pagos a advogados e a financeiros e que apenas deram origem a um murmúrio. A criatividade e a imaginação são cruciais para o sucesso de uma marca. É muito fácil encontrar um novo nome, desenvolver um novo produto, um *design* e ideias publicitárias com uma "boca aberta e uma mente fechada". Em contrapartida, os profissionais de marcas precisam de ter coragem e convicção quando apresentam publicamente novas ideias e para reconhecerem que a solução criativa mais eficiente poderá até desafiar as suas próprias convicções profissionais.

**Acerca deste livro**
Os capítulos deste livro estão divididos em três partes.

A Parte I aborda a história e a definição das marcas, bem como a sua importância económica e social. São também analisadas as marcas mais valorizadas no mundo e as lições que se podem retirar da sua experiência, assim como os desafios que enfrentam.

A Parte II analisa algumas áreas cruciais da gestão da marca, tais como as disciplinas do posicionamento da marca e a gestão do seu valor. Isto inclui a necessidade de conformidade da marca com todos os aspectos das operações de uma organização, estendendo-se pelos produtos e serviços, práticas de recursos humanos e comportamento empresarial,

9

# O MUNDO DAS MARCAS

ambientes e comunicação. É também abordado o papel da identidade da marca, visual e verbal, na captação de audiências e a área, ainda mais complexa, da comunicação da marca. Um capítulo sobre relações públicas destaca a crescente necessidade de assegurar que as mensagens internas e externas sejam consistentes na sua representação da marca. Um outro capítulo analisa a importância de tomar as medidas necessárias para assegurar que uma marca está legalmente protegida.

A Parte III pondera o futuro das marcas de todos os tipos. Analisa os efeitos e as oportunidades da globalização e estuda o potencial das marcas asiáticas. Um capítulo debruça-se sobre a questão da responsabilidade social da empresa e sobre o efeito dos movimentos anticapitalismo e antiglobalização; um outro refere-se à possibilidade de os países beneficiarem das disciplinas de marca. O último capítulo alinha as tendências que irão moldar o futuro das marcas, dos negócios e da sociedade, salientando onde é que as organizações precisam de se concentrar se quiserem obter o melhor do seu activo mais valioso: a sua marca.

## Parte I
## A IMPORTÂNCIA DAS MARCAS

# 1. O que é uma marca?

*Tom Blackett*

## Antiga e moderna

O *Oxford American Dictionary* (1980) contém a seguinte definição:

> **Marca** (substantivo): uma marca registada, bens de um fabrico específico; uma marca de identificação feita com ferro quente, o ferro utilizado para esse efeito; uma peça de madeira a ferver ou carbonizada; (verbo): marcar com ferro quente ou designar com uma denominação comercial.

Da mesma forma, o *Pocket Oxford Dictionnary of Current English* (1934) diz:

> **Marca. 1.** Peça de madeira a ferver ou em combustão, tocha (literário); espada (poético); selo de ferro incandescente utilizado para deixar uma marca indelével, marca deixada por esse ferro, estigma, marca registada, tipo específico de bens. **2.** Selo (marca, objecto, pele) com marca, impressão indelével (está marcado/gravado na minha memória)

Estas duas entradas nos dicionários, pela ordem em que apresentam as definições e pelas definições em si, ilustram como, passados 50 anos, a utilização principal da palavra "marca" tem agora uma aplicação comercial. No entanto, as definições também salientam uma origem comum. Independentemente do modo como a palavra é usada hoje em dia, sempre significou, na sua forma passiva, o objecto pelo qual se forma uma impressão e, na sua forma activa, o processo de formação dessa mesma impressão.

As páginas que se seguem descrevem a utilização da palavra marca, tanto passiva como activa (se bem que mais na consciência humana do que no flanco de um animal) e explicam de que forma o *"branding"* se tornou tão importante para a estratégia dos negócios. Mas comecemos por uma pequena história sobre marcas.

## Uma pequena história sobre marcas

A palavra "marca" (*brand*, em inglês) provém do antigo nórdico *brandr*, que

## O MUNDO DAS MARCAS

significa queimar, e a partir destas origens entrou nas raízes anglo-saxónicas. Obviamente que era através da gravação a ferro quente que, outrora, os homens marcavam a propriedade do seu gado e, com o desenvolvimento do comércio, os compradores começaram a usar essas marcas como forma de distinguir o gado de cada criador. Um criador com uma reputação particularmente positiva devido à qualidade dos seus animais teria grande procura da sua marca, enquanto marcas de criadores com menor reputação eram evitadas ou tratadas com precaução. Foi assim estabelecida a utilidade das marcas como orientadoras de uma escolha, um papel que se manteve inalterado até aos dias de hoje.

Alguns dos primeiros bens fabricados através da produção "em série" foram os utensílios de barro, cujos restos podem ser encontrado em grande abundância em torno da região do Mediterrâneo, particularmente nas antigas civilizações de Etrúria, da Grécia e de Roma. Existem grandes evidências nessas ruínas do uso de marcas que, na sua forma mais primitiva, eram a marca do oleiro. Os oleiros identificavam os seus recipientes colocando a sua impressão digital no barro húmido, na parte de baixo do recipiente, ou fazendo a sua marca: um peixe, uma estrela ou uma cruz, por exemplo. A partir daqui, podemos seguramente dizer que os símbolos (mais do que as iniciais ou os nomes) foram a primeira forma visual das marcas.

Na Roma Antiga, os princípios da lei comercial desenvolveram o reconhecimento da origem e do título das marcas dos oleiros, mas isto não impediu os fabricantes de utensílios de barro de qualidade inferior de imitar as marcas de fabricantes reconhecidos, com vista a enganar o público. No Museu Britânico estão mesmo expostos vários exemplos de falsificação de cerâmica romana com a imitação das marcas romanas, que foram feitas na Bélgica e exportadas para a Grã-Bretanha no século I d.C. Assim, à medida que o comércio seguia a bandeira – ou a Águia Romana – também a prática de imitação ilegal a seguia de perto, uma prática que continua a ser comum, apesar das restrições impostas pelos nossos sistemas legais modernos e amplamente desenvolvidos.

Com a queda do Império Romano, os elaborados e altamente sofisticados sistemas de comércio, que uniram numa mútua interdependência os povos do Mediterrâneo e da Europa Ocidental, foram-se desagregando. As marcas continuaram a ser utilizadas, mas essencialmente numa escala local. As excepções foram as marcas distintivas usadas por reis, imperadores e governos. A flor-de-lis em França, a águia de Habsburgo no Império Austro-Húngaro e o crisântemo imperial no Japão indicavam propriedade ou controlo (curiosamente, o crisântemo significa "morte" na

# O QUE É UMA MARCA?

Coreia, que foi ao longo dos séculos, de forma descontínua, uma colónia japonesa). De um modo semelhante, a concha de vieiras – derivada de uma lenda associada ao santuário de Santiago de Compostela no noroeste de Espanha, o centro medieval de peregrinação favorito quando os lugares santos da Palestina estiveram fechados aos peregrinos pelos muçulmanos – foi amplamente usada na Europa Pré-Renascentista como um símbolo de piedade e de fé.

Nos séculos XVII e XVIII, quando o fabrico em grande quantidade de fina porcelana, mobiliário e tapeçaria teve início em França e na Bélgica, em grande parte devido ao patrocínio real, as fábricas começaram a usar cada vez mais as marcas para indicar qualidade e origem. Simultaneamente, foram reforçadas de forma mais rígida as leis relacionadas com as marcas de contraste dos objectos em ouro e prata, para transmitir ao comprador confiança no produto.

No entanto, a utilização de marcas em grande escala é essencialmente um fenómeno de finais do século XIX, inícios do século XX. A revolução industrial, com as suas melhorias ao nível do fabrico e das comunicações, derrubou fronteiras no mundo ocidental e permitiu a comercialização maciça de bens de consumo. Muitas das marcas de consumo actualmente mais conhecidas datam desse período: as máquinas de costura Singer, as bebidas da Coca-Cola, a cerveja Bass, a aveia Quaker, a agência de viagens Cook, o sabonete Sunlight, os cereais de pequeno-almoço Shredded Wheat, os rolos fotográficos Kodak, os *travellers' cheques* (cheques-viagem) da American Express, o feijão cozido da Heinz e a seguradora Prudential Insurance são apenas alguns exemplos.

A par da introdução destas marcas, surgiu a primeira legislação sobre marcas registadas. Isto permitiu aos proprietários destas grandes marcas protegerem-nas por lei (com efeito, a marca registada "Red Triangle" [Triângulo Vermelho] da Bass foi a primeira a ser registada no Reino Unido, em 1876, e o radiante Quaker - um membro de uma seita protestante inglesa do século XVII -, que adorna a embalagem de aveia com o mesmo nome, está agora no seu segundo século). O nascimento das agências de publicidade, como a J. Walter Thompson e a NW Ayer, em finais do século XIX, deu ainda mais ímpeto ao desenvolvimento das marcas.

Mas foi no período que se seguiu ao final da Segunda Guerra Mundial que se assistiu à verdadeira explosão do uso das marcas. Impulsionadas pelo desmoronar do comunismo, pelo aparecimento da Internet e pelos sistemas de radiodifusão maciça, bem como pelos transportes e comunicações amplamente melhorados, as marcas passaram a simbolizar a convergência das economias mundiais no modelo liderado pela procura, em vez de no modelo liderado pelo "comando". Contudo, as marcas não escaparam às críticas. Os recentes protestos antiglobalização tiveram um grande impacto. Representaram uma advertência oportuna aos detentores de marcas importantes de que, na condução dos seus negócios, têm um dever para com a sociedade, e não apenas para com os clientes e os accionistas.

## Elementos da marca

As definições do dicionário citadas anteriormente sugerem que as marcas são instrinsecamente marcantes e que o seu papel é criar uma impressão indelével.

### Intrinsecamente marcantes

A distinção visual de uma marca pode ser uma combinação de qualquer um dos seguintes elementos: nome, letras, números, um símbolo, uma assinatura, uma forma, um *slogan*, uma cor, um determinado tipo de letra. Mas o nome é o elemento mais importante da marca, uma vez que o seu uso na linguagem fornece um ponto de referência universal. O nome é também o único elemento da marca que nunca deve mudar. Todos os outros elementos podem ser alteradas ao longo do tempo (o famoso logotipo da Shell evoluiu significativamente desde o primeiro esboço e a Pepsi-Cola mudou há poucos anos para um libré completamente azul), mas o nome comercial deve ser como César: "tão constante como a estrela do Norte".

Isto não significa que as marcas atinjam uma verdadeira distinção visual apenas através do seu nome. A Nike sem o seu pequeno traço imitando o som do ar ("swoosh"), os cigarros Camel sem o "Old Joe", o dromedário altivo, a Michelin sem o seu exuberante Senhor Bibendum ou a McDonald's sem os seus Arcos Dourados seriam, na verdade, patrimónios mais discretos. Marcas como estas – e milhares de outras – contam com a harmoniosa combinação destes elementos e a consistência com a qual este aspecto é mantido, para a sua diferenciação visual.

Dito isto, em determinados mercados onde o uso do *branding* está francamente desenvolvido e os consumidores são particularmente sofisticados, estas regras por vezes são testadas. No mercado de vestuário da moda, por exemplo, marcas como a Mambo e a Diesel fizeram experiências com a utilização de logotipos completamente diferentes. A Diesel até mudou o nome durante uma estação (se bem que todos os restantes aspectos visuais da marca se tivessem mantido iguais). O êxito destas tácticas depende do reconhecimento do consumidor. Estas duas marcas usufruem de um estatuto quase de "culto" e a fidelidade com que são seguidas pelos seus fãs garantiu o sucesso.

## O QUE É UMA MARCA?

As mudanças de nome de produtos e serviços são raras, não sendo também práticas comuns entre as empresas, embora aqui sejam talvez um pouco mais frequentes. Em relação aos produtos e serviços, as principais razões para a mudança consistem em aumentar a atracção de uma marca em novos mercados onde o nome original possa não ser o melhor, ou para uniformizar o *portfolio* da marca registada da empresa a nível internacional. A Lucky Dog Phone Company, subsidiária da AT&T, mudou o seu nome para Lucky Guy nos Estados Unidos, porque não existia qualquer tradução para *lucky dog* (cão sortudo) nos mercados sino-americano, japonês e coreano, alvos importantes. No Reino Unido, a Mars mudou o nome Marathon para Snickers de forma a harmonizar o nome do produto com o resto do mundo.

As empresas normalmente alteram o seu nome devido a uma mudança de objectivos ou de proprietário, ou porque o seu nome pode ser, de certa forma, mal interpretado. Por vezes, optam pelas iniciais: a Minnesota Mining and Manufacturing passou a 3M, um nome que é mais acessível e estrategicamente mais flexível. Noutras situações, combinam os nomes das empresas que se fundem, como é o caso da GlaxoSmithKline, ou optam por um nome totalmente novo: Altria é agora o nome do grupo de tabaco, cerveja e alimentos antigamente conhecido por Philip Morris. Não existe uma forma certa ou errada de dar um novo nome a um negócio. O importante é que empresa se sinta confortável e que saiba que vai funcionar. A chave é compromisso e boa comunicação.

Por vezes, estas regras não são seguidas tão à risca quanto deveriam. Quando a Guinness se fundiu com a Grand Metropolitan, a empresa-mãe adoptou o nome Diageo. Os accionistas não ficaram impressionados, pensando que a decisão de escolher um nome sem significado e com um som estrangeiro, quando estavam perfeitamente disponíveis bons nomes como Grand Met ou Guinness, contribuia para a deslealdade empresarial. Na assembleia-geral extraordinária realizada para aprovar o novo nome, o processo foi marcado pela discórdia que o nome "Diageo" provocou.

As mudanças de nome na sequência de fusões podem ser acontecimentos que implicam uma grande despesa, sendo que se poderá facilmente simplificar a transição com uma comunicação mais estreita com todos os *stakeholders* ("partes interessadas") - especialmente os accionistas privados, que podem ser também pensionistas das empresas envolvidas. No caso da Diageo, um nome que actualmente funciona bem, a empresa deveria ter explicado o porquê da decisão de adoptar uma denominação neutra para a nova *holding* e ter tranquilizado os *stakeholders*,

# O MUNDO DAS MARCAS

explicando que os nomes comerciais mais populares – especialmente a Guinness – continuariam a ser usados.

A Diageo – bem como a Aviva, uma seguradora, e a Altria, acima mencionada – são apenas um nome de *holding* (como era também a Consignia, um nome adoptado pelos Correios britânicos durante um curto período de tempo e que agora passou à história). Estes nomes não se destinam ao "consumo público" – se bem que alguma imprensa maliciosa brincasse com o facto de as estações de correio se tornarem "consignias" – pelo que a transparência é o mais importante. A fundamentação lógica para a mudança deve ser comunicada a – e entendida por – todos os *stakeholders*.

## Criar uma impressão indelével

Nas economias desenvolvidas, os consumidores têm um fascinante – e muitas vezes desconcertante – leque de escolhas. Existem, por exemplo, dezenas de fabricantes e centenas de modelos de automóveis e milhares de diferentes especificações que se pode escolher para os veículos; os tempos em que Henry Ford oferecia "qualquer cor que queira, desde que seja preta" já acabaram há muito. Esta diversidade de escolha pressiona aqueles que produzem ou vendem produtos ou serviços a oferecer uma elevada qualidade, excelente valor e uma vasta disponibilidade. Pressiona-os também no sentido de procurarem formas mais eficazes de se diferenciarem entre si e de assegurarem vantagem competitiva. Segundo a revista *Fortune* (em 1997):

> No século XXI, o branding *será, em última análise, a única diferenciação entre empresas. O património da marca é agora um activo-chave.*

Grande parte da destreza do *marketing* e do *branding* de hoje tem a ver com a construção de "património" para produtos cujas características, preços, distribuição e disponibilidade estão realmente bastante próximos uns dos outros. Por exemplo, veja-se as bebidas "colas": a Coca-Cola e a Pepsi--Cola estão preparadas para dominar o mercado mundial das "colas". O poder dos seus sistemas de engarrafamento e de distribuição desempenham, sem dúvida, um papel importante; mas o principal factor é a força e a atractividade que as duas marcas têm nos consumidores. Os nomes, logotipos e cores fortes e imediatamente reconhecíveis destas duas marcas simbolizam a promessa dos seus fabricantes de que as expectativas dos consumidores serão satisfeitas, independentemente das suas subtilezas.

O QUE É UMA MARCA?

As marcas permitem ao consumidor comprar com confiança e providenciam um mapa que os orienta através de uma desconcertante variedade de escolhas. O cliente não tem que ser um perito nas complexidades das telecomunicações móveis para escolher entre um e outro fornecedor de serviços. A marca, o preço e o método de pagamento representam o que é preciso para fazer uma escolha informada. E uma vez que os preços e os métodos de pagamento são, em larga medida, os mesmos entre empresas concorrentes, é a marca – e a apreciação, por parte dos consumidores, das suas qualidades subjacentes – que irá, fundamentalmente, motivar a decisão de compra. O que importa aos detentores de marcas e que se tornou alvo de uma atenção e investimento imparáveis é transmitir aos consumidores essas "qualidades subjacentes" – o essencial do património da marca. As marcas com um património forte são profundamente assimiladas nos corações e nas mentes dos consumidores.

O poder real das marcas bem sucedidas é que vão ao encontro das expectativas daqueles que as compram ou, por outras palavras, representam uma promessa que foi cumprida. Como tal, representam um contrato entre um vendedor e um comprador: se o vendedor respeitar o contrato, o comprador ficará satisfeito; se não o fizer, o comprador irá, de futuro, procurar noutro local.

### As marcas como activos
Para as empresas é incontestável o valor de marcas fortes. As marcas que cumprem a sua promessa fidelizam compradores, que regressarão com regularidade. A vantagem para o detentor da marca é que se torna mais fácil prever os *cash flows* (fluxos financeiros) e torna-se possível planear e gerir o desenvolvimento do negócio com maior confiança. Assim, as marcas, com a sua capacidade para assegurar receitas, podem ser classificadas como activos produtivos, exactamente da mesma forma que os activos mais tradicionais de uma empresa (instalações, equipamento, capital, investimentos, etc.).

O valor de activo das marcas é agora amplamente reconhecido, não apenas por parte dos detentores de marcas, mas também por parte dos investidores. As marcas podem gerar rendimentos elevados, que podem influenciar directamente todo o desempenho da empresa, logo, também o preço das acções.

O valor para o accionista da empresa Coca-Cola, por exemplo, rondava os 136 mil milhões de dólares em meados de 2002, se bem que o valor contabilístico (o activo líquido ajustado) da empresa fosse de apenas 10,5 mil milhões de dólares. Uma forte proporção do valor da empresa (cerca

O MUNDO DAS MARCAS

de 125 mil milhões de dólares) depende, assim, da confiança dos accionistas nos intangíveis da empresa e da capacidade desta para os gerir de forma lucrativa. A Coca-Cola detém pouco mais intangíveis do que a sua "fórmula secreta", os contratos com a sua rede global de engarrafadores e as suas marcas. Uma análise independente estimava que o valor do nome de marca da Coca-Cola ascendia, em meados de 2002, a quase 70 mil milhões de dólares, muito mais de metade do valor dos seus intangíveis. Da mesma forma, marcas de consumo emblemáticas, como a McDonald's, podem atribuir uma grande proporção (cerca de 70 por cento) do seu valor de mercado às suas marcas. No outro extremo da escala, para duas das maiores empresas mundiais, a General Electric e a Intel, o rácio entre os valores da marca e o valor dos intangíveis é muito mais baixo. Tanto a GE como a Intel detêm importantes intangíveis, mas como estes estão ligados à tecnologia no âmbito da qual estas empresas operam, provavelmente assumem a forma de patentes e de acordos de *know-how*.

Não é de admirar que a actividade de fusões e aquisições dos últimos 20 anos, mais ou menos, tenha envolvido empresas detentoras de marcas. A durabilidade das marcas, a qualidade da sua rendibilidade (ao contrário do que sucede com activos tecnológicos de curta duração, tais como patentes) e a sua reconhecida popularidade torna-as propriedades altamente desejáveis. A globalização do comércio está a motivar a consolidação em muitas indústrias. Um exemplo recente é a compra, por 21 mil milhões de dólares, da Bestfoods por parte da Unilever. A Bestfoods detém muitas marcas alimentares famosas, nomeadamente os caldos Knorr e a maionese Hellmann's. Estas marcas têm um verdadeiro potencial global, que é mais provável de ser captado por uma empresa da dimensão e escala da Unilever do que pela Bestfoods, que é grande mas que não possui os recursos globais da Unilever.

De igual modo, em 1998, a Volkswagen celebrou um acordo para comprar a Rolls-Royce Motor Cars à Vickers, um grupo britânico de engenharia, por cerca de 400 milhões de libras. O interesse da VW não estava em adquirir uma enorme quantidade de activos da indústria transformadora, bastante desvalorizados, em Derby, a casa da Rolls-Royce, mas sim nas famosas marcas Rolls-Royce e Bentley, jóias da coroa da indústria automóvel global. No entanto, a Vickers só era detentora do nome Bentley, controlando apenas uma licença para a Rolls-Royce. Numa interessante reviravolta nesta aventura, a Rolls-Royce Aero Engines, detentora do nome de marca Rolls-Royce, recusou conceder uma licença vitalícia à VW, entregando-a, em vez disso, à BMW, velha rival alemã da Volkswagen.

20

O QUE É UMA MARCA?

Haverá poucas dúvidas de que estas marcas irão prosperar sob a nova liderança, uma vez que tanto a BMW como a VW dispõem de um fabrico com tecnologia de ponta e de recursos verdadeiramente globais, ultrapassando em muito os do antigo fabricante.

**A explosão do *branding***

A escala de adopção do *branding* tem sido de tirar o fôlego. Uma actividade que, durante três quartos do século XX, esteve essencialmente confinada aos bens de consumo e aos serviços, sobressai agora nos sectores industrial e de B2B, nos sectores público e voluntário, em empresas de utilidade pública e em organizações não governamentais. No âmbito do sector de consumo, o desenvolvimento tecnológico acrescentou milhares de novos produtos e serviços: jogos de computador, computadores portáteis, telemóveis, a Internet e a enorme quantidade de serviços que esta distribui. As equipas de futebol, os partidos políticos e as estrelas *pop* consideram-se agora a si próprios como marcas; e a Igreja de Inglaterra foi recentemente instigada, pelos média, a adoptar uma abordagem mais "comercial" no recrutamento para o clero.

Paralelamente, temos assistido ao aparecimento de duas novas práticas no *branding*: a aplicação de técnicas de *branding* às empresas e a "internalização" de marcas e da sua gestão, particularmente no âmbito das empresas de serviços, onde o colaborador é crucial no serviço ao cliente.

**Branding *em empresas***

As empresas aprenderam o quanto é importante ser-se compreendido e apreciado, não apenas por investidores, consumidores, fornecedores e colaboradores, mas também pelos "opinion makers", pelos grupos de activistas e pelo público em geral. Nas sociedades por acções existe um forte interesse tanto no comportamento como no desempenho das empresas cotadas. E com o aparecimento da Internet, essas empresas dão por si, cada vez mais, no "aquário global", onde as notícias e as opiniões prejudiciais viajam mais depressa e abarcam um espaço mais alargado. A reputação é essencial e as empresas que são conhecidas pela qualidade dos seus produtos e serviços, pela sua integridade e pela transparência dos seus actos, são as mais bem colocadas para manter uma vantagem competitiva.

Na indústria farmacêutica, por exemplo, grandes empresas como a GlaxoSmithKline, a Merck, a Pfizer, a Roche e a Novartis dependem todas do desenvolvimento de novos medicamentos bem sucedidos para obterem lucros futuros. Com o declínio de produtividade da I&D (Investigação e Desenvolvimento) ao nível interno, competem ferozmente por novos

## O MUNDO DAS MARCAS

produtos desenvolvidos por organizações mais pequenas, viradas para a investigação, tais como as especializadas em biotecnologia. Neste caso, a reputação do licitante é tão importante quanto o preço e os termos dos direitos de utilização oferecidos. O licitante deve ter um registo imaculado em termos de qualidade e eficácia dos seus produtos e em termos da forma como se comporta na cena pública. A reputação de várias das empresas líderes farmacêuticas foi recentemente prejudicada devido ao seu envolvimento no fornecimento de medicamentos para o HIV e para a SIDA para o Sul de África. O governo da África do Sul ameaçou rejeitar as suas patentes e permitir que os fabricantes locais produzissem os medicamentos, a menos que essas empresas reduzissem os preços, o que – depois de negociações que envolveram a Oxfam, ela própria uma marca célebre, mas nem sempre pelas melhores razões – acabaram por fazer.

Até a gigante Coca-Cola foi durante algum tempo apontada pela pouca atenção dada às necessidades e sensibilidades específicas dos seus accionistas. Em 1999, foi forçada a retirar a Coca-Cola do mercado belga, na sequência de um receio de contaminação. O receio foi lidado rápida e eficientemente, mas acabou por atrair muita atenção. Sensivelmente na mesma altura, a empresa tinha estado envolvida, das mais variadas formas, num processo de discriminação laboral, numa investigação *anti-trust* (contra a concorrência desleal) em França e não conseguiu comprar a marca de refrigerantes Orangina. O caso belga, exacerbado por alguns comentários desajeitados por parte do então presidente executivo, levou os analistas e os investidores a questionarem o domínio que o conselho de administração da Coca-Cola tinha sobre os seus negócios. O preço das acções desceu e desistiu-se da compra prevista da Quaker. Em resultado disso, o conselho de administração foi "abanado" e a gestão dos negócios internacionais da empresa adoptou uma abordagem mais local com o objectivo de se aproximar do consumidor.

As empresas acima referidas recuperaram rapidamente a reputação que tinham perdido. O mesmo não se pode dizer dos casos da Enron e da WorldCom. Ambas as empresas eram relativamente novas, mas enganar os seus accionistas (os seus proprietários) de forma tão flagrante representa uma traição na confiança, a que nem as marcas há muito estabelecidas conseguem sobreviver.

### Branding nos serviços

O mundo desenvolvido tem assistido a uma grande mudança ao nível de resultados, que tem evoluído da indústria e da transformação para os serviços; e, à medida que aumenta a procura de serviços financeiros e de

# O QUE É UMA MARCA?

lazer, as marcas irão desempenhar um papel cada vez mais importante num mundo de "compreensão da marca", onde o público se tem tornado mais discriminatório e difícil de contentar. Assim, os detentores das marcas precisam de se certificar que oferecem serviços de alta qualidade em conformidade com uma visão convincente, que por sua vez estão de acordo com um compromisso genuíno para com a satisfação do cliente. Desta forma, a próxima viagem da marca é interna. Algumas das empresas de marcas mais bem sucedidas usam a marca como o seu príncipio organizador central. A determinação do patrão da Virgin, Richard Branson, em oferecer ao homem comum um melhor negócio – quer se trate de serviços financeiros, serviços ferroviários ou viagens aéreas – dá vida à organização e actua como um filtro para o desenvolvimento empresarial. Nem todas as empresas de Branson têm sido bem sucedidas, nomeadamente a Virgin Rail, mas ele é largamente conhecido pelo seu empenho e entusiasmo, apesar de o serviço fornecido nem sempre condizer com estas qualidades. Os clientes da companhia aérea Virgin Atlantic sentem rapidamente a diferença: não só o voo é mais barato, como toda a experiência é diferente. Poderá não se adequar ao gosto de todos, mas a atitude calorosa e informal do pessoal de bordo reflecte a própria personalidade de Branson. O resultado é uma "experiência ao consumidor" bem gerida, diferenciada e memorável.

Compare isto com o sector dos serviços financeiros. Os bancos, em especial, têm lutado para criar e fornecer uma experiência ao consumidor distinta. Anos e anos de publicidade – "o banco que gosta de dizer *sim*", "venha e fale com o banco que ouve" – conduziram a uma desconfiança por parte do cliente. Ao contrário da experiência da Virgin Atlantic, que é quase palpável, aos bancos parece faltar-lhes uma ideia verdadeiramente boa (talvez isto seja o resultado de mais de um século a tentar não ser diferente). Alguns experimentaram o banco por telefone e via Internet e é extraordinário que os mais bem sucedidos tenham sido aqueles que adoptaram novos nomes, como o First Direct e o Egg, e que se distanciaram dos seus proprietários (o Midland Bank e o Prudential Assurance, respectivamente). Mas, na verdade, é extraordinariamente difícil para os bancos conseguirem diferenciar-se uns dos outros: todos disponibilizam, em geral, os mesmos produtos, premissas e serviços e todos procuram recrutar o mesmo tipo de colaboradores. No entanto, os colaboradores podem realmente fazer a diferença, como tão bem saberá qualquer um de nós que tenha tido uma experiência de que se recorde ao lidar com uma agência do seu banco. Os colaboradores podem criar ou arruinar uma relação de longa duração e, uma vez que a banca tem sido

# O MUNDO DAS MARCAS

tradicionalmente o negócio de "relacções", o investimento em formação é claramente um dos compromissos mais importantes que um banco pode assumir para com a gestão da marca.

Além da saúde, a riqueza (ou falta dela) é um dos aspectos da vida que está mais perto da maioria dos corações das pessoas. É também uma área da vida em que frequentemente necessitamos de conselhos e onde a "confiança" é altamente premiada. As marcas sempre tiveram a ver com confiança e é instrutivo reflectir sobre a forma como o nível de confiança que podemos ter no nosso médico contrasta com o nível de confiança que podemos ter no nosso banco e noutros consultores financeiros. As instituições financeiras eram antigamente tidas em grande consideração pelos seus clientes – "seguras como o Banco de Inglaterra" – mas, com a orientação geral para maiores eficiências operacionais (*downsizings*), o contacto pessoal com os clientes, do qual depende a construção do relacionamento, está agora muito reduzido. As caixas multibanco (máquinas ATM) e o *homebanking* (através da Internet) podem ser uma benção para os balanços dos bancos, mas retiram a oportunidade de ajudar os clientes com as decisões mais complicadas que precisam de tomar na sua vida, particularmente aquelas que se prendem com investimentos e reformas. Uma maior familiaridade e conforto com a Internet poderá acabar por permitir aos bancos e a outros fornecedores de serviços financeiros comprometer-se com os clientes a um nível mais íntimo. Mas, entretanto, um regresso à tradicional construção de relações, que tem por base um tipo de formação que facilite negócios e competências sociais, ajudará a recuperar alguma da credibilidade que estas marcas já tiveram.

De uma forma geral, as melhores marcas de serviços são construídas à volta de uma única ideia de negócio ou visão convincente. Se os colaboradores acreditarem na mesma, irão ajudar a sustentá-la e irão comunicá-la aos seus clientes, aos fornecedores e a outros, através do seu entusiasmo e empenho.

**Orientações para uma boa gestão da marca**
Algumas das sugestões apresentadas a seguir são verdades eternas que se aplicam de forma igual a marcas de produtos, de serviços e empresariais, e algumas aplicam-se especificamente a uma ou outra categoria de marca.

- **Proteja a sua marca.** A lei das marcas registadas proporciona a protecção do nome da sua marca e da sua empresa, do seu logotipo e cores, a forma da sua embalagem, cheiros e o *spot* publicitário que usa. Esta protecção pode durar indefinidamente, estando sujeita ao pagamento de uma taxa e ao cumprimento de algumas normas de utilização não muito dispendiosas. A lei das patentes permite-lhe proteger o seu produto durante períodos até 20 anos, desde que o produto seja invenção sua e novidade ou uma ideia não óbvia. Os direitos de autor permitem-lhe proteger trabalhos artísticos, literários, teatrais e musicais até 50 anos depois da morte do autor ou originador. Proteja estes elementos da sua marca numa larga escala geográfica: pode não ser ainda um interveniente a nível internacional, mas as verdadeiras oportunidades colocam-se às marcas cujos recursos sejam potencialmente universais.

- **Honre os seus *stakeholders*.** Os seus clientes esperam produtos e serviços atractivos, distintos e que correspondam às suas expectativas, a um preço acessível. Os seus colaboradores querem trabalhar para uma empresa com uma ideia de negócio atractiva, onde se sintam envolvidos e onde possam marcar a diferença. Os seus accionistas esperam uma gestão empresarial sólida e uma empresa bem gerida, com um compromisso para com o aumento do valor para o accionista. Os seus parceiros comerciais querem justiça e respeito nos negócios que celebram consigo e querem que a sua reputação promova também a deles. Os líderes de opinião e os comentadores do sector industrial esperam um bom desempenho, inovação, transparência e um sentido de responsabilidade social. Os grupos de interesses querem que oiça e que actue.
- **Trate a sua marca como um investimento e não como um custo.** As marcas estão entre os activos mais importantes que uma empresa pode controlar e as marcas fortes conseguem assegurar a continuidade em alturas de crise. As marcas devem manter-se relevantes, contemporâneas e apelativas para os seus consumidores. Isto significa que deve ser feito investimento suficiente em publicidade e *marketing*, bem como no desenvolvimento de novos produtos. Para muitos negócios activos em mercados maduros, o apoio e o desenvolvimento da marca são frequentemente os únicos factores mais importantes do custo total. Os investidores e os analistas irão, muito acertadamente, esperar que a gestão do negócio seja responsável pela eficácia dessa despesa; mas irão procurar, em vão, provas disso no balanço. As avaliações periódicas das marcas nos negócios irão ajudar a explicar em que medida a gestão está a conduzir com sucesso as marcas em benefício dos accionistas.

# O MUNDO DAS MARCAS

- **Explore o potencial financeiro da sua marca.** Além de procurarem formas de fazer crescer a marca através do desenvolvimento de novos produtos, as empresas devem procurar também oportunidades para explorar o património das suas marcas através do co-*branding*, da concessão de licenças e de *franchising*. O co-*branding* pode ser um custo dispendioso, mas muito eficaz, de entrar em novos mercados e novas zonas geográficas; a arte está em descobrir um sócio compatível e adequado. A licença é a concessão de um direito de usar uma marca relativamente a bens ou serviços semelhantes. No entanto, a entidade que concede essa licença deve manter o controlo sobre a qualidade dos bens e serviços produzidos pelo titular da licença e comercializados sob a marca (a prática é comum na indústria cervejeira). O *franchising* é a concessão de um direito, a vários titulares de licenças em diferentes zonas geográficas, para usar a marca em conjunto com um sistema de negócio desenvolvido por quem concede a licença (esta prática é comum nas áreas de comida rápida -*fast foods*- lojas de fotocópias, floristas, etc.). O co-*branding*, a concessão de licenças e o *franchising* podem ser formas bastante lucrativas de explorar uma marca, aumentando a sua exposição e enriquecendo a sua mensagem.

- **Compreender que a gestão de sucesso da marca é uma tarefa complexa.** Requer competências que não estão normalmente associadas à tradicional função de *marketing*. A capacidade para dizer às empresas de estudos de mercado, às agências de publicidade e aos *designers* que comuniquem com o pessoal dos departamentos de vendas e de distribuição e que sobrevivam aos conflitos acidentais com os contabilistas já não é suficiente. Os gestores da marca certamente necessitam de se mover em todas estas áreas, mas precisam igualmente de compreender de que forma uma marca pode ser gerida em benefício dos accionistas. Isto requer uma compreensão da forma como, em termos financeiros, uma marca contribui para o sucesso de um negócio e para a criação de valor para o accionista. Os gestores de marcas de serviços precisam de se tornar competentes ao nível da comunicação interna e da formação, para assegurarem que a satisfação do cliente é consistente com a promessa da sua marca. E se a marca for a empresa, o gestor de marca tem de compreender não só a subtil arte da comunicação empresarial, como também o papel infinitamente mais exigente da responsabilização para com os *stakeholders*.

# 2. O valor financeiro das marcas

*Jan Lindemann*

Se este negócio fosse desmantelado, dava-te a terra, os tijolos e a argamassa, e ficava com as marcas e as marcas registadas e ficava melhor do que tu.

John Stuart, presidente da Quaker (ca.1900)

No último trimestre do século XX assistimos a uma mudança dramática na forma de analisar a criação de valor para o accionista. Durante a maior parte do século, os activos tangíveis eram encarados como a principal fonte de valor empresarial. Isto incluía os activos de produção, os terrenos, os edifícios e os activos financeiros, como valores a receber e investimentos. Eram avaliados em função do custo ou do valor por liquidar com que apareciam no balanço. O mercado tinha consciência dos intangíveis, mas o seu valor específico era desconhecido e não era quantificado. Mesmo hoje, a avaliação da rentabilidade e do desempenho das empresas concentra-se em indicadores, como a rendibilidade do investimento, activos ou acções, que excluem os intangíveis do denominador. A avaliação dos preços relativos (por exemplo, o rácio entre a cotação ou preço de uma acção e o valor contabilístico *book value* por acção) também exclui o valor dos activos intangíveis, porque estes não fazem parte dos valores considerados nos documentos contabilísticos.

Isto não significa que a gestão não reconheceu a importância dos intangíveis. As marcas, a tecnologia, as patentes e os colaboradores estiveram sempre no centro do sucesso empresarial, mas raramente foram valorizados de forma explícita. O seu valor era incluído no valor total dos activos. Os detentores de marcas importantes, como a Coca Cola Company, a Procter & Gamble, a Unilever e a Nestlé tinham consciência da importância das suas marcas, como se pode observar pelo facto de terem criado gestores de marcas, mas no mercado bolsista os investidores focalizavam o cálculo do seu valor na exploração dos activos tangíveis.

## Demonstração do valor de marca

O crescente reconhecimento do valor dos intangíveis surgiu com o aumento contínuo da diferença entre o valor contabilístico das empresas e as suas avaliações pelo mercado bolsista, e com o forte crescimento dos

valores acima do fixado nos mercados bolsistas que eram pagos nas fusões e aquisições no final dos anos 80. Um estudo da Reserva Federal (Fed) norte-americana (ver figura 2.1) mostra o crescimento acentuado da importância dos intangíveis no valor total das empresas durante a segunda metade do século XX.

Actualmente, é possível defender que, de uma forma geral, a maior parte do valor das empresas resulta dos intangíveis. De certeza que a atenção da gestão em relação a estes activos aumentou substancialmente.

A marca é um intangível especial, que em muitas empresas é o activo mais importante. Isto deve-se ao impacto económico que as marcas têm: influenciam as escolhas dos consumidores, dos colaboradores, dos investidores e das autoridades governamentais. Num mundo onde abundam as escolhas, tal influência é decisiva para o sucesso comercial e para a criação de valor para o accionista. Até as organizações sem fins lucrativos começaram a utilizar a marca como um activo-chave para conquistar donativos, patrocínios e voluntários.

Algumas marcas têm também demonstrado uma durabilidade surpreendente. A marca mundial mais valiosa[1], a Coca-Cola, tem mais de 118 anos e a grande maioria das marcas mundiais mais valiosas existem há mais de 60 anos. Isto comparado com a média de vida das empresas

O VALOR FINANCEIRO DAS MARCAS

**Quadro 2.1 A contribuição das marcas para a criação de valor para o accionista**

| Empresa | Valor da marca em 2002 (mil milhões de dólares) | Contribuição da marca para a capitalização do mercado da casa-mãe (%) | Valor da marca em 2001 (mil milhões de dólares) |
|---|---|---|---|
| Coca-Cola | 69.6 | 51 | 69.0 |
| Microsoft | 64.1 | 21 | 65.1 |
| IBM | 51.2 | 39 | 52.8 |
| GE | 41.3 | 14 | 42.4 |
| Intel | 30.9 | 22 | 34.7 |
| Nokia | 30.0 | 51 | 35.0 |
| Disney | 29.3 | 68 | 32.6 |
| McDonald's | 26.4 | 71 | 25.3 |
| Marlboro | 24.2 | 20 | 22.1 |
| Mercedes-Benz | 21.0 | 47 | 21.7 |

Fonte: Business Week, Quadro elaborado pelas agências Interbrand/JP Morgan, 2002

que ronda os 25 anos[2]. Muitas marcas sobreviveram a uma série de diferentes proprietários das empresas.

Vários estudos tentaram avaliar a contribuição que as marcas têm no valor para o accionista. Um estudo da Interbrand, em colaboração com a JP Morgan (ver Quadro 2.1), concluiu que, em média, as marcas representam mais de um terço do valor para o accionista. O estudo revela também que as marcas criam um valor significativo, tanto as de consumo como as empresariais, ou a combinação de ambas.

O Quadro 2.1 mostra como a contribuição económica das marcas pode ser importante para as empresas. A marca McDonald's contribui em mais de 70 por cento para a criação de valor para o accionista. Só a marca Coca-Cola contribui 51 por cento para o valor da Coca-Cola Company no mercado bolsista, apesar de a empresa ter uma grande variedade de outras marcas de bebidas, como a Sprite e a Fanta.

Estudos efectuados por professores de Harvard e da Universidade da Carolina do Sul[3] e pela Interbrand[4] sobre as empresas analisadas no quadro classificativo das "Melhores Marcas Globais" indicam que as empresas com as marcas mais fortes ultrapassam em vários índices o rendimento do mercado. Também ficou demonstrado que um conjunto de marcas influenciado pelo valor das Melhores Marcas Globais tem um desempenho significativamente melhor do que o índice MSCI da Morgan

# O MUNDO DAS MARCAS

Stanley e do que o índice S&P 500 – que se concentra apenas em empresas norte-americanas. Hoje, as empresas líderes concentram os esforços de gestão nos activos intangíveis. Por exemplo, a Ford Motor Company reduziu a sua base física de activos em prol do investimento em activos intangíveis. Nos últimos anos, gastou bem mais de 12 mil milhões de dólares para adquirir marcas de prestígio como a Jaguar, a Aston Martin, a Volvo e a Land Rover. A Samsung, um grupo líder no sector da electrónica, investe fortemente nos seus intangíveis e aplica cerca de 7,5 por cento das receitas anuais em I&D e outros 5 por cento em comunicação[5]. No sector dos bens de consumo embalados, as empresas investem até 10 por cento das receitas anuais em *marketing*. Conforme John Akasie escreveu num artigo da revista *Forbes*[6]:

> *Tem tudo a ver com marcas e a construção das marcas e as relações com o consumidor... Descapitalizadas, as empresas detentoras de marcas podem alcançar grandes retornos de capital e crescer mais depressa sem estarem sobrecarregadas com fábricas e inúmeros operários. Esses são os aspectos que o mercado bolsista recompensa com elevados rácios preços/receitas.*

## As marcas nos balanços

A onda de aquisições de marcas no final dos anos 80 resultou em elevados montantes de *goodwill**, com o qual a maior parte dos padrões de contabilidade não sabia lidar de uma forma economicamente sensata. As transacções que provocaram o debate sobre contabilização do *goodwill* nos balanços incluiram a compra da Rowntree pela Nestlé, a aquisição e posterior venda da Keebler por parte da United Biscuits, a compra da Pillsbury pela Grand Metropolitan e a aquisição do negócio europeu da Nabisco por parte da Danone.

A contabilização do chamado *goodwill* não tinha em conta a importância crescente dos activos intangíveis, de modo que as empresas eram penalizadas por fazerem o que acreditavam ser aquisições de valor acrescentado. Tinham de suportar amortizações elevadas nas suas contas de lucros e perdas (declarações de rendimentos) ou tinham de conformar-se com a perda do capital de provisões para riscos e encargos e, em muitos casos, acabavam com um activo inferior ao que tinham antes da aquisição.

Em países como o Reino Unido, a França, a Austrália e a Nova Zelândia era, e ainda é, possível reconhecer o valor das marcas adquiridas como

---

\* **NT.** *Activo intangível cuja valorização corresponde a vantagens ou reputação de um negócio.*

# O VALOR FINANCEIRO DAS MARCAS

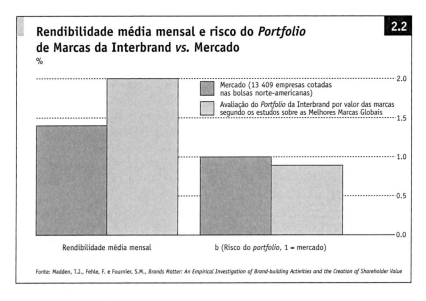

Rendibilidade média mensal e risco do *Portfolio* de Marcas da Interbrand vs. Mercado
%

Fonte: Madden, T.J., Fehle, F. e Fournier, S.M., *Brands Matter: An Empirical Investigation of Brand-building Activities and the Creation of Shareholder Value*

"activos intangíveis identificáveis" e incluí-los no balanço da empresa que os adquire. Isto ajudou a resolver a questão do *goodwill*. Então, o reconhecimento das marcas como activos intangíveis aproveitou-se de uma área ambígua da contabilidade, pelo menos no Reino Unido e em França, na qual as empresas não eram encorajadas a incluir as marcas nos balanços nem eram impedidas de o fazer. Em meados dos anos 80, a Reckitt & Colman, uma empresa com sede no Reino Unido, atribuiu no balanço um valor à marca Airwick, que tinha recentemente adquirido; a Grand Metropolitan fez o mesmo com a marca Smirnoff, que tinha adquirido como parte da Heublein. Na mesma altura, alguns grupos do sector da comunicação social colocaram nos balanços o valor dos títulos das publicações adquiridas.

No final dos anos 80, o reconhecimento nos balanços do valor das marcas adquiridas provocou um reconhecimento semelhante das marcas criadas internamente como valiosos activos financeiros dentro de uma empresa. Em 1988, a Rank Hovis McDougall (RHM), um dos líderes britânicos do sector alimentar, apostou fortemente no poder das suas marcas para se defender com sucesso de uma OPA hostil liderada pela Goodman Fielder Wattie (GFW). A estratégia de defesa da RHM envolveu um exercício que demonstrava o valor das marcas da empresa. Foi a primeira avaliação independente de marcas que estabeleceu ser possível avaliá-las não só quando compradas, mas também quando criadas pela

31

# O MUNDO DAS MARCAS

própria empresa. Depois de ter evitado com sucesso a proposta da GFW, a RHM incluiu nas contas financeiras de 1988 o valor das marcas criadas internamente e o das compradas, sob a designação de "activos intangíveis". Em 1989, a Bolsa de Valores de Londres apoiou o conceito de avaliação das marcas usado pela RHM ao permitir a inclusão dos activos intangíveis nos testes para aprovação dos accionistas durante as OPA. Foi o incentivo necessário para que as empresas detentoras das principais marcas de produtos alimentares reconhecessem nos balanços o valor das marcas como activos intangíveis. Foi o caso, no Reino Unido, da Cadbury Schweppes, da Grand Metropolitan (quando adquiriu a Pillsbury por cinco mil milhões de dólares), da Guinness, da Ladbrokes (quando comprou a Hilton) e da United Biscuits (incluindo a marca Smith).

Hoje, muitas empresas, incluindo a LVMH, a L'Oréal, a Gucci, a Prada e a PPR incluem nos seus balanços as marcas adquiridas. Algumas utilizaram a inclusão das suas marcas nos balanços como uma ferramenta das relações com os investidores, ao fornecerem os valores históricos das marcas e ao utilizarem o valor das mesmas como um indicador do desempenho financeiro.

Em termos de normas contabilísticas, o Reino Unido, a Austrália e a Nova Zelândia têm liderado o processo, ao permitirem que as marcas compradas constem nos balanços e ao providenciarem directrizes pormenorizadas sobre como lidar com este *goodwill*. Em 1999, a Comissão de Normas Contabilísticas do Reino Unido introduziu o FRS 10 e 11 para o tratamento do *goodwill* nos balanços. A Comissão Internacional de Normas Contabilísticas seguiu-lhe os passos com o IAS 38 (*International Accounting Standards* – Normas Contabilísticas Internacionais). Na Primavera de 2002, a Comissão de Normas Contabilísticas dos Estados Unidos introduziu o FASB 141 e 142, abandonando a contabilidade por aproximação e introduzindo regras pormenorizadas sobre a apresentação nos balanços do *goodwill* adquirido. Há indicações de que a maior parte das normas contabilísticas, incluindo as internacionais e as do Reino Unido, irão acabar por se converter ao modelo dos Estados Unidos. Isto porque a maioria das empresas internacionais que pretendem investir nos mercados de capitais dos Estados Unidos, ou que lá operam, será obrigada a aderir aos Princípios Contabilísticos Geralmente Aceites (GAAP - *Generally Accepted Accounting Principles*) dos Estados Unidos.

As principais determinações destas normas contabilísticas referem que o *goodwill* adquirido precisa de ser capitalizado nos balanços e amortizado de acordo com o seu tempo de vida útil. Contudo, os activos intangíveis, como as marcas, que podem reivindicar uma vida infinita não têm de ser sujeitos a amortizações. Em vez disso, as empresas precisam de realizar testes anuais de valorização. Se o valor for o mesmo ou mais elevado que o inicial, o valor do activo no balanço permanece o mesmo. Se a valorização for inferior, é necessário reduzir o activo para o valor mais baixo. Os métodos de avaliação recomendados são o *discounted cash flow* (DCF – *cash flow* de futuros descontados) e abordagens de valor de mercado. As avaliações têm de ser efectuadas na unidade de negócio (ou subsidiária) que produz as receitas e os lucros.

O tratamento contabilístico do *goodwill* no seguimento de uma aquisição é um passo importante para melhorar o relatório financeiro dos activos intangíveis, como é o caso das marcas. Mas ainda é insuficiente, dado que só o *goodwill* adquirido é reconhecido e os detalhes do relatório são reduzidos a uma nota de rodapé nas contas. Isto leva a distorções, como sucede com a marca McDonald's, que não aparece nos balanços da empresa, apesar de estar calculado que represente cerca de 70 por cento do valor para o accionista da empresa (ver Quadro 2.1), enquanto que a marca Burger King está reconhecida no balanço. Há ainda um problema que se prende com a qualidade das avaliações das marcas nos balanços. Enquanto algumas empresas utilizam uma avaliação específica das marcas, outras usam técnicas menos sofisticadas de avaliação, que muitas vezes produzem valores questionáveis. O debate sobre se o relatório financeiro deverá estar em consonância com a realidade do valor empresarial de longo prazo deverá continuar, mas se houver uma maior consistência na abordagem à avaliação das marcas e uma maior definição dos valores das mesmas, os valores dos activos empresariais tornar-se-ão muito mais transparentes.

## O valor social das marcas

O valor económico das marcas para os seus detentores é agora amplamente aceite, mas o seu valor social é menos claro. As marcas criam valor para mais alguém, além dos seus detentores, e será que o valor que criam é às custas da sociedade em geral?[7] A omnipresença das "megamarcas" globais transformou o *branding* num foco de descontentamento para muitas pessoas em todo o mundo. Estas vêem uma ligação directa entre as marcas e os temas como a exploração de trabalhadores nos países em vias de desenvolvimento e a homogeneidade das culturas. Além disso, as marcas são acusadas de sufocar a concorrência e de manchar as virtudes do sistema capitalista, ao encorajar os monopólios e ao limitar as escolhas dos consumidores. O argumento oposto é que as marcas são criadoras de um valor social e económico substancial, em resultado do

# O MUNDO DAS MARCAS

aumento da concorrência, da melhoria do desempenho dos produtos e do aumento da pressão sobre os detentores das marcas para que tenham um comportamento socialmente responsável. A concorrência com base no desempenho e no preço, natureza da concorrência entre marcas, fomenta o desenvolvimento e o aperfeiçoamento dos produtos. E há provas de que as empresas que promovem mais as suas marcas do que outras nas suas categorias têm também tendência para ser mais inovadoras nessas mesmas áreas. Um estudo da PIMS Europe realizado para a Associação Europeia de Marcas[8] revelou que as empresas que apostam menos na promoção das marcas lançam menos produtos, investem significativamente menos em desenvolvimento e têm menos vantagens de produtos do que as suas congéneres que apostam nas marcas. Quase metade da amostra de empresas "não promotoras das marcas" não investia o que quer que fosse na investigação e no desenvolvimento de novos produtos, em comparação com menos de 25 por cento da amostra de empresas "promotoras das marcas". Enquanto que 26 por cento das empresas que não apostam na promoção nunca introduziram novos produtos importantes, este valor diminui para 7 por cento no sector que aposta nas suas marcas.

A necessidade de manter as marcas relevantes promove o aumento dos investimentos em I&D, o que conduz a um processo contínuo de melhoria e desenvolvimento dos produtos. Os detentores das marcas são responsáveis tanto pela qualidade e desempenho dos seus produtos e serviços como pelas suas práticas éticas. Atendendo à ligação directa entre o valor da marca e os preços das vendas e das acções, os potenciais custos de um comportamento pouco ético ultrapassam em muito quaisquer vantagens e prevalecem sobre os custos de supervisão associados a um negócio ético.

Algumas marcas emblemáticas têm sido acusadas de práticas pouco éticas. Curiosamente, entre estas estão algumas das marcas que foram pioneiras na utilização de códigos voluntários de conduta e sistemas internos de supervisão. Isto não significa que estas marcas tenham eliminado com sucesso práticas empresariais pouco éticas, mas pelo menos mostram vontade de resolver o problema.

Quanto mais honestas forem as empresas no reconhecimento da distância que têm de colmatar em termos de comportamento ético, mais credíveis irão parecer. A Nike, uma empresa outrora criticada pelas práticas de contratação de alguns dos seus fornecedores em países em vias de desenvolvimento, anuncia agora os resultados de auditorias externas e entrevistas com trabalhadores das fábricas em www.nikebiz.com. É compreensível a preocupação das multinacionais, tendo em conta que uma quebra de 5 por cento nas vendas pode resultar numa perda de valor da marca em mais de mil milhões de dólares. É claramente do seu interesse económico assumirem um comportamento ético.

## Abordagens à avaliação das marcas

Os valores financeiros estiveram sempre, de algum modo, ligados às marcas e a outros activos intangíveis, mas só no final dos anos 80 foram criadas abordagens de avaliação que podiam reivindicar imparcialmente a compreensão e a avaliação do valor específico das marcas. A ideia de atribuir um valor específico às marcas é agora largamente aceite. Para os que lidam com contabilidade, transferências de preços e acordos de licenciamento, fusões e aquisições e gestão baseada no valor, a avaliação das marcas desempenha um papel importante no mundo actual dos negócios.

Ao contrário de outros activos, como acções, obrigações, mercadorias e imobiliário, não há um mercado activo para as marcas que forneça valores "comparáveis". Por isso, para se chegar a uma abordagem válida e com autoridade, foram desenvolvidos alguns modelos de avaliação das marcas. A maioria insere-se em duas categorias:

- avaliações baseadas na investigação do património das marcas;
- abordagens puramente financeiras.

## Abordagens baseadas na investigação

Existem muitos modelos de avaliação do património da marca que recorrem a uma investigação junto dos consumidores para avaliar o desempenho relativo das marcas. Não atribuem um valor financeiro às marcas; em vez disso, avaliam o comportamento e as atitudes do consumidor que têm impacto no desempenho económico das marcas. Embora a sofisticação e a complexidade desses modelos varie, todos tentam explicar, interpretar e avaliar os conhecimentos dos consumidores que influenciam os hábitos de compra. Estes modelos incluem uma grande variedade de medidas perceptivas, tais como diferentes níveis de consciência da marca (sem ajuda, com ajuda, principal preocupação), conhecimento, familiaridade, relevância, atributos específicos da imagem, ponderação sobre a compra, preferência, satisfação e recomendação. Alguns modelos acrescentam medidas comportamentais, como a quota de mercado e o preço relativo.

# O MUNDO DAS MARCAS

Através de diferentes fases e aprofundamentos de modelos estatísticos, estas medidas são apresentadas por ordem hierárquica, para fornecer etapas que levam da consciência à preferência e à compra; ou em relação ao impacto na percepção global do consumidor, para transmitir uma pontuação ou avaliação global do património da marca. Prevê-se que a mudança de um ou da combinação de vários indicadores influencie o comportamento de compra do consumidor, que, por sua vez, irá afectar o valor financeiro da marca em questão. No entanto, estas abordagens não distinguem os efeitos de outros factores influentes, como I&D, o *design* e a marca. Daí que não forneçam uma ligação clara entre os indicadores específicos de *marketing* e o desempenho financeiro da marca. Uma marca pode ser muito forte, de acordo com estes factores, mas não conseguir criar valor financeiro e para o accionista.

A compreensão, a interpretação e a avaliação dos indicadores do património da marca são cruciais para avaliar o valor financeiro da mesma. Afinal, são medidas-chave para avaliar o comportamento de compra do consumidor, do qual depende o sucesso da marca. No entanto, a menos que estejam integrados num modelo económico, são insuficientes para calcular o valor económico das marcas.

## Abordagens financeiras

**As abordagens com base no custo** definem o valor de uma marca como o conjunto de todos os custos históricos verificados ou dos custos de substituição necessários para posicionar a marca no seu estado actual: isto é, a soma dos custos de desenvolvimento, de *marketing*, de publicidade e comunicação, etc. Estas abordagens falham, porque não há uma correlação directa entre o investimento financeiro realizado e o valor acrescentado por uma marca. O investimento financeiro é uma componente importante na construção do valor da marca, desde que esteja efectivamente definido. Se não estiver, pode não fazer qualquer diferença. O investimento precisa de ir além da promoção e da publicidade e incluir investigação e desenvolvimento, formação, embalagem e *design* do produto, *design* de lojas, etc.

**Comparáveis.** Outra abordagem consiste em chegar a um valor para uma marca com base em algo comparável. Mas a comparação é difícil no caso das marcas, dado que, por definição, deveriam ser distintas e, por isso, não comparáveis. Além disso, a criação de valor de marcas da mesma categoria pode ser muito diferente, mesmo que a maior parte dos outros aspectos do negócio, como os grupos-alvo, os gastos publicitários, a promoção de preços e os canais de distribuição, sejam semelhantes ou idênticos. As comparações podem fornecer um cruzamento interessante de informações, mas nunca devem ser utilizadas individualmente para avaliar marcas.

**Preço Premium.** No método do preço superior ao nominal (Premium), o valor é calculado em função do valor actual líquido do futuro preço superior ao nominal que um produto promovido irá ter sobre um produto não promovido ou sobre um genérico equivalente. No entanto, o principal objectivo de muitas marcas não é necessariamente obter um preço superior ao nominal, mas assegurar um nível elevado de procura no futuro. O valor gerado por estas marcas consiste em assegurar grandes quantidades no futuro, e não em garantir um preço superior ao nominal. Isto aplica-se a muitas categorias de bens de consumo duradouros e não duradouros.

Este método é imperfeito, uma vez que é raro haver genéricos equivalentes com os quais se possa comparar o preço superior ao nominal de um produto de marca. Actualmente, quase tudo tem uma marca e, em alguns casos, as marcas de loja podem ser tão fortes como as marcas dos produtores, cobrando preços iguais ou semelhantes. A diferença de preço entre uma marca e os produtos concorrentes pode ser um indicador da sua força, mas não é a única nem a contribuição mais importante de uma marca para o negócio subjacente.

**Utilização económica.** Às abordagens que são orientadas exclusivamente por avaliações financeiras ou por avaliações do património da marca falta-lhes, respectivamente, a componente de *marketing* e a componente financeira, para que possam fornecer uma avaliação completa do valor económico das marcas. A abordagem da utilização económica, que foi desenvolvida em 1988, combina a avaliação do património das marcas com a avaliação financeira, tendo-se tornado numa metodologia amplamente reconhecida e aceite para a avaliação das marcas. Tem sido utilizada em mais de 3500 avaliações de marcas em todo o mundo. A abordagem da utilização económica baseia-se nos princípios fundamentais de *marketing* e financeiro:

- O princípio de *marketing* diz respeito à função comercial que as marcas desempenham nos negócios. Em primeiro lugar, as marcas ajudam a criar a procura por parte do consumidor; podem ser consumidores individuais ou empresariais, consoante a natureza do negócio e as circunstâncias de compra. A procura do consumidor

# O MUNDO DAS MARCAS

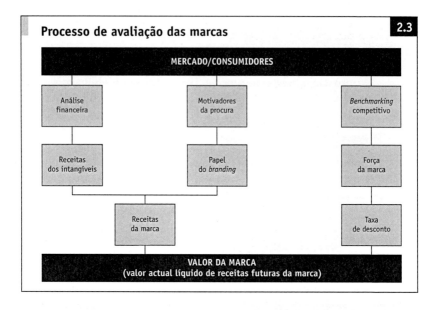

Processo de avaliação das marcas — 2.3

traduz-se em receitas, através do preço, frequência e volume de compras. Em segundo lugar, as marcas garantem a procura do consumidor a longo prazo, através da repetição de compras e da sua fidelização.

- O princípio financeiro prende-se com o valor actual líquido das receitas futuras previstas, um conceito amplamente utilizado nos negócios. As receitas futuras da marca são identificadas e depois descontadas a um valor actual líquido, utilizando uma taxa de desconto que reflecte o risco de essas receitas se concretizarem.

Para compreender a complexidade da criação de valor de uma marca, siga os cinco passos que se seguem:

**1 Segmentação do mercado.** As marcas influenciam as escolhas do consumidor, mas a influência varia, dependendo do mercado em que a marca opera. Divida os mercados da marca em grupos de consumidores não sobrepostos e homogéneos, de acordo com critérios como produto ou serviço, canais de distribuição, padrões de consumo, sofisticação de compra, geografia, consumidores existentes e novos consumidores, etc. A marca é avaliada em cada segmento e a soma das avaliações dos segmentos constitui o valor total da marca.

38

## O VALOR FINANCEIRO DAS MARCAS

**2 Análise financeira.** Identifica e prevê as receitas e os "ganhos dos intangíveis" gerados pela marca para cada um dos segmentos determinados no passo 1. Os ganhos dos intangíveis são definidos como receitas da marca, subtraindo-se os custos de exploração, os impostos aplicáveis e uma taxa para o capital empregue. O conceito é semelhante à noção de lucro económico.

**3 Análise da procura.** Avalie o papel da marca na criação de procura de produtos e serviços nos mercados em que opera e determine qual a proporção dos ganhos dos intangíveis que pode ser atribuída à marca. Esta análise é feita através de um indicador denominado "índice do papel do *branding*". Primeiro identificam-se os vários impulsionadores da procura para o negócio de marca, determinando-se depois o grau em cada factor é directamente influenciado pela marca. O índice do papel do *branding* representa a percentagem dos ganhos dos intangíveis que são gerados pela marca. Os ganhos da marca são calculados multiplicando o índice do papel do *branding* pelos ganhos dos intangíveis.

**4 *Benchmarking* competitivo.** Determine as forças e as fraquezas competitivas da marca, para obter a taxa de desconto específica da mesma, que reflecte o perfil de risco dos ganhos futuros previstos (isto é calculado por um indicador denominado "nível de força da marca"). Isto inclui um amplo e extensivo *benchmarking* competitivo e uma avaliação estruturada do mercado, da estabilidade, da posição de liderança, da tendência de crescimento, do apoio, do alcance geográfico e do nível de protecção jurídica da marca.

**5 Cálculo do valor da marca.** O valor da marca é o Valor Actual Líquido (VAL) (NPV – *net present value*) das receitas previstas para a marca, depois de se abater a sua taxa de desconto. O cálculo do VAL inclui tanto o período previsto como o período posterior, refletindo a capacidade da marca para continuar a gerar receitas no futuro.

No quadro 2.2 encontra o exemplo de uma avaliação hipotética de uma marca num sector de mercado.

Este cálculo é útil para a avaliação das marcas em vários contextos, tais como:

- prever o efeito das estratégias de *marketing* e de investimento;
- determinar e calcular os orçamentos de comunicação;
- calcular a rendibilidade do investimento nas marcas;

# O MUNDO DAS MARCAS

- avaliar oportunidades em mercados novos ou por explorar;
- acompanhar a gestão do valor das marcas.

## Aplicações

A variedade de aplicações da avaliação das marcas aumentou consideravelmente desde a sua criação, em 1988, e é agora utilizada na maior parte das decisões estratégicas de *marketing* e financeiras. Há duas grandes categorias de aplicações:

- Gestão estratégica das marcas, na qual a avaliação das mesmas se centra principalmente em audiências internas, fornecendo ferramentas e processos para administrar e aumentar o valor económico das marcas.
- Transacções financeiras, onde a avaliação das marcas apoia uma série de transacções, relacionadas com as marcas, com entidades externas.

### Gestão estratégica das marcas

O reconhecimento do valor económico das marcas aumentou a procura de uma gestão eficaz desse activo. Na tentativa de aumentar o valor para o accionista, as empresas estão dispostas a estabelecer procedimentos para gerir marcas que estão em conformidade com os métodos utilizados para outros activos da empresa, bem como para a empresa como um todo. Uma vez que as avaliações tradicionais, meramente baseadas na investigação, provaram ser insuficientes para compreender e gerir o valor económico das marcas, as empresas adoptaram a avaliação das marcas como uma ferramenta de gestão das mesmas. A avaliação das marcas ajuda-as a estabelecer sistemas baseados em valor para a sua gestão. A criação de valor económico torna-se o foco da gestão das marcas e de todas as decisões relacionadas com o investimento nas mesmas. Empresas tão diferentes como a American Express, a IBM, a Samsung Electronics, a Accenture, a United Way of America, a BP, a Fujitsu e a Duke Energy utilizaram a avaliação das marcas para as ajudar a voltar a concentrar os seus negócios nelas e a criar uma lógica económica para as decisões e para os investimentos no *branding*. Muitas empresas tornaram a criação de valor para a marca parte dos critérios de remuneração dos directores executivos de *marketing*. Estas empresas consideram a avaliação das marcas útil pelos seguintes motivos:

- Tomar decisões sobre os investimentos da empresa. Ao tornar o activo "marca" comparável a outros activos tangíveis e intangíveis

# O VALOR FINANCEIRO DAS MARCAS

da empresa, a distribuição de recursos entre os diferentes tipos de activos pode seguir os mesmos critérios e lógicas económicas, como por exemplo a distribuição de capital e rendibilidade necessária.

- Avaliar a rendibilidade dos investimentos nas marcas com base no valor das mesmas, para chegar à Rendibilidade do Investimento (ROI – *Return on Investment*) que possa ser directamente comparado com outros investimentos. A gestão das marcas e os fornecedores de serviços de *marketing* podem ser avaliados em comparação com objectivos de desempenho claramente definidos, relacionados com o valor do activo "marca".

- Tomar decisões sobre os investimentos nas marcas. Ao serem apresentados por prioridade de acordo com a marca, o segmento de cliente, o mercado geográfico, o produto ou serviço, o canal de distribuição, etc, esses investimentos podem ser avaliados em termos de custos e impacto e poderá decidir-se qual o que irá produzir rentabilidades mais elevadas.

- Tomar decisões relativamente à concessão de licenças da marca a empresas subsidiárias. Ao abrigo de uma licença, as subsidiárias serão responsáveis pela gestão e utilização da marca; e um activo que tenha de ser pago será gerido de uma forma mais rigorosa do que um que seja gratuito.

- Passar o departamento de *marketing* de um centro de custos para um centro de lucros ao associar-se os investimentos e a rentabilidade das marcas (provenientes dos direitos de utilização da marca por parte das subsidiárias). A relação entre os investimentos nas marcas e a rentabilidade que estas produzem torna-se transparente e fácil de gerir. A remuneração e a progressão na carreira dos profissionais de *marketing* podem estar associados e ser calculados de acordo com o desenvolvimento do valor da marca.

- Atribuir despesas de *marketing* a cada unidade de negócio de acordo com os lucros que estas obtêm do activo "marca".

- Organizar e optimizar a utilização de diferentes marcas no negócio (por exemplo marcas de empresa, de produto e subsidiárias) consoante a respectiva contribuição para o valor económico.

- Avaliar iniciativas de *co-branding*, de acordo com os seus benefícios económicos e os riscos que comporta para o valor da marca da empresa.

- Decidir qual o *branding* apropriado após uma fusão, segundo uma lógica económica transparente.

# O MUNDO DAS MARCAS

**Quadro 2.2 Amostra do cálculo do valor da marca**

| | Ano 1 | Ano 2 | Ano 3 | Ano 4 | Ano 5 |
|---|---|---|---|---|---|
| Mercado (Unidades) | 250,000,000 | 258,750,000 | 267,806,250 | 277,179,469 | 286,880,750 |
| Taxa de crescimento do mercado | | 4% | 4% | 4% | 4% |
| Quota de mercado (Volume) | 15% | 17% | 19% | 21% | 20% |
| Volume | 37,500,00 | 43,987,500 | 50,883,188 | 58,207,688 | 57,376,150 |
| Preço (dólares) | 10 | 10 | 10 | 11 | 11 |
| Alteração do preço | | 3% | 2% | 2% | 2% |
| **Receitas da marca** | **375,000,000** | **450,871,875** | **531,983,725** | **621,341,172** | **625,326,631** |
| Custo das vendas | 150,000,000 | 180,348,750 | 212,793,490 | 248,536,469 | 250,130,653 |
| Margem bruta | 225,000,000 | 270,523,125 | 319,190,235 | 372,804,703 | 375,195,979 |
| Custos de *marketing* | 67,500,000 | 81,156,938 | 95,757,071 | 111,841,411 | 112,558,794 |
| Depreciação | 2,812,500 | 3,381,539 | 3,989,878 | 4,660,059 | 4,689,950 |
| Outras despesas gerais | 18,750,000 | 22,543,594 | 26,599,186 | 31,067,059 | 31,266,332 |
| Distribuição central de custos | 3,750,000 | 4,508,719 | 5,319,837 | 6,213,412 | 6,253,266 |
| **EBITA (Ganhos livres de juros, impostos e amortizações)** | **132,187,500** | **158,932,336** | **187,524,263** | **219,022,763** | **220,427,638** |
| Impostos aplicáveis 35% | 46,265,625 | 55,626,318 | 65,633,492 | 76,657,967 | 77,149,673 |
| **NOPAT (Lucros líquidos subtraídos de impostos)** | **85,921,875** | **103,306,018** | **121,890,771** | **142,364,796** | **143,277,964** |

| | | Ano 1 | Ano 2 | Ano 3 | Ano 4 | Ano 5 |
|---|---|---|---|---|---|---|
| **Capital empregue** | | **131,250,000** | **157,805,156** | **186,194,304** | **217,469,410** | **218,864,321** |
| Capital de exploração | | 112,500,000 | 135,261,563 | 159,595,118 | 186,402,351 | 187,597,989 |
| PPE líquido (*Property, Plant and Equipment* - Propriedade, Instalação e Equipamento) | | 18,750,000 | 22,543,594 | 26,599,186 | 31,067,059 | 31,266,332 |
| **Encargos de capital** | 8% | **10,500,000** | **12,624,413** | **14,895,544** | **17,397,553** | **17,509,146** |
| **Ganhos dos intangíveis** | | **75,421,875** | **90,681,606** | **106,995,227** | **124,967,243** | **125,768,819** |
| **Índice do papel do *branding*** | 79% | | | | | |
| **Ganhos da marca** | | **59,583,281** | **71,638,469** | **84,526,229** | **98,724,122** | **99,357,367** |
| **Nível de força da marca** | **66** | | | | | |
| **Taxa de desconto da marca** | **7.4%** | | | | | |
| **Ganhos da marca descontados** | | **55,477,916** | **62,106,597** | **68,230,515** | **74,200,384** | **69,531,031** |
| VAL dos ganhos da marca descontados (anos 1-5) | | 329,546,442 | | | | |
| Taxa de crescimento de longo prazo | 2.5% | | | | | |
| VAL do valor final da marca (para além do ano 5) | | 1,454,475,639 | | | | |
| **Valor da marca** | | **1,784,022,082** | | | | |

# O MUNDO DAS MARCAS

- Gerir com maior sucesso a migração de marcas, na sequência de uma melhor compreensão do valor das diferentes marcas e, desta forma, do que pode ser perdido ou ganho se houver migração.
- Estabelecer registos do valor da marca com base no conhecimento dos impulsionadores desse valor que, por sua vez, fornecem avaliações precisas e acessíveis para um desempenho óptimo da marca.
- Gerir um *portfolio* de marcas através de uma variedade de mercados. O desempenho das marcas e os investimentos nelas podem ser calculados numa base igualmente comparável, de forma a melhorar a rentabilidade global retirada do *portfolio* de marcas.
- Comunicar aos mercados financeiros, quando se justificar, a criação do valor económico da marca, de forma a sustentar os preços das acções e a obter financiamento.

## Transacções financeiras

As utilizações financeiras da avaliação das marcas incluem o seguinte:

- Avaliar preços de transferência justos para a utilização das marcas nas empresas subsidiárias. Os pagamentos recebidos pelos direitos de utilização das marcas podem voltar, na qualidade de rendimentos, para a sede da empresa de uma forma eficaz em termos de impostos. As marcas podem ser licenciadas a subsidiárias internacionais e, nos Estados Unidos, a subsidiárias de Estados diferentes.
- Determinar as taxas de utilização da marca, de forma a optimizar a exploração do activo "marca" através de licenças de utilização a terceiros.
- Capitalizar os activos da marca no balanço, nos termos do GAAP norte-americano, do IAS e de muitas normas contabilísticas específicas de cada país. A avaliação das marcas é utilizada tanto para o valor inicial como para os testes de comparação dos valores derivados.
- Determinar um preço para os activos da marca em fusões e aquisições e identificar claramente o valor que as marcas acrescentam a uma transacção.
- Determinar a contribuição das marcas para as *joint-ventures* de forma a estabelecer a comparticipação nos lucros, a necessidade de investimento e a distribuição das acções na nova empresa.
- Utilizar as marcas como fiança, onde os direitos de exploração económica de marcas são utilizados como garantia.

## O VALOR FINANCEIRO DAS MARCAS

### Conclusão

À medida que a concorrência global se intensifica e muitas vantagens competitivas, como a tecnologia, passam a ter um curto período de vida, a contribuição das marcas para a criação de valor para o accionista irá aumentar. A marca é um dos poucos activos que podem fornecer uma vantagem competitiva de longo prazo.

Apesar da importância comercial das marcas, a gestão das mesmas ainda não acompanha a dos tangíveis. Se bem que a avaliação se tenha tornado o "mantra" da gestão moderna, é surpreendente como existem poucos sistemas e processos articulados para administrar o activo "marca". Quando se trata de gerir e avaliar a produção de uma fábrica, a escolha de métodos é desconcertante, como são os investimentos em sistemas informáticos sofisticados para avaliar e analisar todos os pormenores do processo de fabrico. O mesmo acontece com o controlo financeiro. Mas, estranhamente, o mesmo não se pode dizer em relação à gestão do activo "marca". Apesar de estarem disponíveis vários tipos de avaliações de marcas, poucas conseguem associar a marca à criação de valor financeiro de longo prazo. Nem o investimento na gestão de marcas não alcançou um nível de sofisticação comparável a outras medidas de controlo. À medida que a importância dos intangíveis aumenta, os gestores irão querer instalar mais sistemas de gestão baseados no valor das marcas, com o objectivo de alinhar a gestão do activo marca com outros activos da empresa.

Existe uma idêntica falta de pormenor em relação à contribuição das marcas para o relatório financeiro dos resultados da empresa. Os investimentos nos activos tangíveis a sua rentabilidade são descritos de forma pormenorizada e sofisticada, mas o mesmo não acontece com os activos intangíveis. A título de exemplo, no balanço da Coca-Cola a declaração de rendimentos e o cálculo do *cash flow* dá-nos informação sobre o fundo de maneio, os activos líquidos fixos e os investimentos financeiros, mas pouco sobre o desempenho do activo mais importante da empresa, a marca Coca-Cola. O mesmo acontece com a maior parte das outras empresas detentoras de marcas. As normas contabilísticas actuais são imperfeitas no tratamento dos activos intangíveis. O aumento do valor atribuído a estes, através de fusões e de aquisições nas duas últimas décadas, forçou as normas de contabilidade a reconhecer e a incluir os activos intangíveis nos balanços. Contudo, estas normas lidam apenas com a contabilidade mínima dos intangíveis adquiridos, anteriormente conhecidos como *goodwill*. Como consequência no mínimo bizarra, o valor das marcas adquiridas é incluído nos balanços das empresas, mas o valor das marcas criadas internamente continua por contabilizar.

# O MUNDO DAS MARCAS

Em resumo, assistimos a uma necessidade crescente de avaliação das marcas, tanto do ponto de vista da gestão como das transacções. Com o desenvolvimento da abordagem da utilização económica, existe finalmente uma norma que pode ser utilizada para avaliar as marcas. Esta pode muito bem tornar-se no futuro a mais importante ferramenta de gestão de marcas.

## Notas e referências

1  "The Best Global brands", *Business Week*, 6 de Agosto de 2002.
2  Foster, R. e Kaplan, S., *Creative Destruction: Why Companies That Are Built to Last Underperform the Market – And How to Sucessfully Transform Them*, Doubleday, 2001.
3  Madden, T.J. (Universidade da Carolina do Sul), Fehle. F. (Universidade da Carolina do Sul) e Fournier, S.M. (Universidade de Harvard), *Brands Matter: An Empirical Investigation of Brand-Building Activities and the Creation of Shareholder Value,* tese não publicada, 2 de Maio de 2002.
4  Interbrand, *Brand Valuation*, Março de 2003, p.3.
5  K.W. Suh, administrador, *marketing* global, Samsung Electronics, entrevista, 6 de Agosto de 2003.
6  Akasie, J.F., "Ford's Model E", *Forbes*, 17 de Julho de 2000, pp. 30-34.
7  Os exemplos são de Klein, N., *No Logo*, Picador, 1999; Philip Kotler, entrevistado pelo *Financial Times*, 31 de Maio de 2003.
8  PIMS (*Profit Impact of Marketing Strategy* - Impacto da Estratégia de *Marketing* nos Lucros), "Evidence on the contribution of branded consumer business to economic growth", PIMS Europe, Londres, Setembro de 1998.

# 3. O valor social das marcas

*Steve Hilton*

São poucas as questões que levantam um maior coro de protestos antiglobalização do que a sugestão de que as marcas têm um valor social. Se pedir aos consumidores para explicarem as suas preferências por determinadas marcas em função da sua própria experiência pessoal, eles irão alegremente enaltecer as vitudes da McDonald's, da Coca-Cola, da Nike, etc: "grande valor", "prazer refrescante", "ténis giros" são respostas típicas. Mas se a conversa se desviar para um terreno mais abstracto, como o papel que estas marcas desempenham na sociedade, poderá muito bem obter a seguinte resposta: "os americanos estão a dominar o mundo", "a comida de plástico está a tornar gordas as nossas crianças" e "os trabalhadores do terceiro mundo estão a ser explorados". Abra qualquer jornal e poderá encontrar nas páginas de economia o elogio ao desempenho financeiro de uma marca líder, atenuado noutras páginas da mesma publicação por um artigo que mostra grande preocupação, mas pouca acção, sobre o impacto desta ou daquela marca na comunidade, valores e modo de vida. As marcas, ao que parece, são óptimas para "nós", mas desastrosas para "eles" – boas para a economia, más para a sociedade.

Quando a maioria da riqueza que sustenta o bem-estar pessoal e familiar deriva do sucesso comercial das marcas, é curioso que o impacto social das mesmas seja encarado numa perspectiva negativa. Quando tantas inovações que melhoram a qualidade de vida dos indivíduos e das comunidades em todo o mundo são geradas pelas marcas, parece exagerado rotulá-las a todas como membros de um sinistro e destrutivo "McEixo do Mal". Atendendo à energia, inteligência e criatividade que são utilizadas para criar e construir marcas, é necessária uma análise mais construtiva do que o pressuposto encolerizado de que os grandes negócios são basicamente maus. Não se poderá argumentar que as mesmas coisas de que facilmente não se gosta nas marcas – o seu poder cultural, influência económica, alcance global – podem de facto servir como forças positivas para o bem da sociedade?

São estas as questões a que este capítulo se dedica. O objectivo é oferecer uma reavaliação positiva do papel das marcas na sociedade, um contraponto às criticas de que são alvo e que despertaram tanta atenção nos últimos anos. Claro que seria uma tolice sugerir que o papel social das marcas é consistente e universalmente positivo. No entanto, qualquer análise equilibrada do seu verdadeiro valor social tem de começar por reconhecer que as marcas não são, *a priori*, as inimigas do progresso social. É possível ir mais longe do que isto e argumentar que as marcas são de facto um grande aliado do progresso social:

- As marcas fomentam a fidelização do cliente, produzindo rendimentos mais sólidos para as empresas e, deste modo, níveis mais sustentáveis de emprego e de criação de riqueza.
- As marcas são um estímulo à inovação, e asseguram que as empresas retiram uma rendibilidade apropriada dos investimentos que são feitos em melhores produtos e serviços.
- As marcas fornecem um mecanismo fidedigno para a protecção dos consumidores.
- As marcas pressionam para que exista responsabilidade social nas empresas.
- As marcas criam uma plataforma para a liderança social das empresas.
- As marcas desempenham um papel social progressivo através das oportunidades que criam para o sector sem fins lucrativos.
- Por último, acredita-se que as marcas promovem a coesão social, tanto a nível nacional como global, ao permitirem uma participação partilhada em contextos democráticos e de progressão social.

Estas são as "sete vitórias sociais" das marcas e não é exagero defender que o *branding*, nestes sete aspectos cruciais, representa uma das forças mais poderosas e abrangentes que estão à nossa disposição para uma mudança social positiva.

### As marcas e a criação de riqueza

O crescimento da sociedade de consumo no mundo desenvolvido é frequentemente responsabilizado por muitos males, mas raramente é louvado pela sua principal contribuição social: gerar a riqueza que paga e sustenta o progresso social. As melhorias a longo prazo no sistema de saúde, educação, nível de vida e oportunidades dependem do processo de criação de riqueza e, apesar de a criação de riqueza ser um processo normalmente associado apenas ao "capitalismo", a ligação entre capitalismo, consumidores e marcas raramente é explicada. O capitalismo não pode funcionar sem uma sociedade de consumo e é impossível uma sociedade de consumo sem marcas.

As marcas surgiram no século XIX como uma forma de protecção do consumidor na era industrial. A migração em massa para as cidades fez com que as pessoas deixassem de saber a proveniência exacta dos vários produtos que compravam e o *branding* fornecia um substituto útil do conhecimento pessoal dos produtores. Mas o *branding* também representou uma componente essencial para o crescimento e o desenvolvimento económico: a possibilidade da escala. Sem as marcas, os produtores dos bens de consumo estariam limitados a vender os produtos a um pequeno número de clientes locais. Através das marcas recentemente criadas, pioneiros como a Cadbury's e a Kellogg's puderam expandir as suas operações do nível local para o nacional e depois para o global.

O aumento do número de clientes levou a um crescimento das vendas e à necessidade de a infra-estrutura industrial corresponder ao aumento da procura por parte dos consumidores. Os trabalhadores tornaram-se mais produtivos e, atendendo a que os clientes eram mais do que suficientes para comprar os produtos que faziam, os trabalhadores tornaram-se mais valiosos, sendo por isso mais bem pagos. Por sua vez, esta situação disponibilizou mais dinheiro para pagar a crescente oferta de bens produzidos, e assim por diante. Ao mesmo tempo, o comércio global significava que os produtos podiam ser comprados e vendidos noutros países e que as matérias-primas podiam ser importadas, de modo a transformá-las em produtos de preço mais elevado que outros queriam comprar. Esta espiral ascendente – na verdade, nada mais do que pessoas a criar, a comprar e a vender maiores quantidades das coisas que queriam – tornou possível um elevado crescimento das receitas fiscais, que puderam ser utilizadas em sectores sociais como o saneamento, o sistema de saúde e a educação.

O primeiro grande salto em frente na prosperidade global e no nível de vida foi, é claro, limitado à América do Norte e à Europa, não sendo coincidência o facto de as maiores e mais bem sucedidas marcas mundiais terem actualmente sede nos países mais ricos do mundo. Mas estas marcas não estão lá porque os países são ricos: os países são ricos porque têm as marcas. Sem as marcas, o capitalismo moderno desmorona-se. Sem a marca, não há forma de criar fidelização por parte dos consumidores; não existindo fidelização dos consumidores, não há garantia de rendimentos seguros; não havendo rendimentos seguros, há menos investimento e menos emprego; havendo menos investimento e menos emprego, há menos riqueza criada; havendo menos riqueza, são menores as receitas do Governo para este gastar em questões sociais.

## O MUNDO DAS MARCAS

### As marcas e a inovação benéfica a nível social

O valor social das marcas no processo de criação de riqueza é importante, mas indirecto. Baseia-se principalmente na contribuição das marcas para o erário público. Contudo, quando se trata de inovar, o valor social das marcas pode ser visto de uma forma mais directa. Nesse aspecto, assenta na contribuição das marcas para o bem-estar pessoal e das comunidades, através do desenvolvimento de novos produtos e serviços socialmente benéficos. Esta contribuição não é, de modo algum, universalmente compreendida e aceite. De facto, é fácil criticar o aparentemente imparável e todo-poderoso *marketing* das marcas, que leva novas e cada vez mais decadentes inutilides de marca para os cestos de compras dos crédulos consumidores. Os detractores podem questionar até que ponto o mundo, no qual milhares de milhões de pessoas ainda não têm uma fonte segura de água potável, precisa realmente de papel higiénico com infusão de *aloé vera*; ou se a invenção de telemóveis que alertam os seus donos para uma chamada com toques inspirados nas suas músicas preferidas é uma prioridade, quando os países em vias de desenvolvimento não conseguem oferecer uma educação básica à maioria das crianças.

Mas é mais construtivo analisar a forma como as marcas afectam o processo de inovação, que pode levar directamente a melhores resultados sociais. Ao fazê-lo, é importante lembrar que a marca, e não a empresa ou os seus inventores, é a componente essencial. Sem uma marca, as empresas não se arriscavam a inovar, dado que não podiam associar os novos produtos e serviços aos seus próprios esforços e investimentos e, por isso, não poderiam captar os lucros da inovação.

No Brasil, a marca de detergente Ala da Unilever foi criada especificamente para responder às necessidades dos consumidores com baixos rendimentos, que queriam um produto acessível mas eficaz para a lavagem da roupa, que é muitas vezes feita à mão com água do rio. Na Índia, as vendas da Unilever em zonas rurais representam 55 por cento do volume de negócios. A empresa desenvolveu especificamente produtos acessíveis, como pasta dentífrica em pó, de baixo custo, e produtos básicos fortificados, incluindo farinha enriquecida com ferro e vitaminas (seis em cada dez mulheres e crianças da Índia têm insuficiência de ferro). Também criou uma linha de produtos empacotados, como sal enriquecido com iodo, que podem ser comprados em unidades pequenas e acessíveis. Na Tanzânia, onde metade da população ganha menos de um dólar por dia, a nova empresa da Unilever criou uma brigada de vendedores que andam de bicicleta, escolhidos de entre os jovens desempregados locais, para fornecer as pequenas lojas com produtos como o sabão Key, vendido em pequenas unidades por um punhado de cêntimos. Um ano após o lançamento, o facto de ter um preço acessível e de se encontrar facilmente nas lojas deu a este sabão uma quota de mercado de cerca de 10 por cento. Todas estas inovações da marca dão lucros directos à Unilever através do aumento das vendas. E, no entanto, fornecem também poderosos benefícios sociais, contribuindo para a melhoria da higiene e da nutrição, ajudando por isso a atacar as doenças e a mortalidade infantil.

No Reino Unido, a marca de telemóveis O2 está a ser pioneira na criação de formas de utilização da tecnologia para aplicações sociais. Um exemplo é uma inovação que beneficia quem sofre de asma. Utilizando um medidor electrónico de picos de circulação conectado ao produto *xda* da O2 (um assistente pessoal digital colorido ou um PDA – assistente pessoal digital - compatível com PC e telemóveis), os pacientes podem recolher, gravar e submeter informações fidedignas sobre a asma, em tempo real, permitindo ao médico controlar a saúde e administrar o tratamento de uma forma mais proactiva e eficaz do que era anteriormente possível. Os pacientes beneficiam de uma maior segurança e de melhoria da qualidade de vida, e o sistema de saúde beneficia através da diminuição do número de hospitalizações e de chamadas, o que resulta na poupança de tempo e de custos. As mensagens de imagem dos telemóveis, à partida um candidato para a lista de coisas inúteis, estão a demonstrar o seu valor social numa crescente variedade de contextos. Por exemplo, permite aos guardas-florestais tirar fotografias das árvores tombadas e enviá-las imediatamente para os colegas, para que analisem o tipo de resposta necessária, poupando tempo e dinheiro dos contribuintes, ao mesmo tempo que melhora o meio ambiente local.

Por detrás de cada grande marca existe um benefício social valioso, criado através da inovação. A marca de fraldas Pampers, da Procter & Gamble, baseia todas as suas inovações e *marketing* numa questão simples: um bebé seco é um bebé feliz. Em resultado disso, milhões de mães em todo o mundo têm bebés mais felizes graças aos produtos Pampers. Se retirarmos a marca Pampers, tiramos qualquer incentivo para a Procter & Gambler desenvolver novos produtos que tornem os bebés (e as mães) felizes. Até mesmo os mais ferozes críticos de Bill Gates e da Microsoft reconhecem o valor social criado, ao permitir que os profissionais, os negócios e as organizações sociais aumentem a sua eficácia através de computadores pessoais e de *software* acessível. Mas isto teria acontecido se os consumidores não conseguissem associar os novos produtos informáticos ao nome da Microsoft? Para os defensores da Apple, a ques-

# O MUNDO DAS MARCAS

tão é a mesma: é a marca Apple que permite às pessoas "Pensar de forma diferente". A Wal-Mart, a maior empresa do mundo, tem tanto sucesso porque continua a encontrar maneiras de fornecer o que é uma missão indiscutivelmente social: diminuir o custo de vida de todos. Valor, escolha, eficácia, gosto, funcionalidade, conveniência: para prosperarem, as empresas têm de oferecer aos consumidores estes benefícios e, quando o fazem, a nossa vida melhora. Sem as marcas, não haveria concorrência entre as empresas, nem motivos para investir e inovar, de modo a oferecer a um maior número de pessoas em todo o mundo estes valiosos benefícios sociais.

## As marcas e a protecção dos consumidores
Da mesma forma que podem criar benefícios sociais específicos, as marcas também podem agir como um poderoso mecanismo de protecção dos consumidores. Toma-se como certo, muitas vezes, que a legislação é a melhor protecção do consumidor contra os produtos e os serviços de baixa qualidade. É claro que a legislação desempenha um papel vital para criar e obrigar a cumprir normas nesta área, tal como em muitas outras. Mas como é que a legislação poderia funcionar sem as marcas? O que iriam os legisladores legislar? E como poderiam os inspectores inspeccionar?

Mesmo sem as restrições impostas pela legislação, as marcas fornecem ao mercado um mecanismo interno para protecção dos consumidores. A necessidade que as marcas têm de criar e manter a fidelização dos consumidores constitui um poderoso incentivo para garantir qualidade e segurança. A Sony esforça-se por garantir que as suas televisões não têm problemas de funcionamento, para que aqueles que as compram possam voltar à marca Sony para comprar uma consola de videojogos que sabem que irá funcionar. A Gestão da Electrolux não precisa de legislação para a obrigar a fazer electrodomésticos que não electrocutem os utilizadores. Quando alguma coisa corre mal, como em casos bem conhecidos como a Johnson & Johnson ter descoberto que os frascos de analgésicos Tylenol tinham sido misturados com cianido, ou a água Perrier e a contaminação com benzol, os consumidores estão mais protegidos quando está envolvida uma marca, porque a empresa detentora dessa marca irá querer resolver as coisas rapidamente.

Neste sentido, as marcas famosas e influentes desempenham um papel social bastante mais positivo do que, como os seus detractores muitas vezes sugerem, simplesmente poluir o espaço público com imagens e logotipos garridos. As marcas são um padrão de qualidade e de segurança tão poderoso como qualquer selo oficial de aprovação. Alguns tipos de

O VALOR SOCIAL DAS MARCAS

turistas ocidentais, ávidos para visitar regiões do mundo que lhes dão uma experiência cultural e estética diferente da que têm no seu país, levantam as mãos em sinal de horror quando vêem o famoso e omnipresente logotipo da Coca-cola a seguir todos os seus passos enquanto continuam a procurar com optimismo uma antiga civilização intacta, um deserto, um templo, uma selva ou uma praia. Mas com a promessa de elefantes a banharem-se no rio local no dia seguinte, há uma surpreendente falta de repulsa perante o omnipresente amarelo das caixas de rolos da Kodak, que enchem as lojas locais. O amarelo da Kodak significa que o rolo vai funcionar; o vermelho da Coca-Cola significa que a bebida vai matar a sede e que não o envenena; o azul da Nivea significa que o creme não vai provocar uma erupção cutânea. Estas não são vantagens triviais e são garantidas por marcas.

Os manifestantes contra grandes empresas aconselham regularmente os consumidores a boicotar as suas marcas e a apoiar os pequenos negócios locais. Pode haver algumas boas razões para fazer isso, mas a protecção do consumidor não é uma delas. Em Maio de 2003, a Food Standards Agency ("Agência de Padrões Alimentares") do Reino Unido publicou um relatório que alertava para os graves perigos para a saúde pública associados às casas de *fast food* do Reino Unido. Mas adivinhe-se... A agência não estava a falar da McDonald's, que tem uma valiosa marca a proteger: estava a alertar os consumidores para os pequenos negócios locais de *fast food*, que têm um conhecimento superficial dos regulamentos de saúde e de segurança. Se nos interessamos pela protecção do consumidor, não é com as empresas que detêm as marcas conhecidas que nos devemos preocupar, mas com as pouco conhecidas ou que não têm marcas.

**A pressão das marcas para a responsabilidade social das empresas**
A qualidade e a segurança dos produtos atingiram uma dimensão e representam uma tendência que está a aparecer com maior insistência junto dos estrategas dos sectores privado, público e sem fins lucrativos: a responsabilidade social das empresas. Para os observadores com uma atitude céptica, a responsabilidade social das empresas representa o apogeu da espiral de desconfiança ou apenas a última moda passageira de gestão. Salientam os alegados custos sociais das marcas, em vez do seu valor social, dado que a responsabilidade social das empresas está concentrada principalmente em identificar e em tornar positivos estes custos sociais.

Para ser franco, os custos são muitas vezes reais. Não é preciso participar num protesto do 1 de Maio, para ficar incomodado com muitos

# O MUNDO DAS MARCAS

aspectos do comportamento dos negócios contemporâneo. Há empresas, tanto pequenas como grandes, que têm comportamentos que merecem ser fortemente condenados. Um número demasiado elevado não se preocupa com a destruição do meio ambiente nem se está a prejudicar as comunidades locais, se está ou não a cobrir os riscos de saúde associados aos seus produtos, a explorar os seus trabalhadores, a enganar os seus clientes e a tentar obter lucro rápido, independentemente das consequências sociais ou ambientais. O objectivo da responsabilidade social das empresas é reduzir estes impactos negativos da actividade empresarial, determinando a causa e providenciando as ferramentas de gestão para que as empresas minimizem os riscos provocados pelo seu comportamento ambiental e social.

Mas a pressão para a responsabilidade social das empresas é sentida principalmente por aquelas que têm de construir e proteger a reputação de marcas, porque têm o maior incentivo para assegurar que o impacto ambiental e social é o mais positivo possível. Isto funciona de duas formas.

Em primeiro lugar, existe um processo comercial honesto e positivo em funcionamento. Construir e proteger a reputação de uma marca, como se descreve numa outra parte deste livro, não é só uma questão de manter uma identidade visual consistente e encomendar campanhas de publicidade memoráveis. Significa ser visto como um bom local para se trabalhar, um parceiro comercial digno de confiança e um bom vizinho, bem-vindo em qualquer comunidade. Estes valores (juntamente com produtos e serviços úteis e fidedignos) são os alicerces da responsabilidade social das empresas e são, instintivamente, a prática da maior parte das marcas de sucesso. Durante décadas, e certamente muito antes da actual utilização da responsabilidade social das empresas no seu discurso, marcas como a Shell, a McDonald's e a Nike têm vindo a fazer o que hoje pode ser descrito como actividades de responsabilidade social, simplesmente porque são uma parte integrante da construção de uma marca de sucesso. O compromisso da Shell para com os seus colaboradores, o apoio da McDonald's às comunidades locais que se situam perto dos seus restaurantes e a ênfase dada pela Nike à protecção ambiental são bons exemplos disso.

A escolha destas três marcas é deliberadamente provocadora, dado que ilustram a segunda via pela qual as marcas criam pressão para a responsabilidade social das empresas: asseguram que as empresas reagem às críticas e se adaptam à mudança das expectativas da sociedade (Figura 3.1). Embora este segundo processo seja mais defensivo do que o anteriormente exposto, também realça um aspecto importante do valor social das marcas.

54

O VALOR SOCIAL DAS MARCAS

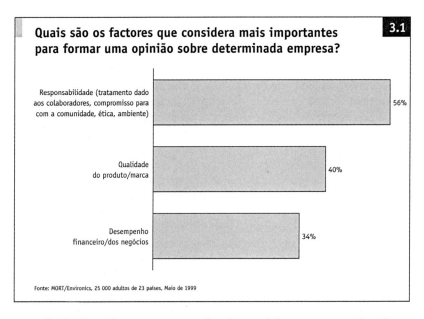

A Shell, chocada com a campanha dos activistas contra o abandono da plataforma petrolífera Brent Spar no Mar do Norte e o relatório sobre os direitos humanos na Nigéria, passou nos últimos anos de um pária empresarial para um modelo a imitar, inspirando e ensinando um grande número de empresas globais a seguir o exemplo. Mas sem a marca Shell para tentar manchar, os activistas teriam lutado em vão para causar impacto e o actual trabalho de responsabilidade social em que a Shell foi pioneira nunca teria sido feito.

A McDonald's, estimulada pelas críticas às suas cadeias de distribuição, foi pioneira na criação de novos padrões de bem-estar para os animais, que receberam elogios de antigos críticos, como a Compassion in World Farming. O seu compromisso para com a responsabilidade social das empresas, em conjunto com a sua posição no mercado como marca global líder, levou a melhorias significativas na cadeia de fornecimento agrícola no mundo inteiro, cujos benefícios se estendem muito além da McDonald's. Na verdade, o facto de a McDonald's ser uma marca global de sucesso significa que exporta padrões mais elevados de responsabilidade social da empresa quando penetra em mercados novos e menos desenvolvidos. Os críticos nos Estados Unidos podem considerar que um emprego na McDonald's não é grande coisa mas, nos antigos países comunistas, a formação e as superiores condições de trabalho na empresa

# O MUNDO DAS MARCAS

fazem do emprego na McDonald's uma das mais desejadas opções de trabalho disponíveis. De forma semelhante, a necessidade de alcançar custos proporcionais através de uma uniformização global significa que as normas ambientais, de saúde ou de segurança, serão geralmente ajustadas às normas mais exigentes, o que implica que em muitos países o restaurante McDonald's local seja o exemplo das "melhores práticas".

A Nike, depois do choque dos escândalos das "*sweatshops*" nos anos 90, tornou-se num líder global de causas complexas como as deficientes condições de trabalho e os abusos dos direitos humanos nos países em vias de desenvolvimento. Isto não é para aceitar práticas como o trabalho infantil e as horas extraordinárias forçadas, mas apenas para salientar que essas falhas não foram criadas pela Nike (nem por qualquer outra marca ocidental, cujos produtos têm origem no Leste asiático) e que, sem as marcas, não existiria muita consciência desses problemas. A verdade cruel é simples: sem logotipos, não haveria conhecimento do que se passa no mundo em vias de desenvolvimento. As marcas globais fazem a ligação a uma larga escala entre as escolhas dos consumidores "aqui" e as realidades económicas e sociais "lá". As marcas são o mecanismo de transmissão através do qual podemos mais facilmente compreender as consequências – boas e más – do comportamento empresarial e trabalhar para eliminar as más, em prol das boas.

Por outras palavras, o argumento é o oposto daquele em que os activistas antiglobalização e anticapitalismo gostariam que acreditássemos. Longe de causar efeitos negativos na sociedade, as marcas estão a revelá-los. As marcas não provocam prejuízos sociais e ambientais; estão sim a ajudar a resolvê-los, na sua qualidade de face pública da actividade do sector privado. As marcas são a mola impulsionadora para as mudanças sociais positivas. Em parte, a mudança social positiva é um processo que acompanha o desenvolvimento económico, do mesmo modo que as condições sociais no Ocidente desenvolvido melhoraram desde a era Vitoriana. Mas actualmente nos países em vias de desenvolvimento isso está a acontecer mais depressa, devido à necessidade das empresas protegerem o valor das marcas, satisfazendo as expectativas dos consumidores em relação ao modo como as empresas se devem comportar.

É importante que não se observem apenas os efeitos positivos da responsabilidade social das empresas nas actividades directas das marcas, mas também nas actividades de todas as outras empresas que estão envolvidas na criação dos produtos ou serviços que a marca representa. As marcas enfrentam riscos tanto do seu próprio comportamento na sociedade, como do comportamento da multiplicidade dos seus fornecedores. Por isso, os detentores das marcas estão agora empenhados em ajudar os seus parceiros de negócio a melhorar o seu próprio desempenho social e ambiental, alargando o processo das melhores práticas por todo o mundo. Ninguém duvida que existe um grande caminho a percorrer antes de podermos dizer com confiança que o impacto social e ambiental das empresas é totalmente positivo. Mas, de igual modo, ninguém deve duvidar do papel vital das marcas nesta jornada optimista.

Contudo, existem mais aspectos no valor social das marcas do que a pressão que criam para as empresas serem mais responsáveis. Oferecem a possibilidade de as empresas irem mais longe, em vez de apenas satisfazerem as expectativas da sociedade. Oferecem às empresas a possibilidade de levarem a cabo e de beneficiarem de actividades que são um contributo directo e activo dos negócios para a resolução de problemas sociais e ambientais. As marcas podem ser a plataforma para a liderança social das empresas.

### As marcas e a liderança social das empresas
A diferença entre a responsabilidade e a liderança social das empresas é semelhante à que existe entre defesa e ataque no futebol. Uma é principalmente reactiva: responde a ataques; a outra é sempre proactiva: marca golos. Responsabilidade e liderança, defesa e ataque: todos os bons negócios, tal como todas as boas equipas de futebol, precisam de ambas. Mas enquanto os contornos da responsabilidade social das empresas estão a ficar cada vez mais definidos, as estimulantes oportunidades para a liderança social das empresas por parte das marcas ainda não estão suficientemente compreendidas. As três maneiras mais importantes através das quais as marcas criam oportunidades de liderança social para as empresas são:

- aproveitar o poder cultural das marcas para efectuar mudanças sociais positivas;
- aproveitar a inovação para obter benefícios sociais;
- aplicar o poder das marcas na tarefa urgente de difundir, de uma forma mais ampla, os benefícios da globalização.

Num outro capítulo deste livro, os leitores ficarão a compreender melhor o valor económico das marcas; de que forma muitos calculam com rigor a sua importância, de modo a que seja incluído nos balanços das empresas; como é que estas avaliações muitas vezes colocam a marca

O MUNDO DAS MARCAS

bem acima dos activos tangíveis como fonte de valor de longo prazo. Os profissionais de *marketing* tratam as relações com os clientes das marcas com grande respeito, percorrendo por vezes distâncias extraordinárias para compreender as necessidades e desejos do consumidor. Muitas vezes tentam incutir nas marcas um significado que vai para lá dos benefícios funcionais do que está a ser promovido. As marcas também podem alegar possuir um papel social. Contudo, é raro ver estas alegações sustentadas por uma acção social concreta. Muito frequentemente, são apenas construções artificiais criadas para tentarem ser identificadas com as preocupações sociais do consumidor, e não para as tentar solucionar. Isto não torna as marcas algo de negativo, mas ajuda a explicar porque é que alguns críticos anti-empresas apregoam odiá-las tanto.

Quando comunicam com as audiências de consumidores, as empresas investem muito mais tempo, esforço e dinheiro na construção de uma imagem positiva para as marcas do que na promoção da sua reputação enquanto empresa. De facto, um dos principais objectivos dos activistas antiglobalização é expor o que consideram ser a grande diferença entre a imagem positiva que uma empresa desenvolve para as marcas e o comportamento alegadamente destrutivo e irresponsável das empresas. E começam a ser bem sucedidos, com as sondagens de opinião a mostrar regularmente os baixos níveis de confiança nas "grandes empresas" (Figura 3.2). Mas, quando os consumidores são questionados sobre marcas específicas, a sua opinião é bastante mais favorável – particularmente nos Estados Unidos (Figura 3.3). E esta confiança nas marcas, em oposição às empresas em geral, dá a estas últimas uma ferramenta para a liderança social. A confiança dos consumidores nas marcas pode tornar-se um activo valioso nas campanhas para mudanças sociais e estas podem tornar-se uma fonte de valor adicional para as empresas que estão por detrás das marcas.

Pense na variedade de questões sociais com que os Governos e as organizações sem fins lucrativos lutam diariamente. Muitas delas são difíceis de resolver recorrendo as ferramentas convencionais: aprovar leis e gastar dinheiro. Questões como a educação, que nas sociedades ricas não passa por ter mais livros, mas por ter mais pais a acompanharem os filhos na leitura desde tenra idade; questões como a saúde, onde opções de vida mais positivas e informadas, em vez de tratamentos mais eficazes (e dispendiosos), são o verdadeiro prémio pelas políticas seguidas; assuntos como a delinquência juvenil, o comportamento anti-social, a preocupação com o meio ambiente, dar aos jovens um objectivo de vida, galvanizar o espírito da comunidade, problemas de saúde mental e de

O VALOR SOCIAL DAS MARCAS

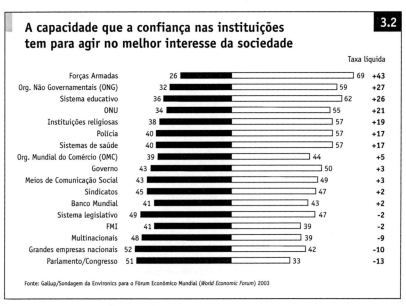

**3.2** A capacidade que a confiança nas instituições tem para agir no melhor interesse da sociedade

Fonte: Gallup/Sondagem da Environics para o Fórum Económico Mundial (*World Economic Forum*) 2003

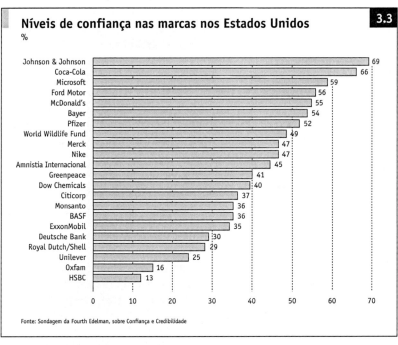

**3.3** Níveis de confiança nas marcas nos Estados Unidos
%

Fonte: Sondagem da Fourth Edelman, sobre Confiança e Credibilidade

O MUNDO DAS MARCAS

abuso de drogas. Para tudo isto e mais, a política social exigida é uma mudança de atitude e de comportamento. O mesmo se passa no mundo em vias de desenvolvimento: os Governos e as organizações de saúde podem injectar milhares de milhões de dólares em programas de erradicação de doenças, mas estes só irão funcionar se as atitudes e os comportamentos também mudarem.

As instituições que estão melhor posicionadas para ajudar as pessoas a mudar de atitude e de comportamento são as marcas, e é por isso que o seu poder cultural, tal como o seu poder económico, é potencialmente uma componente importante do seu valor social. Usar as marcas para a mudança social é uma das formas mais eficazes através das quais as empresas podem rapidamente ir além da sua responsabilidade social e demonstrar uma verdadeira liderança. Isto não é o mesmo que as marcas se associarem a acções de caridade ou a boas causas, para beneficiarem mutuamente de campanhas promocionais. Tem a ver com o facto de uma empresa utilizar a capacidade que a sua marca tem para mudar o comportamento do consumidor como uma forma de mudar simultaneamente o comportamento social, fortalecendo, deste modo, a reputação da marca.

O melhor exemplo desta abordagem continua a ser a agenda "pró-social" (como é chamada) da marca MTV. Há já duas décadas que a MTV tem colocado as campanhas sociais no centro da marca e utilizou esta técnica como um método poderoso e distinto de comunicação e de identificação com o seu público-alvo. Neste processo, fez mais do que qualquer outra organização social para derrubar tabus culturais e mudar as atitudes dos jovens relativamente a temas como o HIV e a SIDA, a protecção ambiental e os direitos humanos – já para não falar do papel pioneiro na promoção da participação dos jovens no processo eleitoral através da campanha "Rock the Vote".

Alguns exemplos mais recentes demonstram a variedade de potenciais aplicações:

- o serviço por cabo do canal britânico Sky utiliza a atracção dos jovens pela sua marca para os inspirar nas suas escolhas futuras, através da iniciativa "Reach for the Sky" (procura o céu);
- os automóveis Kia encorajam os seus clientes a conduzir de forma responsável através da campanha "Think before you drive" (pense antes de conduzir), e ao patrocinarem autocarros que permitem às crianças irem em segurança para a escola, reduzindo o excesso de tráfego nas zonas escolares;

# O VALOR SOCIAL DAS MARCAS

- a Coca-Cola, utiliza os seus especialistas de *marketing* para ajudar a criar campanhas de saúde sexual em África, a melhor solução a longo prazo para a epidemia da SIDA;
- os cosméticos Avon alertam para a prevenção do cancro da mama ao oferecem aos seus clientes conselhos práticos e apoio;
- os supermercados Asda do Reino Unido recorrem ao seu papel de confiança junto das comunidades locais para fazerem campanhas sobre temas como a prevenção da criminalidade, a violência doméstica, entre outros.

É apenas uma questão de encontrar ligações criativas entre a confiança nas marcas e as questões sociais nas quais uma mudança de atitude pode fazer toda a diferença.

A segunda forma como as marcas podem demonstrar liderança social é tornar explícito um dos aspectos do seu valor social descritos anteriormente: o seu papel na elaboração de produtos socialmente benéficos e na inovação de serviços. Ao incorporarem as necessidades sociais no processo de inovação, as marcas comerciais conseguem muitas vezes alcançar um maior e mais sustentado impacto do que os Governos, em questões sociais e ambientais. Em grande escala, isto pode ser observado no desenvolvimento por parte dos maiores fabricantes mundiais de automóveis de veículos movidos a energias alternativas, ou o investimento por parte das companhias petrolíferas, como a BP e a Shell, em energia solar e outras fontes de energia renováveis. A um nível mais local, temos a criação, por parte da HSBC, de produtos e serviços financeiros, incluindo hipotecas, que são compatíveis com a lei Sharia*, o que mostra como é possível às marcas de qualquer sector transformar as necessidades sociais em oportunidades de mercado.

A terceira forma como as marcas podem proporcionar liderança social às empresas é a mais ambiciosa, mas é também a mais importante. Tal como se tornaram o mecanismo de transmissão que aumentou a tomada de consciência de questões como o trabalho infantil, as marcas podem também impulsionar a tomada de consciência e acções de combate em relação à principal causa de pobreza global, a verdadeira razão pela qual os lucros da globalização não são divididos de uma forma mais abrangen-

---

\* **N.T.** Lei Sharia: provém dos ensinamentos do Corão e da Suna (a prática do Profeta Maomé) e é cumprida em diferentes graus de interpretação nos diferentes países islâmicos – da mais ortodoxa Arábia Saudita à relativamente mais liberal Malásia. A Sharia não permite, por exemplo, o pagamento ou a cobrança de juros.

# O MUNDO DAS MARCAS

te: a divisão rígida da economia global entre os sectores formal e informal. Esta divisão é raramente apenas entre países; pelo contrário, está presente em todos, variando as proporções em função de se estar no mundo ocidental desenvolvido ou nos países em vias de desenvolvimento. Na economia formal, a maior parte das coisas funciona: os direitos à propriedade física e intelectual estão assegurados; os activos podem ser usados para pedir dinheiro emprestado e gerar riqueza; os impostos são colectados; e são providenciados serviços públicos e outros serviços essenciais. Mas, na economia informal (que representa a maior parte da economia global), não estão presentes muitos ou todos estes pré-requisitos necessários para uma sociedade de consumo próspera e bem sucedida. Eliminar esta divisão será o principal desafio da política global para o século XXI.

As marcas estão bem posicionadas para ajudar a ultrapassar este grande desafio, dado que são muitas vezes as únicas instituições que estão presentes nos dois lados da linha divisória. A Coca-Cola, por exemplo, tanto faz parte da vida nos bairros de lata como nos arranha-céus. As marcas podem utilizar a sua presença para estimular as instituições locais a quebrar as barreiras entre estes mundos divididos. Podem utilizar o poder cultural e mediático para argumentar com mais firmeza e maior alcance público em prol de uma boa governação e de infra-estruturas comerciais. Através das suas relações comerciais, podem impulsionar ligações mais estreitas entre os dois sectores divididos da economia mundial, permitindo que cada vez mais pessoas usufruam dos benefícios da globalização. Acima de tudo, as marcas podem assumir um papel de campanha: aumentar a consciência, mobilizar a opinião e forçar o ritmo da mudança.

Estas três dimensões da liderança social das empresas – impulsionar o poder cultural, promover a inovação e fazer campanha pela mudança social – são muitas vezes demonstradas pelas marcas que usaram um programa social ou ambiental para se definirem e se diferenciarem no mercado. Por exemplo, o Co-operative Bank aumenta a consciência sobre investimentos éticos; a Body Shop cria produtos cosméticos não testados em animais; e a Café Direct demonstra através do Fairtrade ("transacções justas") que é possível alcançar um modelo de negócios global abrangente. Com o aumento do interesse dos consumidores pelas consequências sociais e ambientais das suas decisões de compra, as marcas de sucesso no futuro serão provavelmente as que encaram a liderança social da empresa como uma componente central da sua estratégia, acrescentando, por isso, uma poderosa dimensão adicional ao valor social das marcas.

62

## Marcas sociais

Até agora, a discussão tem sido centrada no valor social criado pelas marcas do sector comercial. No entanto, as marcas também criam valor para a sociedade no sector sem fins lucrativos, ao permitirem que as obras de beneficência, as Organizações Não Governamentais (ONG) e as instituições multilaterais cumpram de forma mais eficaz os seus objectivos. De facto, alguns activistas têm observado com desalento que as principais ONG, com os seus logotipos e identidades profissionais, sofisticadas estratégias de comunicação e parcerias com marcas comerciais, estão a começar a ficar parecidas com as grandes empresas, que tradicionalmente têm encarado como inimigas. O facto de esta realidade desapontar muitos, pode dizer mais sobre os preconceitos de tais activistas do que sobre o seu compromisso para com o progresso social, dado que as sondagens mostram que a confiança do público e o respeito pelas ONG – factores cruciais para a sua capacidade de influenciar mudanças sociais positivas – aumentou consideravelmente nos últimos anos, desde que as ONG adoptaram os benefícios do *branding*.

Há três formas importantes através das quais as marcas conferem benefícios às organizações sem fins lucrativos e, por isso, à sociedade. Estão todas ligadas à confiança, componente essencial da força de uma marca em qualquer sector.

### Atribuir às ONG o papel de árbitros sociais

A confiança nas marcas das ONG atribui-lhes um papel poderoso como árbitros em questões sociais e ambientais complexas, onde começam a aparecer alegações contraditórias. Marcas globais como a Cruz Vermelha, os Médicos sem Fronteiras e a ONU estão cada vez mais a ser chamadas para legitimar acontecimentos internacionais onde a confiança não é muita. Isto pode acontecer pelo facto de a informação ser escassa e de estas organizações possuírem conhecimentos em primeira mão e especialistas no terreno, ou porque outras organizações (como Governos e empresas do sector privado) têm um grande interesse num resultado em particular e se assume que estas marcas sociais são motivadas pelos melhores interesses da sociedade. Este papel de árbitro independente é essencial num mundo em que a informação e a opinião são instantâneas e isso apenas é possível através da marca. Um relatório ou comentário da Cruz Vermelha sobre uma situação humanitária em particular é mais credível e suscita mais acção do que a opinião de um académico famoso, por exemplo. A credibilidade da Cruz Vermelha não resulta das qualificações ou conhecimentos dos seus colaboradores, mas da confiança global na marca Cruz Vermelha. Claro que este elevado grau de confiança acarreta responsabilidades significativas e esta é uma área, como veremos, em que as marcas sociais têm de fazer algum progresso.

Outra importante manifestação do papel de árbitro das marcas sociais reside na sua interacção com o sector privado. As marcas comerciais que procuram abrir caminho através do campo sempre difícil da responsabilidade social das empresas estão a virar-se cada vez mais para as marcas credíveis das ONG, para que estas lhes sirvam de guia. A Shell foi pioneira nesta abordagem, encetando um diálogo construtivo com as ONG que outrora tinham sido críticos implacáveis, como a Greenpeace e a Amnistia Internacional, de forma a compreender melhor as questões sociais e ambientais relacionadas com o seu negócio e procurando conselhos sobre como lidar com elas. Esta tendência para o compromisso construtivo e o diálogo aberto, em vez do tradicional confronto, é agora encarado como a melhor prática para o sector privado e estende-se às empresas que procuram o aval público das ONG credíveis para as suas actividades. Muitos relatórios sociais e ambientais das empresas incluem agora comentários, alguns deles críticos, por parte de marcas sociais. A proliferação de esquemas de *marketing* relacionados com causas sociais, através dos quais as obras de beneficiência e as ONG organizam campanhas de angariação de fundos ou de educação pública em parceria com importantes marcas comerciais, é outro exemplo. Estes desenvolvimentos são o reconhecimento implícito por parte das grandes empresas do elevado grau de confiança presente no sector sem fins lucrativos, quando se trata de questões sociais e ambientais.

Como é óbvio, a mudança na relação entre empresas e organizações sem fins lucrativos precisa de ser cuidadosamente promovida. As ONG precisam de assegurar que a sua confiança não fica comprometida, ao sacrificarem a sua independência e credibilidade por um lugar no Conselho de Administração ou por um elevado donativo da empresa. De igual modo, as empresas têm de se assegurar de que, no esforço de satisfazerem os seus críticos, não embarcam numa aceitação impensável de pontos de vista partidarizados, pouco representativos e essencialmente políticos. Mas, de um modo geral, não há dúvidas de que está a ser criado valor social real através da aplicação da experiência e dos conhecimentos das marcas sociais aos desafios sociais e ambientais que os negócios enfrentam e que, num mundo cada vez mais complexo e interligado, as marcas sociais desempenham frequentemente um determinante papel de árbitro.

## O VALOR SOCIAL DAS MARCAS

### Providenciar um programa de campanha

A segunda forma através da qual as marcas sociais criam valor social é através do seu programa de campanha. Ao utilizarem a confiança e a credibilidade para aumentar a consciência relativamente a questões públicas importantes, dão um contributo determinante para resolver essas questões. Por vezes pode ser um apelo directo aos cidadãos, como no caso da obra de beneficiência norte-americana MADD (*Mothers Against Drunk Driving* – Mães contra condutores bêbedos) e a sua campanha que procura um fim (conforme sugere o *branding* brutalmente directo da instituição) para o flagelo da condução sob o efeito do álcool. Mas também envolve actividade de campanha menos directa, onde o objectivo é mudar a política pública (ou a política das empresas) de modo a promover objectivos sociais ou ambientais. Os exemplos incluem o trabalho de ONG como a Oxfam, a Christian Aid ou a Jubilee 2000 em temas como a dívida do terceiro mundo, políticas comerciais ou o comportamento das empresas nos países em vias de desenvolvimento. Mais uma vez, é o programa fornecido pelas marcas associadas a estas causas que assegura a eficácia das campanhas. Um cientista só por si, por mais qualificado que fosse, teria dificuldade em causar impacto na consciência pública, independentemente dos méritos da sua causa. Contudo, se fosse apoiado pela marca Greenpeace, o impacto seria totalmente diferente.

### Permitir o fornecimento de serviços sociais benéficos

A terceira forma através da qual as marcas no sector sem fins lucrativos criam valor social é o papel que assumem ao permitir que sejam directamente fornecidos serviços (e por vezes produtos) sociais benéficos. Na sua base, as obras de beneficiência de todo o mundo trabalham com os problemas sociais que os políticos procuram resolver. Para o fazer, precisam de rendimentos, tal como um negócio precisa de vendas para fornecer os seus produtos e serviços. E tal como as organizações comerciais utilizam o *branding* para competir pelos gastos dos consumidores, também as obras de beneficiência utilizam cada vez mais as suas marcas para competir pelo investimento filantrópico, tanto sob a forma de doações directas dos cidadãos, como através de acordos de parceria contratual com empresas e governos. Neste aspecto, as razões pelas quais as marcas são importantes para as obras de beneficiência são exactamente as mesmas que no sector privado: servem como símbolos de qualidade, eficácia e confiança.

### As marcas e a coesão social

A última componente do valor social das marcas é talvez a menos palpá-

# O MUNDO DAS MARCAS

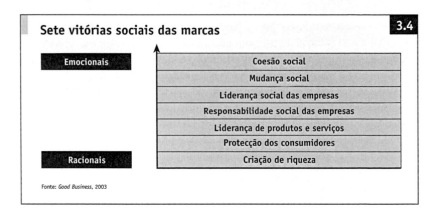

Sete vitórias sociais das marcas — 3.4

| Emocionais | Coesão social |
| | Mudança social |
| | Liderança social das empresas |
| | Responsabilidade social das empresas |
| | Liderança de produtos e serviços |
| | Protecção dos consumidores |
| Racionais | Criação de riqueza |

Fonte: *Good Business*, 2003

vel, mas está relacionada com um desejo humano fundamental: aproximar-se de outras pessoas. Este é o contraponto positivo com uma das mais citadas críticas às marcas: que impõem a homogeneidade num mundo diversificado. O aspecto importante a reter é que, se até certo ponto o fazem, é porque as pessoas escolheram fazê-lo. As marcas promovem a coesão social, tanto a nível nacional como global, ao permitirem uma participação partilhada em contextos democráticos e de progressão social.

As marcas mais importantes do mundo procuram actualmente ser unificadoras sociais. A Coca-Cola quis ensinar o mundo a cantar; a Nike celebra o esforço humano; a Nokia liga as pessoas; o sabonete Lux dá às mulheres asiáticas autoconfiança; a Budweiser tornou heróis os operários que construíram a terra da liberdade.

Nos anos que se seguem, o desafio que se coloca às marcas será apoiar novas ideias, histórias e formas mais abrangentes para ter um papel mais activo de solidariedade social. Ao fazê-lo, continuarão a dar um contributo incalculável para o progresso social.

# 4. Porque é que as marcas são importantes

*Chuck Brymer*

Numa economia global sujeita a mudanças nas dinâmicas de mercado e a uma concorrência crescente, o papel das marcas nunca foi tão importante como agora. As marcas servem de mapa orientador para o comportamento de compra e, quando geridas da forma correcta, resultam geralmente num valor significativo para os seus detentores. Mas como se avalia uma marca e o que a torna especial? O capítulo 2 abordou a avaliação das marcas. Este capítulo analisa porque é que as marcas são importantes, mas primeiro é útil rever rapidamente a avaliação e as suas abordagens. Durante anos, a maior parte dos detentores das marcas apoiou-se nas medidas relacionadas com o *marketing*, tais como o conhecimento e a estima. Hoje, utilizam técnicas mais inovadoras e com orientação financeira, para melhor quantificarem o valor que as marcas representam.

Estas novas técnicas resultam de uma conjugação entre os modelos tradicionais de avaliação do negócio e as ferramentas económicas que analisam o desempenho das marcas ao nível da quantificação monetária, *benchmarking* histórico, avaliação competitiva e análises de rendibilidade dos investimentos. Isto tem permitido às empresas avaliar as suas marcas com maior rigor e estabelecer critérios para coordenar o seu desenvolvimento no futuro.

Mas qual é a resposta certa para avaliar o desempenho de uma marca? Alguns podem argumentar que os modelos financeiros isolados são falíveis, atendendo às flutuações na rentabilidade das empresas. Outros podem dizer que as análises de *marketing* isoladas são inadequadas às necessidades da gestão. Outros podem argumentar que nenhuma metodologia isolada é suficientemente credível para englobar todas as dimensões e complexidades da avaliação completa de uma marca. Estes diferentes pontos de vista demonstram que actualmente existe uma proliferação de abordagens de avaliação, que tentam fazer a ligação entre as visões tradicionalmente distintas das finanças e do *marketing*, no sentido de oferecer uma visão mais completa e global do desempenho da marca.

Para os objectivos deste capítulo, foram ponderados 23 modelos que analisaram o valor e os lucros das marcas (ver lista no final do capítulo). Alguns tinham um carácter mais financeiro e outros empregavam técni-

O MUNDO DAS MARCAS

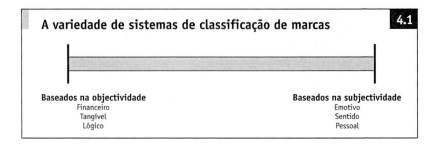

A variedade de sistemas de classificação de marcas  4.1

Baseados na objectividade
Financeiro
Tangível
Lógico

Baseados na subjectividade
Emotivo
Sentido
Pessoal

cas de *marketing* tradicionais. Muitos ofereciam *rankings* de marcas, baseados nas suas metodologias. A partir destes *rankings*, as marcas que apareciam repetidamente no topo das diferentes listas (ver Quadro 4.1) foram identificadas, de forma a determinar por que razão ocupavam esse lugar de topo, independentemente dos critérios utilizados para as classificar.

O facto de surgirem no topo das listas talvez não constitua surpresa, uma vez que são amplamente reconhecidas como líderes no investimento e gestão das marcas. Estes "suspeitos do costume" entre as marcas líderes têm um comportamento consistente perante uma variedade de factores, incluindo o património dos tangíveis, os hábitos de compra dos consumidores e a dimensão do mercado. O motivo da liderança tem a ver com o facto de partilharem certas características e abordagens que contribuem para o seu sucesso como marca e como negócio.

**O que partilham as marcas mais importantes**
As marcas líderes partilham cinco características notáveis.

*Três atributos principais ...*
**1 Uma ideia convincente.** Por detrás de cada marca está uma ideia convincente, que capta a atenção e fidelização do consumidor, ao preencher uma necessidade não satisfeita.

**2 Um objectivo central firme e valores de apoio.** Estes continuam a ser os mesmos, apesar de a estratégia e as tácticas da empresa terem de ser revistas com alguma regularidade para resolverem e tirarem vantagens das circunstâncias em constante mudança – e muitas vezes não previstas – presentes no cenário mundial e empresarial.

Desde a Série7 até ao Mini, a marca BMW representa a "mais moderna máquina de condução". O público-alvo de cada modelo BMW difere e a comunicação transmitida sobre esses modelos projectam expectativas diferentes, mas o objectivo central permanece o mesmo: oferecer uma expe-

## PORQUE É QUE AS MARCAS SÃO IMPORTANTES

**Quadro 4.1  As marcas que mais vezes são identificadas como líderes**

| | |
|---|---|
| Coca-Cola | Disney |
| American Express | FedEx |
| BMW | Hewlett-Packard |
| IBM | Kellogg's |
| Microsoft | Sony |
| Nike | Starbucks |
| Pepsi | Intel |
| Toyota | Kodak |
| Colgate-Palmolive | Nokia |

riência marcante através do desempenho superior do automóvel. O Mini representou uma oportunidade de venda a um novo segmento de mercado e de apresentação da experiência BMW a outros públicos. A empresa conseguiu alcançar o objectivo, ao conjugar os valores e as aspirações de um público mais jovem com a experiência prometida a quem possuir um Mini. As imagens mentais, a formatação dada ao texto e o tom da comunicação identificam qual é o tipo de personalidade "Mini". Esta estratégia ilustra uma oportunidade aproveitada, ao abranger um mercado mais alargado sem denegrir o objectivo central e o posicionamento da empresa-mãe.

**3 Um princípio central de organização.** A posição, o objectivo e os valores da marca são utilizados como mecanismos de gestão para orientar as tomadas de decisão. Isto tornou-se um hábito tão enraizado nas principais organizações, que os responsáveis se interrogam: "Qual será o impacto desta decisão na marca?" ou "Isto é bom para a marca?" Segundo Shelly Lazarus, presidente da Ogilvy & Mather, "assim que a empresa compreende o que é a marca, esta direccionará toda a empresa. Fica a saber-se quais os produtos que se devem produzir e quais os que não se devem. Fica a saber-se como se deve atender o telefone. Fica a saber-se como é que se vai embalar os produtos. Estabelece-se uma série de princípios para toda a empresa".

### ... e duas características

**1 A maior parte das marcas líderes são norte-americanas.** Das 20 marcas líderes, 15 são norte-americanas. Significa isto que, embora uma marca líder possa ter origem em qualquer parte, os Estados Unidos são melhores do que os outros países na questão do *branding*? O seu domínio na lista das principais marcas pode ser atribuído à natureza da sociedade

# O MUNDO DAS MARCAS

norte-americana. A sua cultura empreendedora reconhece e recompensa os que são bem sucedidos nos negócios, encoraja quem arrisca e admira o tipo de inovação que produz as grandes ideias, a partir das quais uma marca líder se pode desenvolver. De facto, os Estados Unidos têm uma incubadora natural e estabelecida para as inovações empresariais, enraizada no objectivo central e nos valores do país.

Por outro lado, atribui-se aos norte-americanos, se não a invenção do *branding*, certamente a sua utilização como uma disciplina de gestão. O aumento das marcas como produto de consumo nos Estados Unidos, depois da II Guerra Mundial, foi simultaneamente uma resposta à prosperidade e um sinal para os consumidores gastarem mais, porque os tempos eram melhores. As mercadorias eram variadas e a escolha, sob a forma de marcas, era evidente nas prateleiras de todo o país.

As marcas e as práticas de *branding* nos Estados Unidos tornaram-se mais sofisticadas através das extensões de produtos e de linhas, de programas de identidade empresarial e de guerras publicitárias que eram levadas a cabo nos 50 Estados norte-americanos e por todo o mundo. As empresas norte-americanas reconheceram que, para serem bem sucedidas nos negócios, precisavam de se diferenciar, de maneira a não poderem ser copiadas por outras empresas. Os livros de gestão dos últimos 30 anos reflectem este princípio elementar. Quer se trate de uma estratégia, produto, serviço, tecnologia ou processo diferenciado, terá sido baseado na premissa "o que nós temos" *versus* "o que eles não têm" ou no facto de que "nós fazemos melhor".

Se a diferenciação é o objectivo, o *branding* é o processo. E se uma marca é uma das principais fontes de valor, requer investimento e gestão dedicada. É precisamente isto que faz a maior parte das empresas norte--americanas que detêm uma marca líder: promove a marca, cultiva o seu valor e avalia o seu desempenho como qualquer outra participação.

**2 A maior parte das marcas líderes são mercadorias.** Os produtos e serviços da Coca-Cola, da Pepsi e da Starbucks são facilmente substituídos; a BMW, a Toyota e a Harley-Davidson enfrentam uma forte concorrência; e há muitos telemóveis alternativos aos da Nokia. As marcas têm a ver com escolha e estas marcas têm de competir num espaço povoado e cheio de ruído. Por isso, tiveram de descobrir o que as torna especiais para tanta gente e como podem continuar a inovar e a satisfazer as suas necessidades. Sabem que os consumidores podem escolher e que se os benefícios dos seus produtos ou serviços não forem rapidamente perceptíveis e oferecidos de forma consistente, poderão optar por outra solução.

70

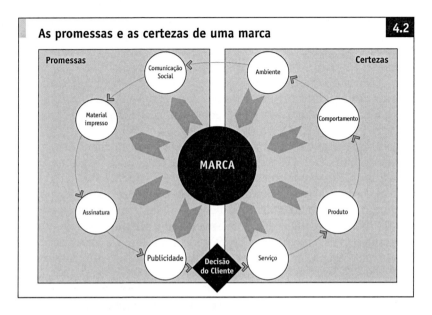

**As promessas e as certezas de uma marca** 4.2

## O que torna as marcas importantes

As marcas líderes têm três atributos e duas características comuns, conforme foi descrito anteriormente. Mas reflectem também cinco particularidades.

**1 Cumprimento da promessa.** As marcas líderes comunicam a sua promessa ao mercado, encorajando os consumidores a comprar o produto ou serviço. Na altura em que o consumidor toma a decisão, estas marcas devem fazer tudo o que está ao seu alcance para cumprir a promessa. Tudo o que o consumidor sente no processo de avaliação, teste, compra e adopção é uma verificação da promessa original (ver Figura 4.2).

Ao observar os hábitos das 20 marcas líderes enumeradas no Quadro 4.1, descobre-se que, para cumprir as promessas originais, é necessária uma tomada de posição, evitando indecisões que procuram lucros a curto prazo. Exige consistência e clareza dentro da organização, de forma a articular sucintamente os benefícios. A Nike tem cumprido as suas promessas, com uma saudável dose de inovação. Nesse processo, alcançou um estatuto quase lendário, como empresa e como marca. A Nike representa um destino nunca totalmente alcançado na busca da boa condição física individual e de objectivos saudáveis. A ideia inspira e é ambiciosa, apela a um vasto público que procura o bem-estar físico pessoal.

# O MUNDO DAS MARCAS

**2 Produtos e processos superiores.** As empresas líderes estão conscientes das fontes de valor da marca. Para atrair clientes e manter a sua fidelidade, as marcas líderes têm de lhes oferecer produtos e serviços que sejam superiores a outros, reduzindo assim o risco de o consumidor não ficar satisfeito. A Nokia decidiu que não se pode apoiar unicamente nos fornecedores para entregar as componentes que integram os seus produtos, por isso está a tentar comprar os seus fornecedores para controlar todo o processo.

**3 Posicionamento distinto e a experiência dos consumidores.** As marcas líderes captam o que é especial na sua oferta, transmitem-no à audiência desejada e deixam que os consumidores a experimentem. O Ikea abriu uma exposição de mobiliário que permite tocar nos produtos, como em nenhuma outra loja. As cadeiras são comprimidas por máquinas para demonstrar a sua durabilidade, os expositores são elaborados e estão constantemente a mudar e os clientes são convidados a permanecer no local, através de um restaurante, eventos e sessões de demonstração de produtos.

Ao contrário de muitos retalhistas, o Ikea desenvolveu uma ligação emocional com os clientes. A oferta é superior ao mundano e ao funcional, ao mesmo tempo que é competitiva no preço e na escolha. A experiência de compra é altamente pessoal e centralizada no cliente. A maior parte das lojas de grande dimensão são confusas, barulhentas e impessoais, mas o Ikea conseguiu adaptar a experiência ao cliente, apesar de o produto ser fabricado em série. A capacidade de apresentar uma grande variedade de produtos bem concebidos e funcionais a baixo preço compensou: o volume de negócios do Ikea triplicou entre 1994 e 2002, de quatro mil milhões de dólares para 12 mil milhões de dólares.

**4 Alinhar o compromisso interno e externo com a marca.** Os gestores de *branding* e de *marketing* concentram as suas estratégias no consumidor. De uma forma geral, os colaboradores são os últimos a conhecer a mais recente campanha de *marketing* ou não têm formação apropriada relativamente aos valores da marca. As marcas líderes compreendem que uma cultura interna que apoie a estratégia da marca tem maiores hipóteses de oferecer uma experiência consistente, embora diferenciada. Os valores internos estão alinhados com os valores da marca, para moldar a cultura da organização e assumir um objectivo central. O verdadeiro teste de uma marca líder é se o compromisso dos colaboradores para com a marca é elevado, uma vez que irá ajudar a manter o compromisso do cliente num nível também elevado. Se os que pro-

72

PORQUE É QUE AS MARCAS SÃO IMPORTANTES

duzem e vendem a marca não se comprometem, por que razão outros o deveriam fazer? Por outras palavras, os que vivem a marca irão distribuí-la.

A Harley-Davidson criou um culto de seguidores devido à consistência entre as crenças internas e as práticas e o que comunica e distribui a nível externo. Tanto os clientes como os colaboradores da Harley partilham os princípios básicos de liberdade, individualismo, divertimento, expressão da personalidade e autoconfiança. Isto resultou numa invejável taxa de fidelização, em que 45 por cento dos actuais proprietários já tinham tido uma Harley. A marca também é popular junto dos que não têm uma moto, dado que uma componente significativa das receitas provém do licenciamento de *merchandise* e roupa.

Se o *branding* também é pertencer a um clube, então a Harley-Davidson estabeleceu um conjunto de membros activos e leais, em grande parte devido à ligação que os colaboradores e os clientes têm e mantêm. John Russel, vice-presidente e director administrativo da Harley-Davidson na Europa, afirma:

*Comprometemo-nos activamente com os nossos clientes: encorajamos o nosso pessoal a passar tempo com eles, a andar de moto com eles e a estar com eles sempre que surja essa oportunidade.*

Este "casamento" entre a experiência interna dos colaboradores e a experiência externa dos clientes fortalece a fidelização à marca, como confirma Russel:

*Se deixar de ser um produto tipo mercadoria para ser um produto emocional, através da verdadeira ligação e do compromisso que resulta da criação de uma experiência, o nível de diferenças pode parecer muito pequeno, mas os resultados serão muito maiores.*

**5 A capacidade de se manter relevante.** As marcas líderes mantêm constantemente a sua importância para um determinado grupo de clientes, assegurando muitos pontos de diferença em relação à concorrência. Mantêm a sua credibilidade aumentando a confiança dos clientes e a sua fidelização.

Contudo, cada marca importante tem os seus fracassos. Mesmo as marcas que já foram bem sucedidas perdem terreno e, em muitos casos, as causas são óbvias, mas foram identificadas demasiado tarde.

## O MUNDO DAS MARCAS

### O que faz as marcas líderes perder terreno

A causa mais comum da perda de liderança é tomar a marca como garantida. Isto pode acontecer quando os detentores da marca tratam o activo como "uma fábrica de fazer dinheiro". Isto provoca o desgaste da ideia que esteve na origem da marca, porque marginaliza a experiência do consumidor. Há uma história muito conhecida que se conta nas faculdades de Economia de todo o mundo. Durante muitos anos, um homem geriu com sucesso um restaurante à beira da estrada. As recomendações "boca-a-boca" dos clientes habituais eram tão eficazes que o restaurante se tornou o destino, em vez do ponto de passagem, devido à relação qualidade/preço, à qualidade da cozinha caseira e ao pessoal bem formado e bem pago. Não era um lugar vistoso, mas tinha padrões elevados. Era um negócio bastante rentável.

O dono ficou orgulhoso quando o filho foi para uma boa escola de Gestão e com agrado pagou a educação que ele próprio não teve. Depois de acabar os estudos, o filho juntou-se ao pai no negócio, talvez com o objectivo de fazer um *franchising* do conceito. Depois de uma análise pormenorizada ao restaurante, recomendou a diminuição do número de empregados e a contratação de outros menos qualificados, a quem podiam pagar menos, bem como a aquisição de comida de menor qualidade, que seria mais barata. O pai estava inseguro em relação às mudanças e ficou preocupado com a situação dos empregados, mas aceitou a ideia.

Como resultado os padrões de comida, de serviço e de limpeza diminuíram e a circulação de empregados que ficavam por pouco tempo tornou-se um grande problema. Os clientes habituais deixaram de aparecer e a recomendação "boca-a-boca" parou. O filho decidiu fazer anúncios nos cartazes da cidade e ao longo da estrada e criar promoções especiais. No início, o negócio cresceu um pouco, mas os novos clientes rapidamente perceberam que as suas expectativas não tinham sido satisfeitas. O restaurante continuou com dificuldades, até que foi obrigado a fechar.

Esta história é usada para encorajar os estudantes de Gestão a não serem rígidos na sua abordagem e a terem a certeza de envolverem os colaboradores e os clientes em qualquer mudança. Mas a história também tem lições sobre as marcas. O filho viu uma "fábrica de fazer dinheiro" que podia ser manipulada para maiores lucros. Não percebeu que, se perturbasse o que engrandecia a "marca", corria o risco de quebrar a promessa. Também demonstra que um bom produto só é tão bom quanto o serviço que o acompanha. A McDonald's está actualmente a enfrentar o mesmo problema. Como a revista *The Economist* publicou a 10 de Abril de 2003:

74

*A McDonald's, outrora um exemplo de bom serviço, foi classificada durante quase uma década como a pior empresa na América em relação à satisfação do cliente – abaixo mesmo das seguradoras e dos bancos.*

A equipa de gestão actual está a fazer esforços para regressar aos princípios que engrandeceram o conceito e a cadeia.

Não há uma fórmula mágica para criar uma marca de sucesso. Contudo, as marcas que perdem o brilho deviam comparar o seu passado com o seu presente e olhar para o futuro, tendo em atenção três aspectos: relevância, diferenciação e credibilidade. Quando uma marca perde o contacto com o cliente ou ignora um potencial novo público, perde relevância. As marcas de sucesso compreendem os desejos e as necessidades de todos os *stakeholders* (partes interessadas) e adaptam a oferta para manter a sua relevância. A diferenciação é uma componente muito importante do processo de *branding*. E como as marcas têm por base promessas e confiança, têm de ser credíveis. Os consumidores concedem às empresas o direito de lhes fornecer aquilo de que necessitam. Como Adam Smith escreveu há muitos, muitos anos em *A riqueza das Nações*: "O dinheiro é apenas uma reclamação de bens e serviços". Hoje sabemos que os clientes que sentem uma quebra na confiança levam essa reclamação para outro lado.

**Recuperar terreno perdido**
Jim Collins, autor da área de negócios, escreve no seu livro *Good to Great* que, para criar uma grande empresa é preciso "ter um conjunto forte de valores centrais" que nunca podem ser postos em causa.

*Se não estiver disposto a sacrificar os seus lucros, se não estiver disposto a suportar tudo por esses valores, então não irá criar uma grande empresa.*

As marcas que perdem o rumo muitas vezes fazem-no porque se afastam dos seus valores centrais. Isto quer dizer que podem recuperar se regressarem aos valores, colocando e respondendo a questões como: qual é a nossa influência mais duradoura? Que vazio existiria se desaparecessemos? Uma simples análise do que tornou a marca importante em primeiro lugar, acompanhada por uma reinvenção inovadora da mesma, pode torná-la tão relevante e importante como costumava ser.

A IBM é um exemplo de uma importante marca que está a regressar. A empresa dominou o mercado de computadores de grande porte, mas

# O MUNDO DAS MARCAS

**Quadro 4.2 Marcas importantes: resumo de atributos, observações e práticas**

| Os três atributos das marcas importantes | Três observações sobre as marcas importantes | As cinco grandes práticas das marcas importantes |
|---|---|---|
| Construídas a partir de uma grande ideia | Principalmente norte-americanas | Continuamente cumprem a promessa da marca |
| Mantém-se fiel ao objectivo central e aos valores | Predominantemente empresas e indústrias de mercadorias | Possuem produtos, serviços e tecnologias superiores |
| Utiliza a marca como o princípio organizador central | Representam escolhas definidas | Assumem uma posição distinta e oferecem uma experiência única aos clientes |
| | | Centram-se no *branding* "interno" |
| | | Melhoram e inovam |

foi ultrapassada na era dos computadores pessoais por empresas como a Compaq e a Dell. Desde então, reinventou-se como fornecedor de serviços na área das Tecnologias da Informação (TI). Foi uma estratégia de alto risco e uma jornada desafiante, durante a qual a IBM inventou e foi pioneira na gestão da marca em grande escala; centralizou a estratégia da marca e concentrou os gastos de *marketing* para a alavancagem global; utilizou a marca como uma ferramenta de gestão central para motivar o comportamento a nível interno e comunicar de uma forma consistente; providenciou flexibilidade suficiente para ser rápida nos segmentos das tecnologias em constante mudança, mas manteve o controlo e a disciplina para assegurar a integridade; o património da marca foi avaliado para assegurar o desempenho e garantir uma cultura baseada na marca, que nunca mais tomaria os clientes por garantidos.

Como resultado, a IBM tornou-se no maior fornecedor mundial de serviços de TI e a marca comunica tanto inovação como segurança. Quando defende que pode fornecer serviços "mais profundos" aos clientes, a IBM é tida como altamente credível.

## Competências para construir uma marca

Qualquer um com a responsabilidade de construir uma marca tem de ser criativo, inteligente, inovador, aventureiro, estimulante, disciplinado e focalizado no serviço. Também tem de desempenhar três tarefas elementares:

- Assumir a própria marca. Esta é a tarefa mais importante. A comunicação e as atitudes de um indíviduo têm de estar em conformidade com o objectivo central e os valores que reflectem a marca. A organização olha para os gestores da marca como modelos a seguir, que têm o comportamento adequado e agem no interesse da marca e da empresa. Por outro lado, têm também de desafiar o que é convencional para manter a marca activa, questionando o que se tornou o *status quo*.
- Compreender as fontes por detrás do valor da marca, protegê-las e construir a partir delas.
- Procurar continuamente o que torna a marca única. As preferências dos consumidores, as estruturas competitivas e as condições de mercado são incrivelmente dinâmicas. Renovar e refrescar a marca para assegurar a continuidade da sua importância, diferenciação e credibilidade são as tarefas mais estratégicas e talvez as que consomem mais tácticas. Os gestores de marcas têm de determinar o que não pode ser alterado e o que tem de mudar.

## Referências

*Rankings específicos*
Brandchannel.com, Marca do Ano
BrandEconomics, Modelo de Avaliação
Interbrand, Marcas Mundiais Mais Valiosas
Semion, Avaliação das Marcas
Young & Rubicam, Avaliador do Activo da Marca
Wunderman, *Scorecard* da Experiência das Marcas
*Modelos de avaliação das marcas, rankings e sondagens*
The A.C. Nielson Brand Balance Sheet
The A.C. Nielson Brand Performance
Aker, Brand Equity Approach
BBDO, Brand Equitation Evaluation Systems (BEES) ranking
BBDO, Brand Equity Evaluator
BBDO, Five-level Model

Brandchannel.com, Brand of the Year Survey
Consor, Licence-based Brand Valuation
Emnin/Horiont, Brand Barometer
Emnin/Horiont, Brand Positioning Models
icon, Brand Trek Approach
Interbrand, Brand Valuation
Kapferer, Brand Equity Model
Keller, Brand Equity Approach
Kern, Brand valuation based on the concept of enterprise value
McKinsey Consulting, Brand Valuation System
Repenn, Brand valuation based on the concept of enterprise value
Sander, Crimmins and Herp, Price Premium-oriented Brand Valuation
The Satler Brand Value Approach
The Semion Brand Value Approach
Simon and Sullivan, Capital Market-oriented Brand Valuation
Wunderman, Brand Experience Scorecard
Young & Rubicam, Brand Asset Valuator

**Bibliografia**
BBDO, *Brand equity Evaluation*, Novembro de 2001.
BBDO, *Brand Equity Analysis*, Setembro de 2002.
Brandchannel.com, *website*
BrandEcomics, *website*
"Famous Brands – Half Off!", *Fortune Magazine*, 13 de Agosto de 2002.
"The Brand Report Card", *Harvard Business Review*, Janeiro-Fevereiro de 2000.
Interbrand, *Brands - The New Wealth Creators*, 1998.
Interbrand, *Brand Valuation*, 1997.
Interbrand, *The Future of Brands*, 2000.
Interbrand, *The World's Greatest Brands*, 1997.
Interbrand, *Uncommon Practice*, 2002.
"AC Puts Number of Global Brands at 43", *Wall Street Journal*, 1 de Novembro de 2001.
Wunderman, *website*

## Parte II
# AS MELHORES PRÁTICAS DE *BRANDING*

# 5. O posicionamento e a criação da marca

*Anne Bahr Thompson*

S e o objectivo da marca é ser uma fonte de valor para a organização, o seu posicionamento de mercado e nas mentes dos consumidores será crucial para o valor real criado. Existem muitas definições de posicionamento de marca e cada uma delas é uma variação em torno dos mesmos temas de base. Contudo, é interessante observar algumas definições de diferentes décadas e de diferentes lados do Atlântico.

> *O posicionamento começa com um produto. Uma peça de mercadoria, um serviço, uma instituição ou mesmo uma pessoa. Mas o posicionamento não é o que se faz com um produto. O posicionamento é a influência na mente do potencial cliente.*

Esta foi a definição dada por Al Ries e Jack Trout no seu livro, de 1981, intitulado *Positioning: The Battle for your Mind*[1]. Mais de 15 anos depois, foi dada a seguinte definição em *Understanding Brands*[2].

> *O posicionamento significa assumir uma "posição" credível e rentável na mente do consumidor, tanto por se ser o primeiro a chegar, ou por se adoptar uma posição relativamente à concorrência ou pelo reposicionar da competição.*

Ambas as definições realçam claramente que, acima de tudo, deve pensar nas mentes e nas emoções da sua audiência. A mais antiga ainda é contemporânea na sua definição abrangente de produto (que tem tanto a ver com instituições e pessoas como com coisas). A mais recente acrescenta a dimensão de que, por vezes, tem de tentar definir os mercados através de um posicionamento, em vez de se limitar a colocar a sua marca num mercado ou categoria que já exista, relativamente à concorrência actual.

Se actualmente se devesse acrescentar ou realçar alguns elementos, estes passariam pelo alargamento da definição de "consumidor" e a importância de "assumir uma posição" para a sua marca – e isto significa uma posição de liderança – que esteja além e acima das categorias de produtos.

# O MUNDO DAS MARCAS

Na constante procura de uma vantagem competitiva, a importância dos colaboradores de uma organização em relação ao posicionamento da marca não pode ser exagerada, independentemente de a organização deter muitas marcas ou apenas uma. "Assumir uma posição", no sentido de mostrar liderança e visão na forma como a sua marca irá cumprir a sua promessa, satisfazer as necessidades dos públicos alvo, bem como as suas expectativas e desejos, é cada vez mais importante. Isto não se deve apenas ao facto de actualmente as pessoas esperarem (ou, pelo menos, desejarem) padrões mais elevados, mas também, e isto é muito importante, devido à falta de clareza e à ligação de mercados. Isto significa que um posicionamento forte numa determinada categoria comparativamente os seus concorrentes pode não ser suficiente, se o seu mercado for atacado de fora por uma marca com um forte posicionamento e relacionamento com o cliente numa categoria anteriormente mais discreta. As tradicionais marcas de serviços financeiros no Reino Unido descobriram isto às suas custas quando as marcas do "retalho", tais como a Tesco e a Marks & Spencer, entraram no mercado com uma forte proposta de serviço e, com efeito, quando a Virgin entrou no mercado com o seu posicionamento de marca de "defensor do consumidor".

O exemplo da Virgin reforça outro ponto crucial sobre o posicionamento da marca no actual mundo dos negócios. Se bem que os modelos e as estruturas complexas e multi-camadas possam ser úteis, o posicionamento da marca deve ser sempre capaz de ser explicado e comunicado em meia dúzia de palavras, numa frase forte ou numa imagem clara – não um *slogan* ou a frase-chave de um anúncio, mas a ideia central da marca. A isto se poderá chamar o "teste CEO". O que é que o CEO (*Chief Executive Officer* - presidente executivo) dirá quando lhe perguntarem: "Então, de que se trata realmente esta marca/organização?". Quer seja dada aos accionistas, aos investidores, aos média, aos colaboradores ou aos consumidores, a resposta tem de ser clara e positiva para transmitir de que forma esta marca é diferente e melhor.

Este tipo de apresentação ajudou Richard Branson a transformar a Virgin na marca de várias categorias que é hoje; "defensor do consumidor" é um posicionamento que é simples de assimilar e poderá funcionar em praticamente todas as categorias. Isto assumindo, obviamente, que está a ser oferecida a realidade do produto e serviço. Mesmo tendo em conta os erros e as experiências ocorridos nos mercados onde a marca Virgin entrou, a clareza do seu posicionamento resultou num programa eficaz e eficiente de desenvolvimento de produtos e serviços inovadores. Com efeito, este posicionamento de categoria desafiadora actua

# O POSICIONAMENTO E A CRIAÇÃO DA MARCA

**O processo de posicionamento da marca**  **5.1**

como um incentivo à inovação e ao empreendedorismo e é curioso ver que as empresas tradicionais de bens de consumo começaram a adoptar esta filosofia mais abrangente. Por exemplo, a Procter & Gamble adoptou o posicionamento "bebé feliz" para a sua marca Pampers, permitindo assim que a marca se colocasse para lá da categoria das fraldas e se introduzisse em todos os tipos de produtos e serviços que tornam os bebés felizes.

**O processo de posicionamento da marca**
Existem muitas metodologias para o posicionamento da marca, mas o processo básico envolve:

- a necessidade de compreender, no sentido mais amplo, os interesses das partes envolvidas, tanto interna como externamente;
- a geração de informação, pontos de vista, ideias e possibilidades;
- uma definição activa do seu "posicionamento" ou do programa da sua marca e a expressão dessa posição através de uma identidade visual e verbal, de produtos, de serviços e de comportamentos;
- a aplicação disciplinada de um sistema de arquitectura da marca para optimizar o valor do posicionamento;
- o contínuo desenvolvimento, gestão e avaliação do posicionamento ao longo do tempo.

A Figura 5.1 ilustra o processo de posicionamento. O resto do capítulo está relacionado com "como" se posiciona uma marca.

### Os *stakeholders*
O processo de posicionamento da marca começa com a identificação dos *stakeholders* ou audiências, avaliando a importância dos diferentes *stakeholders* e definindo a relação ideal necessária para com cada um deles, no sentido de atingir as metas e os objectivos da empresa. Os vários *stakeholders* irão definir a marca de forma distinta, consoante as suas necessidades e diferentes agendas. Decidir a prioridade que deve ser dada

## O MUNDO DAS MARCAS

a cada audiência de uma marca não é tão fácil como pode parecer, especialmente quando a marca é uma empresa e não um produto.

Assim, se bem que a marca deva responder às variadas necessidades de muitos *stakeholders* em simultâneo, o papel que desempenha com cada tipo de público não precisa, obviamente, de ser idêntico. A título de exemplo, uma marca empresarial, como a Procter & Gamble, interessa principalmente aos colaboradores, aos investidores, aos parceiros e aos fornecedores, ao passo que marcas de produtos de empresas, tais como a Tide e a Ariel, falam para os consumidores. Apesar de os consumidores confiarem nos produtos da Procter & Gamble, muitos continuam a não fazer ideia de que a empresa agora é responsável pela marca Oil of Olay. Será que esse conhecimento mudaria a sua decisão de compra quando escolhessem Oil of Olay em detrimento de Nívea? Provavelmente não, uma vez que a Oil of Olay já era uma marca estabelecida antes de ser comprada pela Procter & Gamble. No entanto, os investidores estarão sempre muito interessados em compreender a estratégia, bem como a sua amplitude e profundidade, subjacente ao *portfolio* da Procter & Gamble. Assim, queriam saber o porquê de a Procter & Gamble ter comprado a Richardson Vicks e de que forma e onde é que a Oil of Olay se encaixava nessa operação. Contudo, os colaboradores da Richardson Vicks teriam desejado saber até que ponto os seus empregos eram seguros e que critérios de avaliação de desempenho da empresa seriam utilizados. No que diz respeito ao departamento de vendas e de distribuição, estarão os parceiros mais dispostos a oferecer espaço extra nos expositores à Oil of Olay se foram abordados por um vendedor da Procter & Gamble do que por um da Richardson Vicks?

Contudo, assim que as diferentes audiências dos principais *stakeholders* forem identificadas, o posicionamento não se deverá basear no menor denominador comum que os une; em vez disso, terá em vista concentrar os diferentes pontos de vista numa visão de futuro partilhada.

### Criação de modelos de oportunidade de posicionamento

Quase todas as marcas importantes começam com uma grande ideia e, para que esta seja bem sucedida, precisa de estar bem posicionada. Em certa medida, uma intuição inspirada pode ajudar a identificar a oportunidade de posicionamento mas, na prática, requer um trabalho de pesquisa e de análise sistemático, que tenha em conta opções estratégicas, competências-chave, tendências de mercado actuais e futuras, bem como os desejos, as necessidades e as percepções dos consumidores.

Os envolvidos no planeamento estratégico ou na análise financeira utilizam geralmente linguagem e termos que são bem compreendidos –

# O POSICIONAMENTO E A CRIAÇÃO DA MARCA

pelo menos por eles. Por exemplo, os estrategas da área dos negócios dispõem do modelo do Boston Consulting Group, da Estrutura de Estratégia dos 7S da McKinsey ou da Análise Porter para trabalhar. O planeamento de marca não tem tais equivalentes e esta ausência de estruturas usadas regularmente limita, muitas vezes, a capacidade dos gestores de marca para identificar e, na verdade, justificar, uma ideia-chave que os irá efectivamente ajudar no posicionamento da sua marca, de forma a conseguirem alcançar metas e objectivos.

Para identificar a ideia-chave no posicionamento, deve dar atenção a quatro temas:

- **Relevância.** As marcas importantes relacionam-se com os consumidores. Elas preenchem necessidades funcionais e também exploram, e satisfazem, outras de carácter emocional e desejos. Ao compreender a forma como os actuais e potenciais clientes definem experiências ideais e percepcionam o mundo com o qual interagem, conseguirá determinar aquilo de que eles sentem falta nos produtos e serviços existentes e, dessa forma, identificar oportunidades adequadas para apostar num território não reclamado (ou pouco reivindicado).
- **Diferenciação.** As marcas fortes acrescentam valor, o que faz com que se destaquem dos seus concorrentes. Ao avaliar o cenário competitivo actual e futuro e as forças e fraquezas dos produtos e serviços oferecidos – tendo em conta as percepções, as necessidades dos clientes e as competências organizacionais reais – podem identificar-se oportunidades de liderança para alterar o debate sobre o tema ou até para substituir outros existentes.
- **Credibilidade.** Para que os consumidores sejam fiéis a uma marca, esta deve ser verdadeira e manter as suas promessas. Analisar as aspirações de uma organização no contexto dos seus recursos financeiros, competências-chave, investigação e desenvolvimento, bem como valores, e depois conjugar estas conclusões com a perspectiva do consumidor para entender as disparidades existentes entre as competências reais e as percepcionadas, permite o desenvolvimento de uma proposta credível. Também identifica áreas em que as competências devem ser melhoradas ou alargadas.
- **Elasticidade.** O sucesso continuado de uma marca assenta na capacidade de se manter relevante num mundo em mudança e também de promover a inovação e de trazer novos produtos e extensões de gamas à sua proposta de valor. Determinar quando e de que forma

## Criação de modelos de oportunidade da marca  5.2

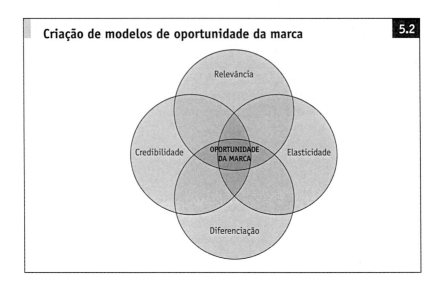

uma marca pode ser elástica é algo que requer um bom entendimento dos consumidores actuais e potenciais, uma boa avaliação das futuras tendências de mercado, boa informação acerca de todas estas coisas e, acima de tudo, inspiração.

Em conjunto, estes critérios formam uma estrutura, a que se pode chamar criação de modelos de oportunidade (ver Figura 5.2). Fornece as lentes através das quais se podem rever, de uma forma estruturada, dados internos, o conhecimento sobre o cliente, a compreensão dos mercados e a análise de tendências, para identificar uma oportunidade de marca que viva no futuro, bem como no presente. A ideia-chave para o posicionamento da marca é muitas vezes reconhecida primeiro pela relevância e pela diferenciação, através do desenvolvimento de uma profunda compreensão das necessidades funcionais e emocionais dos consumidores, e também da dinâmica competitiva e das condições do mercado. É então equilibrada com credibilidade e elasticidade; por outras palavras, é analisada minuciosamente com base em prioridades organizacionais, recursos e objectivos.

Um gráfico que determine as necessidades progressivas do consumidor é uma forma útil de identificar relevância e de interligar perspectivas de diferentes audiências (ver Figura 5.3). À medida que se vai subindo na hierarquia de necessidades, as vantagens emocionais e de progressão social para os diferentes grupos de público começam a associar-se. Além disso, as ideias no sentido da diferenciação e elasticidade – serviços de valor acres-

O POSICIONAMENTO E A CRIAÇÃO DA MARCA

centado ou novos modelos de negócio para explorar – resultam muitas vezes da compreensão das vantagens funcionais e emocionais desejadas. Em geral, as fontes de informação para a criação de modelos de oportunidade são vastas. Entrevistas ao nível da equipa de gestão, grupos de colaboradores, planos de negócios, estudos conjuntos e outros da indústria, bem como uma investigação no local, contribuem para formar uma imagem de cada uma das quatro lentes.

No que diz respeito a uma análise do consumidor, as atitudes e as percepções das marcas são frequentemente baseadas em experiências e ideias preconcebidas e não lhe adiantarão mais do que isso. Assim, a observação do comportamento é valiosa, independentemente de ser feita através de estudos etnográficos formalmente comissionados ou por meio de uma investigação menos empírica. Passar uma tarde numa loja, num escritório ou numa cantina a observar as pessoas pode oferecer um novo ponto de vista. As novas tecnologias dão-nos tantos novos meios de observação como uma investigação conduzida formalmente; por exemplo, as conversas em *chat-rooms* ou os tópicos colocados em fóruns podem fornecer informação útil sobre necessidades e desejos ainda não satisfeitos e sobre a "verdadeira" linguagem do consumidor.

É importante identificar as experiências que os clientes desejam quando estão a tomar decisões de compra e a utilizar produtos e serviços e depois comparar estas experiências desejadas ou "ideais" com as que existem agora. Ao fazê-lo, faculta a compreensão de como os clientes actuais e potenciais definem "realidade" e, através disso, identifica as percepções e os símbolos que eles atribuem às suas relações com as marcas. Esta "identificação experimental" envolve cinco áreas de investigação:

- Qual é a actual ligação dos consumidores com a categoria? Qual é a sua estrutura de referência ou contexto?
- Em que é que consiste a experiência ideal? Como é que o consumidor se sentiria?
- Em que é que difere do que existe agora? Há alguma marca actualmente que se aproxime da satisfação deste ideal? Quais são as que estão mais longe? Quais as que se encontram no meio?
- Que outras associações é que o cliente tem com concorrentes-chave? E com a sua marca?
- De que necessita a sua marca para fazer os clientes acreditar que cumpre os critérios para o ideal?

Para obter respostas a estas perguntas, é essencial que as entrevistas individuais ou de grupo comecem o mais alargadas possível, de forma a que os participantes não sejam influenciados por perspectivas rígidas sobre a situação do mercado. Pedir às pessoas que definam a experiência ideal é uma questão mais alargada do que inquiri-las acerca das suas percepções do que está actualmente disponível. Determinar o melhor ponto de partida pode ser bastante complicado.

Por exemplo, se estivesse a tentar definir uma marca para uma empresa que fornece *software* para negócios, poderia começar uma conversa de três formas, obtendo de cada uma delas uma resposta diferente. Poderia pedir às pessoas que descrevessem as suas utilizações e percepções das ferramentas informáticas existentes no escritório hoje em dia e que explicassem o que é que pensam que falta a essas ferramentas; poderia inquirir acerca das tarefas que desempenham nos seus empregos, as ferramentas que têm para os ajudar a desempenhar essas tarefas e o que pensam que estará disponível no futuro; ou poderia perguntar-lhes o que as faz sentirem-se empenhadas ou confiantes no trabalho. Da mesma forma, se pensa desenvolver uma marca de iogurte líquido, pode começar por explorar os diferentes produtos que as pessoas bebem, as percepções sobre iogurte ou percepções e atitudes em relação a uma vida e alimentação saudável.

### Tomar uma posição: o programa da marca
O objectivo inerente a um posicionamento de marca deveria permitir-lhe

O POSICIONAMENTO E A CRIAÇÃO DA MARCA

sobreviver e prosperar para sempre, independentemente da forma como as necessidades empresariais e a dinâmica competitiva evoluem ao longo do tempo. Assim, o desafio consiste em identificar uma ideia-chave que edifique uma ambição ou aspiração para a marca que seja relevante para o público-alvo ao longo do tempo. Concentrar-se num desejo ou em necessidades humanas inevitáveis é a forma de o fazer.

Os mercados que detêm marcas estão a desenvolver-se mais depressa do que nunca. O ritmo da inovação aumentou a capacidade dos concorrentes para se imitarem uns aos outros e a proliferação dos meios de comunicação torna cada vez mais difícil a diferenciação de longa duração na área dos produtos de base.

Articular uma ideia-chave, como uma ambição a longo prazo, é a essência do desenvolvimento de uma estratégia de marca que durará mais do que 3 a 5 anos. Visão, missão e valores são os termos mais frequentemente utilizados para definir os blocos de construção centrais da marca e formam o "programa da marca". A visão dá à marca uma razão de ser; a missão atribui-lhe objectivos estratégicos específicos de concretização; e os valores sustentam todas as acções tomadas relativamente à marca e à percepção da mesma entre diferentes partes interessadas. De uma forma geral, o programa da marca é concebido para:

- transmitir uma compreensão comum da marca ao longo de toda uma organização;
- influenciar comportamentos que moldem percepções das partes interessadas ao longo do tempo;
- funcionar como as instruções criativas para o desenvolvimento da identidade visual e verbal, bem como da comunicação envolvente.

**Um exemplo concretizável**
Existem muitos exemplos de marcas com programas fortes, tais como os "computadores humanizados" da Apple e o lema "fazer as pessoas felizes" da Disney, que têm sido usados para guiar os produtos, os serviços, a comunicação e, na verdade, o próprio comportamento empresarial destas empresa ao longo dos anos.

Mais recentemente, a Marks & Spencer, retalhista que nos anos 90 sofreu um rápido declínio depois de anos e anos como uma das empresas britânicas mais admiradas, deu a volta à situação ao regenerar o programa da sua marca. Fez isto depois de uma investigação extensiva sobre consumidores, fornecedores e pessoal e quando passou a considerar a história da marca e as prováveis tendências do consumidor e do mercado

**Programa da marca** 5.4

Comunicação da marca
– interna e externa
Manifestação da marca
e área de competência
Personalidade
da marca

PROGRAMA DA MARCA
Visão, missão
e valores da marca

O 'tom de voz'
Produtos, serviços
e comportamentos
Reanimar a marca
para todas as audiências

**Visão.** A razão de ser, baseada nos desejos e necessidades reconhecidos e não reconhecidos do cliente. Como uma afirmação audaciosa, a visão articula as aspirações da marca, edifica as suas ambições de longo prazo e, essencialmente, reflecte o seu posicionamento no mundo.

**Missão.** Uma afirmação que descreve de que forma a visão pode ser concretizada, e inclui objectivos de negócio práticos. É ambiciosa, e concretizável ao longo do tempo, e normalmente é reavaliada à medida que os mercados mudam e a empresa cresce.

**Valores.** Os princípios que orientam as relações de uma organização – com colaboradores, consumidores, média entre outros – captando por isso o espírito da marca e reforçando a visão e a missão. Da mesma forma que a moral e a ética dos indivíduos reflectem os seus comportamentos, os valores-chave mantêm-se constantes perante mudanças de estratégias de *marketing*.

no futuro. A visão desenvolvida foi "ser o padrão pelo qual as outras são avaliadas", com a missão de "tornar a qualidade de progressão social acessível a todos". Este programa foi a força motriz por detrás dos novos produtos e serviços e do comportamento empresarial, e de um novo estilo visual e verbal. Forneceu também um *benchmark* e um filtro para todos os novos desenvolvimentos. Assim, tudo o que a empresa tinha que fazer era cumprir a promessa do programa da sua marca.

Quando John Thompson saiu da IBM, em Abril de 1999, para se tornar presidente executivo (CEO) da Symantec, uma empresa de sistemas de rede e segurança cujos produtos incluem o *software* Norton AntiVirus, o seu objectivo era ser o líder na área da Internet e das soluções de segurança para particulares e empresas, tanto grandes como pequenas. Nessa altura, a utilização da Internet estava a crescer rapidamente entre os consumidores e as empresas estavam a expandir-se na área do comércio electrónico. Thompson apercebeu-se de que, para ser líder, a Symantec tinha de alargar o seu leque de produtos e serviços e tornar-se menos dependente do Norton AntiVirus, e que seria preciso investir em aquisições e colocar mais recursos na área de investigação e desenvolvimento (I&D),

# O POSICIONAMENTO E A CRIAÇÃO DA MARCA

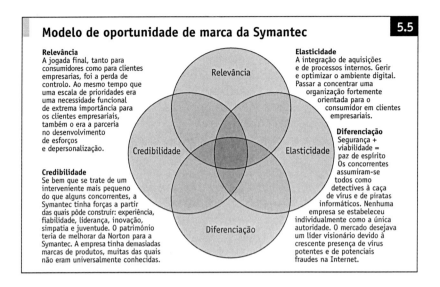

Figura 5.5 — Modelo de oportunidade de marca da Symantec

desenvolvimento de produtos e no serviço de apoio ao cliente. Ele acreditava que um novo posicionamento da marca e uma nova identidade seriam a inspiração para a organização mudar.

Esta fase de "descoberta" no processo de posicionamento da marca incluiu entrevistas com o departamento de gestão, análise da concorrência e vantagens competitivas, investigação no campo do cliente global, conversas com analistas industriais e financeiros, bem como sessões de trabalho com gestores seniores e a comissão global de operações. Isto culminou em algumas criações de modelos de oportunidades, cujos tópicos principais se encontram resumidos na Figura 5.5.

Com base na percepção de que os particulares têm orgulho em estar interligados em rede mas que sentem que a sua dependência da tecnologia coloca em risco o fluxo do seu trabalho, os tópicos do modelo de oportunidade indicaram que a confiança – confiança de que o fluxo de trabalho não seria perturbado por vírus, quebras nos sistemas, etc. – era importante. A ideia-chave do posicionamento foi mais tarde resumida pelo presidente executivo como "pura confiança", com o seguinte programa da marca:

- Visão. As pessoas devem ser livres de trabalhar e navegar num mundo ligado sem interrupções.
- Missão. Criar colectivamente produtos e serviços que eliminem distracções.

# O MUNDO DAS MARCAS

Os pilares que definem a marca Symantec são os seus valores, que os seus colaboradores se esforçam continuamente por manter de pé.

- **Orientado para o consumidor.** "Qualquer decisão que tomemos será baseada nas necessidades dos consumidores" (Thompson, CEO). O êxito da Symantec depende do fornecimento consistente de valor para os seus clientes. Consequentemente, os colaboradores precisam de ser ouvintes atentos, capazes de responder apaixonada, rápida e decisivamente.
- **Confiança.** "A maior qualidade é ser considerado digno de confiança" (Anónimo). A confiança é ganha através da mostra consistente de uma solicitude prestável e oferta de soluções eficazes. Ao ouvirem os clientes, os colaboradores demonstram que se preocupam e, ao responderem àquilo que ouvem, mostram que são dignos de confiança.
- **Inovação.** Para ser considerada inovadora, a Symantec precisa de estar um passo à frente da revolução da alta tecnologia. Através de uma compreensão intuitiva daquilo que é preciso, a empresa antecipa novos desenvolvimentos e problemas antes destes aparecerem.
- **Acção.** O sucesso deriva da eficácia dos produtos e serviços. A eficácia deriva do fornecimento de soluções adequadas, inteligentes, de rápida resposta e proactivas.

Este trabalho de posicionamento da marca permitiu à Symantec pensar de forma ambiciosa sobre o seu mercado actual e futuro e sobre o que é preciso para atender às necessidades de todo o tipo de audiências, tanto a nível prático como emocional.

### Reflectir o posicionamento da marca no nome e uma identidade mais abrangente

Diz-se que o primeiro rosto da marca é o seu nome. Não será por isso difícil de compreender porque é que a criação do nome, especialmente para uma marca que pretende atravessar fronteiras geográficas e culturais, constitui um desafio. Da mesma forma que os pais escolhem um nome para um filho, a escolha de um nome por parte de um gestor de marca, até mesmo para a extensão de uma gama, torna-se frequentemente algo de pessoal. Complicando um pouco mais, é preciso não se afeiçoar excessivamente a um nome em particular, até que estejam completados os trâmites legais e linguísticos. Desenvolver um nome em estreita associação com o programa da marca ajuda a diminuir a subjectividade e fornece a base para uma avaliação objectiva. Uma vez

O POSICIONAMENTO E A CRIAÇÃO DA MARCA

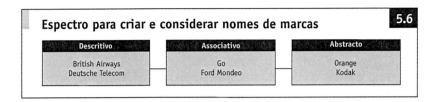

que nomes apelativos que cumpram os seus objectivos estratégicos são difíceis de encontrar no actual ambiente desorganizado de produtos e serviços, é importante reconhecer que, apesar de o nome ser o primeiro rosto da marca, trabalha em conjunto com a identidade da marca e uma comunicação abrangente.

Quando na criação de ideias de posicionamento, é útil ter em conta um espectro, desde o que uma marca defende (por exemplo, defesa do consumidor), até ao benefício final que fornece (por exemplo, "pura confiança"), passando por possibilidades mais laterais. A Figura 5.6 ilustra um espectro semelhante para a criação e consideração de nomes de marcas.

O processo de criação de um nome irá seguir o programa da marca (ver Figura 5.4) e os pontos de vista da concorrência e dos *stakeholders* envolvidos, e irá desenvolver potenciais temas criativos. O facto de o nome derivar da vertente descritiva ou abstracta do espectro irá depender da história e cultura da organização, da situação competitiva (por exemplo, o que é que irá dar a este nome de marca uma posição mais distintiva) e objectivos futuros.

Os nomes descritivos são os mais fáceis de inventar e, muitas vezes, os mais defensáveis na cobertura dos média e em debates sobre os negócios, mas podem ser condicionadores relativamente a objectivos futuros. Por exemplo, a Carphone Warehouse já não trata apenas de telefones para automóveis e as lojas já não se parecem nada com armazéns. Isto não tem qualquer importância no Reino Unido, onde a empresa construiu um conjunto forte e mais vasto de associações de serviços em torno da marca, mas poderá ter que dar algumas explicações no caso de se expandir internacionalmente. Da mesma forma, a IBM começou por se chamar International Business Machines. Se bem que a empresa tenha estabelecido as iniciais IBM como a propriedade do nome da marca ao longo dos tempos, os nomes que são abreviados para conjuntos de iniciais correm o risco de perder personalidade e distinção. No entanto, muitas empresas usam iniciais porque se expandiram para lá dos seus negócios iniciais e manter o nome completo limitaria a credibilidade da sua oferta. Curiosamente, muitas das que usam iniciais nos cabeçalhos

# O MUNDO DAS MARCAS

do papel de carta continuam a manter o nome original como a sua entidade legal.

Os nomes abstractos podem ser alta e imediatamente diferenciados e mais facilmente registados, mas também requerem um investimento substancial na comunicação daquilo de que se trata. Não é de surpreender que muitas empresas se estabeleçam algures no meio deste espectro, com um nome que sugere as associações correctas (por exemplo, a Ford Mondeo, com as suas associações de mundo, ou a Invensys e a Zeneca com as suas associações de invenção e sabedoria, respectivamente), mas isso vai além de uma descrição directa.

Os nomes abstractos (e por vezes até associativos) podem ser alvo de críticas, ou até mesmo ridicularizados, quando são anunciados, e isto pode fazer com que uma organização tenha receio de percorrer este caminho. No entanto, os nomes fora do comum são, muitas vezes, mais facilmente memorizáveis do que os mais previsíveis, e mesmo os que são exacerbadamente criticados no início podem ser aceites e mesmo admirados com o passar do tempo. Diageo, Orange e Accenture são nomes que sofreram a sua quota de criticismo quando foram lançados mas, mesmo assim, tornaram-se familiares. Outra razão para escolher um nome fora do comum é que tem menos probabilidades de se deparar com o problema de alguém ter uma queixa contra ele em qualquer um dos países onde pretenda registá-lo.

## Arquitectura da marca: organizar para fornecer valor

A arquitectura da marca orienta o relacionamento entre a marca empresarial e as suas áreas de negócio, linhas e marcas de produtos. A arquitectura da marca cria valor através da clarificação de todos os níveis de *branding*, baseando-se:

- nas necessidades e prioridades dos públicos-alvo;
- na expressão da amplitude e profundidade da oferta;
- na criação de eficiências económicas;
- no alargamento e na transferência do património da marca entre empresa e produto e submarcas;
- em tornar a estratégia de marca credível.

A definição de arquitectura da marca inicia-se com o regresso ao papel que a marca desempenha perante as diferentes audiências de *stakeholders* e, uma vez mais, baseia-se na compreensão das ambições para a marca. É frequentemente exigido um entendimento completo das áreas

## O POSICIONAMENTO E A CRIAÇÃO DA MARCA

### Estruturas de arquitectura da marca — 5.7

**Marcas empresariais e de produtos em acção**

| Masterbrand | Overbrand | Endorsed brand | Freestanding brand |
|---|---|---|---|
| Uma única marca abrange um conjunto de ofertas que operam apenas com ofertas descritivas; inovação contínua de produtos, novos lançamentos, etc. | Uma unidade individual de negócio ou marcas de produtos operam sob uma marca de família forte. Nível duplo de comunicações: a oferta individual estabelece uma posição única, ao mesmo tempo que alavanca a credibilidade da fonte. | A marca de "origem" fornece ao negócio ou ao produto uma aura de credibilidade. Poderá ser difícil de entender em termos de relevância pessoal para a marca *endorsement*. | Uma organização é composta por marcas independentes e ímpares, cada uma delas maximizando o seu impacto no mercado, com pouca ou nenhuma ligação à casa-mãe. Existe uma necessidade competitiva de desenvolver patrimónios distintos para linhas de marcas de negócios. A marca de origem não se encaixa nem transporta "bagagem" negativa. |

de negócio de uma organização (actuais e previstas), das motivações de compra por parte do público-alvo e do potencial da relação com o cliente para gerir através das linhas de produto. A partir deste conhecimento e de uma avaliação das parcerias estratégicas, é possível determinar que marcas existentes (se algumas houver) são as melhores fontes de credibilidade para comunicar competências organizacionais e a amplitude das ofertas de produtos aos públicos -alvo. Em modelos *Masterbrand* (GE, Cisco, 3Com), a marca empresarial é a principal fonte de credibilidade e as competências organizacionais são identificadas através de frases descritivas. Em modelos *Overbrand* (Microsoft, Kellogg's) e outros modelos de *Endorsement* – (Viacom, Nabisco), a empresa continua a ser a fonte de credibilidade, se bem que em graus variados. No entanto, as unidades de negócio ou linhas de produtos acrescentam algo à organização de forma independente e, como tal, são-lhes atribuídos nomes relativos a propriedade ou a detentores (por exemplo, a Nabisco Ritz Crackers e a Nabisco Oreo Cookies; a Pratt & Whitney e a Otis, ambas pertencentes à United Technologies Company). Os estudos de avaliação da marca e do seu património ajudam neste processo de decisão.

A implementação de sistemas de arquitectura da marca deve ser gerida de forma sensível em toda a organização. Os gestores e os colaboradores relacionam-se fortemente com os nomes das marcas individuais que aparecem nos seus cartões de visita ou na designação dos seus cargos e estas relações serão afectadas pela introdução de um novo sistema de arquitectura da marca. Se bem que esta arquitectura não tenha necessariamente de reflectir uma estrutura organizacional e processos (ou vice-

# O MUNDO DAS MARCAS

-versa), ambos devem apoiar-se um ao outro. Por esta razão, os debates relativamente à reestruturação das funções de I&D, serviços de apoio ao cliente ou processos de venda andam muitas vezes de par com uma revisão da arquitectura. Mais do que como uma mudança de identidade, os novos sistemas de arquitectura da marca poderão agir como um estímulo para uma mudança cultural.

Se bem que existam várias estratégias para a gestão de sistemas de marcas, muitas empresas estão a abandonar a criação e o apoio de múltiplas marcas de produtos abstractas, independentemente da natureza do seu negócio. Mas isto não quer dizer que todas as organizações se estão a virar para o desenvolvimento da todo-poderosa *Masterbrand*, mas sim que as estratégias de *Overbrand* e de *Endorsement* se estão a tornar opções mais fortes. Existem três razões para esta tendência:

- **O ambiente de comunicação.** Hoje em dia não existem canais de comunicação fechados. Todos os públicos, independentemente de estarem definidos como B2B (*business to bussiness* – de empresa para empresa) ou B2C (*business to consumer* – de empresa para consumidor), podem ter acesso a todas as mensagens. Obviamente que conseguir ultrapassar a confusão de mensagens e gerir múltiplas submarcas independentes (*Freestanding*) num ambiente destes é algo dispendioso e as empresas que o fazem estão normalmente no topo das empresas que mais gastam mais nos média. Conforme se vai subindo a escada, partindo de um modelo de *Freestanding* até um de *Masterbrand*, as despesas de *marketing* costumam diminuir.

- **Progresso tecnológico.** As pessoas esperam que as marcas que elas compram evoluam e se mantenham relevantes. Os ciclos de vida dos produtos estão a tornar-se mais curtos, pelo que a rendibildade do investimento de um lançamento de um novo produto é menor do que no passado. Por isso, faz sentido que uma marca empresarial ou o símbolo distintivo das suas marcas de produtos ou serviços sejam encarados como estando em evolução. Além disso, há muitos analistas financeiros que acreditam que, no que diz respeito a empresas com linhas de negócio diversas ou em mutação, o património que aumentou devido a novas estratégias de negócios sob a marca de nomes desregradamente endossados ou abstractos não se traduz necessariamente em valor financeiro sustentável para a empresa.

- **Marketing centralizado no cliente.** Se o objectivo for a simplicidade da tomada de decisão, é essencial um sistema de arquitectura de mar-

# O POSICIONAMENTO E A CRIAÇÃO DA MARCA

ca que torne a compra mais simples. Tendo por base o ambiente de comunicação e o ritmo da inovação, existe uma necessidade de fabricar novos produtos que sejam fáceis de identificar por potenciais compradores. O cepticismo do consumidor torna-se maior à medida que o público vai compreendendo cada vez melhor as tácticas de *marketing* e vai ficando com mais dúvidas acerca das marcas novas e potencialmente fraudulentas. Os estudos revelam que, quando compram produtos e serviços, os consumidores reflectem sobre a origem da marca – ou seja, o fabricante ou a proveniência do produto – antes de decidirem comprar um produto de uma marca nova.

As arquitecturas de marca híbridas e a necessidade de as desenvolver não são algo fora do comum, uma vez que as linhas individuais de negócio requerem muitas vezes diferentes níveis de associação com a empresa para obterem credibilidade. A Nestlé é um exemplo clássico desta estrutura híbrida, com algumas áreas de negócio totalmente sob a marca Nestlé (Nescafé, Nesquik), algumas endossadas (Kit Kat, Crunch) e algumas independentes (Buitoni, Perrier). Contudo, mesmo as estruturas híbridas devem ser cuidadosamente delineadas e articuladas para acomodar de maneira adequada novos produtos e serviços e dar toda a atenção necessária a negócios já existentes.

Muitas empresas delineiam cuidadosamente a arquitectura da sua marca empresarial, mas depois não conseguem implementá-la na denominação do produto e serviço. O valor obtido de uma arquitectura de marca empresarial bem estruturada pode ser minimizado ou mesmo destruído quando existe uma mistura de estilos de denominações de submarcas. Assim que uma arquitectura esteja decidida, é igualmente importante seguir em frente e determinar "convenções de nomenclatura" (melhor designadas por arquitectura de denominação) para subidentidades existentes e futuras. Durante muito tempo foram utilizados esquemas de inter-relações nas decisões de atribuição de nomes, mas estão agora disponíveis ferramentas *online* mais sofisticadas, que conjugam as questões de atribuição de nome com as etapas da vida do produto, as despesas de *marketing* e oportunidades estratégicas.

Se bem que as despesas iniciais com os sistemas assentes em tecnologias possam ser maiores do que desejado, a rendibilidade do investimento para organizações maiores é rápido e elevado, conforme descobriu a IBM, para sua vantagem financeira e operacional. Em 2001, a empresa reviu completamente a sua arquitectura de atribuição de nomes, num esforço para reflectir e fortalecer ainda mais o património da *Masterbrand*

O MUNDO DAS MARCAS

IBM. Através do uso estratégico de "nomes familiares" (tais como WebSphere e ThinkPad), promoveu ainda mais as associações à marca IBM. Também ajudou o processo de vendas, ao apoiar o objectivo da empresa de que "é fácil fazer negócios com a IBM". Através do uso de descritores (tais como o Aplication Server) e identificadores (Versão 4.1), organizou o seu vasto *portfolio* para que os consumidores pudessem apreciar a sua gama e variedade de produtos, e estabeleceu uma abordagem custo-eficácia para gerir o desenvolvimento do nome. O investimento foi rapidamente recuperado, poupando à empresa no primeiro ano vários milhões de dólares no desenvolvimento de um nome e na manutenção de marcas registadas. Não avaliadas, mas também importantes, foram as poupanças em despesas de *marketing* destinadas a apoiar menos linhas de produtos.

## Desenvolvimento de longo prazo e gestão da marca

Para a criação de valor de longo prazo de um negócio é tão importante um posicionamento de marca bem ponderado como um sólido plano financeiro. O posicionamento é o motor de um valor de marca sustentável. Isto é particularmente importante devido ao crescimento de activos intangíveis nos negócios e da capacidade dos concorrentes para imitar mais rapidamente desenvolvimentos de produtos.

O horizonte de longo prazo de um programa da marca transmite um rumo para as interacções com todas as audiências das partes interessadas e é, assim, o motor subjacente ao posicionamento da marca. A arquitectura da marca e os sistemas de nomenclatura apresentam uma orientação prática para assegurar estratégias de negócio e trabalho de planeamento da marca em apoio um do outro. Juntos, estes elementos essenciais da estratégia de marca podem ser utilizados como a estrutura para a gestão de longo prazo da marca e como a base na qual uma empresa está organizada e é recompensada. A disciplina da estratégia de marca também gera a liderança, a distinção e a confiança necessárias para construir relações de longo prazo com clientes, investidores, colaboradores e com o mercado como um todo.

## Referências

1 Ries, A. E Trout, J., *Positioning: The Battle for Your Mind*, McGraw-Hill, 1981.
2 Cowley, D. (ed.), *Understanding Brands: By 10 People Who Do*, Kogan Page, 1996.

98

# 6. A experiência da marca

*Shaun Smith*

A Parte I deste livro defende que se transforme a marca no princípio organizador central de uma organização. Então, por que razão são poucas as empresas que o fazem? Em *Uncommon Practice: People who deliver a great brand experience*[1], descobriu-se que, apesar de a noção de organização em torno da marca estar a ganhar adeptos e a tornar-se um objectivo estratégico para muitas empresas, continua a ser pouco comum na prática, porque é muito difícil de implementar sem uma estrutura de orientação. Requer que os líderes tenham uma visão holística da marca que transcenda a função de *marketing* e que seja o mote para toda a organização. Mais importante ainda, requer que a organização coloque os seus colaboradores, processos e produtos alinhados com a sua proposta, de forma a honrar a promessa feita diariamente aos consumidores.

Cumprir a promessa que a sua marca faz poderá não ser fácil, mas é muito compensador. Em finais de 2002, investigadores da Satmetrix Systems realizaram um estudo para determinar se havia uma ligação entre a melhoria da satisfação do cliente e rácios mais elevados de preço/receitas. Eles descobriram que os rácios preço/receitas de empresas com valores de fidelização da marca acima da média eram quase o dobro dos rácios dos seus concorrentes.

Então o que é que motiva a fidelização do cliente? Durante muitos anos, foi-nos dito que o sucesso de uma marca resulta da aplicação hábil dos "4 Ps" do *marketing*: produto, preço, promoção e pontos de venda. A Gallup, uma empresa de estudos de mercado, realizou um inquérito a 6 mil consumidores entre Novembro de 1999 e Janeiro de 2000 e descobriu que o quinto "p", pessoas, é de longe o motivador mais importante da fidelização à marca. Na venda de automóveis, a Gallup descobriu que os consumidores que sentem que o seu representante "se destaca de todos os outros" eram 10 a 15 vezes mais propensos a escolher a mesma marca numa compra posterior. Este mesmo rácio mantém-se na indústria da aviação e, no sector bancário, a influência das pessoas na marca é ainda maior, com os consumidores a revelarem ter 10 a 20 vezes mais predisposição para voltar a comprar junto de organizações onde os seus colaboradores se destacam[2].

Stelios Haji-Ioannou, Presidente do easyGroup e fundador da easyJet, defendeu este ponto ao confirmar:

*Pode gastar 15 milhões de libras em publicidade, ir à falência e o seu nome continuar a não dizer nada às pessoas. A sua marca é criada através do contacto com o cliente e com a experiência que os seus clientes mantêm consigo.*

Analisar o *branding* de forma mais ampla tem implicações importantes e de maior alcance para as organizações. Coloca a responsabilidade directamente nos ombros de toda a equipa executiva, especialmente no Presidente Executivo, e significa que o "produto" não pode simplesmente ser produzido em massa, com qualidade garantida e empacotado. Os consumidores têm uma "experiência" com a marca de muitas formas – através de quem a vende, do produto em si, de quem presta o serviço pós-venda, das reacções à marca por parte de amigos e colegas, etc. – e são por vezes irracionais, inconsistentes e difíceis de gerir.

## A perspectiva holística das marcas
Tradicionalmente, as marcas têm sido da competência do departamento de *marketing*. O principal foco tem sido comunicar uma marca de forma distintiva a clientes-alvo e gerir as suas expectativas. O resultado de um exercício de posicionamento de uma marca era muitas vezes um "calhamaço" que especificava cuidadosamente um determinado número de regras de *design* a que se tinha que obedecer, como os números de Pantone e os tipos de letra. Rapidamente, os automóveis das empresas seriam vistos a exibir o novo logotipo, que surgiria em edifícios de escritórios e armazéns anunciando a nova imagem publicitária e a sua frase-chave.

No caso de uma companhia aérea, o processo de *rebranding* pode demorar vários anos, pois o avião tem de esperar pela sua vez para ser pintado com a nova imagem. Mas, para os clientes e para os colaboradores, não muda muita coisa: os níveis de serviços prestados não são melhores, os aviões continuam a atrasar-se tanto como antes e o departamento de gestão está tão distante dos clientes e dos colaboradores como anteriormente. Por outras palavras, a experiência da marca não se altera. O exercício é muitas vezes de cosmética e é incapaz de oferecer qualquer benefício duradouro. Os Correios britânicos, detidos a nível estatal, gastaram milhões de libras a renomear-se Consignia, mas não conseguiram resolver os problemas de desempenho inerentes que estavam a afastar os

# A EXPERIÊNCIA DA MARCA

clientes. O resultado foi o desdenho público em relação à escolha do nome, críticas públicas em relação aos custos envolvidos e um cepticismo generalizado quanto ao facto de esta mudança de nome poder fazer qualquer diferença. A organização decidiu então mudar o nome para Royal Mail Group.

Isto também se verifica num sector que está em rápida transformação, o dos bens de consumo. Um exemplo disso foi o *Pepsi's Project Blue* (Projecto Azul da Pepsi) alguns anos atrás. Num esforço para combater a Coca--Cola, a Pepsi modificou a sua cola atribuindo-lhe uma nova identidade azul. Para promover esta acção, lançou o seu dia *Pepsi blue* (Pepsi azul), que envolvia a impressão de um *banner* azul nas primeiras páginas dos jornais nacionais, pintar o avião supersónico Concorde com um libré azul e uma forte campanha publicitária nos média. Apesar de ter custado milhões de dólares, a campanha não conseguiu atingir os seus objectivos. Os anúncios e as habilidades publicitárias promocionais não parecem ter qualquer impacto duradouro relativamente à fidelização à marca.

Não admira que os consumidores e os colaboradores tenham encarado os exercícios de *branding* como o equivalente empresarial à preocupação com "uma reorganização das cadeiras de bordo do *Titanic*"*. Esta analogia é particularmente apropriada, uma vez que os exercícios de *branding* tradicionais se concentram na ponta do icebergue, mudando o que é visível, enquanto que, abaixo da superfície, a organização continua a funcionar como antes.

A atracção dos consumidores por uma marca é muito mais importante do que um simples exercício de *marketing*. O Carlson Marketing Group realizou um inquérito em 2003 que quantifica a qualidade da relação entre um consumidor (ou colaborador ou parceiro de canal) e a marca[3]. O seu inquérito, realizado junto de 16 mil consumidores britânicos, detectou uma relação directa entre a solidez desta relação e a rentabilidade. Os gastos do consumidor, a fidelização e a disposição para recomendar a marca a outros foram todos influenciados pela solidez da relação. Estas organizações que se situavam no quartil mais baixo tinham níveis de fidelização de apenas 32 por cento, em comparação com os 87 por cento para as marcas com as maiores pontuações a nível da relacção. A marca com maior pontuação foi o First Direct. Então, o que é a solidez da relação? Os investigadores definiram-na da seguinte forma:

---

* **N.T.** A expressão, no original *"rearranging the deckchairs on the Titanic"*, emprega-se quando se faz alguma coisa com a qual não vale a pena perder tempo porque não vai resolver uma situação difícil.

# O MUNDO DAS MARCAS

- **Confiança.** Os consumidores acreditam que a marca irá cumprir a sua promessa, respeitá-los e ser aberta e honesta com eles.
- **Compromisso.** Os consumidores sentem uma ligação emocional de mais longo prazo na sua relação com a marca.
- **Conformidade e reciprocidade.** Uma afinidade bilateral entre os consumidores e a marca, com respeito mútuo, valores partilhados e expectativas que se encontram – o que resulta numa experiência continuamente compensadora.

Tom Lacki, director sénior da Carlson na área da Gestão do Conhecimento, resume isto da seguinte forma: "A consistência da experiência do cliente é essencial, porque a consistência permite a confiança e a confiança é uma condição facilitadora fundamental para o desenvolvimento de relacionamentos produtivos e autênticos"[4].

Uma perspectiva holística das marcas contém a sugestão do que a marca é, ou deveria ser, nada menos do que o ADN da organização, o bloco de construção fundamental e a expressão da sua existência. Num mundo ideal, o cliente deveria poder "experimentar" qualquer processo de cliente, falar com qualquer colaborador da empresa, analisar qualquer produto e a essência da marca deveria ser facilmente observável. A ANA, uma companhia aérea japonesa, compreende isto. Um anúncio recente da ANA dizia:

> *A atenção aos detalhes não está escrita nos nossos manuais de formação, está no nosso ADN.*

Empresas como a Amazon.com, a Carphone Warehouse, a Harley-Davidson, o First Direct e a Starbucks têm a mesma clareza de objectivos e uma abordagem holística na gestão da sua marca, apesar de todas se encontrarem em mercados muito diferentes. O que todas estas empresas têm em comum é uma posição de liderança, clientes entusiásticos e taxas de crescimento excepcionais.

## O icebergue da gestão da marca

Alguns dos capítulos que se seguem analisam a forma como se posicionam e criam marcas. Este capítulo focaliza-se na gestão de marcas de acordo com uma abordagem holística que requer uma conformidade com as actividades de *marketing* tradicionais que dependem "acima da água" das capacidades organizacionais que se encontram "por baixo da água", conforme se vê no icebergue da gestão da marca ilustrado na Figura 6.1.

# A EXPERIÊNCIA DA MARCA

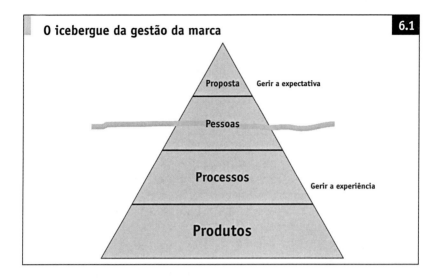

**Uma proposta clara**

As marcas de sucesso iniciam-se com uma proposta clara. Se uma marca não tiver uma ideia clara do valor que traz e a quem, terá dificuldades em alguma vez fazer com que a marca se destaque com algo distinto. O First Direct é um banco britânico por telefone e Internet que faz parte do grupo HSBC. Se visitar a sua página em www.firstdirect.com/whyjoinus, irá encontrar a seguinte afirmação:

> *A verdadeira diferença do First Direct é simples. A maioria dos bancos lida com dinheiro. O First Direct lida com pessoas. Simples mas revolucionário.*

Ao contrário do que sucede com muitos bancos comerciais, o First Direct actua de forma a respeitar esta simples proposta todos os dias. Não admira que tenha os valores de satisfação de cliente mais elevados do que qualquer outro banco, com 82 por cento dos clientes predispostos a recomendar o banco a outros. Desta forma, atrai um novo cliente em cada quatro segundos através de recomendação directa. Peter Simpson, director comercial do banco, descreve-o assim:

> *O que o First Direct fez foi compreender que as pessoas estavam a alterar os seus hábitos e iriam querer um banco disponível 24 horas por dia, sete dias por semana.*

## O MUNDO DAS MARCAS

Como resultado, a marca concebeu a ideia do banco centralizado por telefone, construído em torno de um conhecimento detalhado do cliente, apoiado por processos simples e colaboradores excepcionalmente simpáticos. Por incrível que pareça, o First Direct consegue prestar por telefone um melhor serviço ao cliente do que os seus concorrentes nas respectivas sucursais e em contacto directo com os clientes.

Mas porque é que algumas organizações conseguem manter as promessas que as suas marcas fazem e outras não? A resposta é ter um processo rigoroso para conceber uma experiência de cliente que cumpra de forma consistente a promessa da marca.

A Forum Corporation, uma empresa de consultoria em formação, levou a cabo um inquérito junto de colaboradores de empresas líderes norte-americanas em 2002 e identificou que a dimensão que mais se correlacionava com a diferenciação da marca por parte da perspectiva dos colaboradores era até que ponto os "líderes fornecem uma experiência de marca ao cliente"[5]. Por outras palavras, começa pelo topo. Conforme Simpson diz:

*Não pode fingir ser um tipo de marca para os seus clientes se for um tipo de marca diferente para os seus colaboradores.*

Isto leva-nos ao primeiro elemento que se encontra na linha de água da marca: as pessoas.

### As pessoas

As pessoas estão ao nível da linha de água porque, para a maioria das empresas, elas representam o ponto em que os consumidores finalmente interagem com a marca. Os consumidores já viram os anúncios ou a actividade promocional e estão interessados – têm uma expectativa – por isso agora tem tudo a ver com a experiência. É neste ponto que a marca cumpre ou não. Os colaboradores são a conduta através da qual toda a cuidadosa concepção, fabrico e embalagem do produto, bem como o seu processamento, são finalmente entregues aos consumidores; são os meios que dão vida à marca. Em *Managing the Customer Experience: Turning customers into advocates*[6], são sugeridos quatro passos para dar vida às marcas através das pessoas:

- Contratar colaboradores com competências para satisfazer as expectativas dos consumidores.
- Formar os colaboradores para que forneçam experiências que se encaixem unicamente na promessa da sua marca.

A EXPERIÊNCIA DA MARCA

- Recompensá-los pelos comportamentos adequados.
- Mais importante de tudo, orientar os comportamentos a partir do topo da organização.

Tomemos, a título de exemplo, o caso da Carphone Warehouse. Esta cadeia de armazéns de telemóveis já foi votada como o melhor retalhista do Reino Unido, em Abril de 2003. A marca começou com a proposta clara de oferecer "conselhos simples e imparciais" aos consumidores que desejavam atravessar sem perigo o "campo minado" dos contratos de telemóveis. A empresa está agora a oferecer serviços de valor acrescentado e irá concorrer com a BT, entre outras. A nova proposta da sua marca, "para uma melhor vida móvel", reflecte esta transição. No entanto, o que não mudou foi o seu foco na diferenciação da marca com base na experiência do cliente. É fundamental para a marca o desempenho do seu pessoal. A filosofia da empresa está resumida em cinco princípios de funcionamento simples:

- Se não cuidarmos do cliente, outro o fará.
- Nada é conquistado quando se ganha uma discussão mas se perde um cliente.
- Entreguem sempre o que nós prometemos. Se tiverem dúvidas, não prometam tanto e entreguem a mais.
- Tratem sempre os clientes como gostariam de ser tratados.
- A reputação de toda a empresa está nas mãos de cada indivíduo.

Estes princípios não são comuns, uma vez que se concentram mais nas pessoas e nos seus comportamentos do que em valores de alto nível, como "de confiança, de utilidade ou de resposta rápida". A forma como a Carphone Warehouse os aplica também marca a diferença. Por exemplo, investe em formação quatro vezes mais do que a média da indústria. Os novos colaboradores têm de passar por duas semanas de formação intensiva e por uma rigorosa avaliação antes de lhes ser permitido estar em contacto com um cliente. A mensagem, aqui, é que as marcas bem sucedidas se concentram menos na imagem da marca e mais na sua acção.

Provavelmente não existe uma grande organização no Reino Unido que não forme o seu pessoal ou não tenha alguma espécie de sistemas de reconhecimento. Contudo, para a maioria das marcas a experiência que os seus clientes têm continua a não ser diferenciada. A razão para isso é simples: a formação das empresas e os esquemas de reconhecimento são genéricos, ou seja, são bastante parecidos com os esquemas

105

# O MUNDO DAS MARCAS

dos seus concorrentes e não estão suficientemente ligados à proposta da marca. Isto é particularmente visível quando as empresas recorrem às grandes de consultoria para serviços de formação ou para sistemas de recompensa que, no fundo, apenas são diferentes na embalagem. A resposta é providenciar uma experiência de aprendizagem concebida para dar vida à marca junto dos colaboradores.

O J. Sainsbury, um grupo britânico de supermercados, formou recentemente todos os 130 mil "colegas", utilizando séries de módulos de três horas, criados ao ritmo da operação e executados por gestores departamentais. Cada um dos módulos centrava-se num elemento da promessa da marca Sainsbury e nos comportamentos necessários para que ganhasse vida junto dos clientes. O comportamento desejado foi reforçado através da conjugação dos resultados da investigação do tipo cliente-mistério com a nova experiência de cliente. A empresa recrutou recentemente 10 mil novos colaboradores para trabalhar nas suas lojas, com o intuito de facilitarem aos clientes a experiência de compra dos produtos (um dos elementos da promessa da sua marca). Ao mesmo tempo, reduziu o seu pessoal de chefia em 25 por cento, com vista a acelerar os resultados da tomada de decisão e melhorar o apoio aos armazéns. Não há qualquer dúvida de que a empresa está a tentar a todo o custo diferenciar-se dos seus concorrentes mais próximos.

O processo de recrutamento também precisa de ter em atenção a marca em si. A maioria das organizações usa os mesmos processos genéricos de entrevista para contratar pessoal, se bem que as suas marcas possam requerer qualidades interpessoais diferentes. Compare isto com a Southwest Airlines, uma das poucas companhias aéreas consistentemente lucrativas nos Estados Unidos. A empresa ganhou uma invejável reputação pela sua tripulação de bordo simpática e divertida. Esta companhia aérea não recruta: faz audições onde potenciais colaboradores são incentivados a cantar, a actuar ou uma outra coisa qualquer à sua escolha. O processo está concebido para permitir que os candidatos mostrem a sua capacidade para aplicar a sua personalidade no trabalho. Seria este processo de recrutamento apropriado para mais alguém? Provavelmente não e a questão é exactamente essa.

A Pret a Manger, uma cadeia britânica de sanduíches em rápido crescimento, opta por uma abordagem diferente. É solicitado aos candidatos a colaboradores que trabalhem numa das lojas durante um dia, ao fim do qual se pede aos colaboradores dessa loja para votarem se eles devem ser contratados ou não. Apenas são aceites 5 por cento dos candidatos. A razão para este método de recrutamento tão fora do vulgar é que a

A EXPERIÊNCIA DA MARCA

empresa acredita que "uma das maiores responsabilidades da gestão é tomar conta do ADN da empresa"[7].

Para que uma marca signifique algo de diferente para os clientes, deve comportar-se internamente de forma diferente e isso inclui os seus processos.

*O processo*
Uma moda recorrente é a atenção que as organizações dão aos seus processos. Já assistimos a processos como a gestão da qualidade total (TQM – *total quality management*), a BPR (*business process re-engineering*)*, CRM (*customer relationship management*), CMR (*customer managed relationships*) e o reaparecimento da "Estratégia Seis Sigma". Não há nada de intrinsecamente errado em qualquer um destes conceitos (que parecem ter sempre três iniciais), uma vez que incentivam as empresas a concentrar-se na melhoria dos processos que criam maior valor. Infelizmente, demasiadas vezes estas abordagens são usadas simplesmente como um meio de retirar o custo (ou as pessoas que lidam directamente com o cliente) do sistema, sem realmente se analisar até que ponto a revisão do processo está a acrescentar valor à marca e a cumprir a promessa feita junto dos clientes. Assim, os bancos comerciais britânicos com muitas sucursais espalhadas pelo país têm agora centros impessoais de processamento e os clientes já não podem telefonar directamente ao seu simpático gestor bancário. Os bancos podem argumentar que é para melhorar o serviço, mas os clientes sabem que o principal motivo para a mudança é a redução de custos.

Tem-se dito que a CRM é o instrumento de gestão que falha frequentemente em atingir as expectativas da gestão. Isto porque se trata essencialmente de uma tecnologia "muda" que é usada para captar mais e mais informação sobre os clientes, sem pensar de que forma poderá ser utilizada para criar valor para os clientes ou de que forma irá melhorar a experiência dos clientes com a marca. Os enfadonhos sistemas de resposta activada por voz e a publicidade directa mais personalizada e enviada por correio são um fraco substituto dos processos que verdadeiramente acrescentam valor para o cliente.

A Amazon.com é hoje uma das marcas mais reconhecidas e respeitadas no mundo. Jeff Bezos, presidente executivo da empresa, disse:

---

\* **N.T.** Os princípios BPR recomendam que as empresas se organizem em pequenas unidades estratégicas de negócio destinadas a levar o produto até ao consumidor, suprimindo intermediários.

# O MUNDO DAS MARCAS

*Sempre achei que a sua marca é criada, primeiro que tudo, não pelo o que a sua empresa diz sobre si mesma, mas pelo que a empresa faz.*

Um exemplo é o processo de encomenda da Amazon denominado *One--Click* ("um clique"). A marca Amazon promete segurança e simplicidade e, para demonstrar esses valores, o processo de encomendas foi revisto. Os *web-designers* da Amazon apresentaram a ideia do *One-Click*, um sistema que memoriza os pormenores de pagamento e de entrega dos clientes, de forma a que itens subsequentes possam ser comprados com, literalmente, um clique do rato. Quando foi testado, os clientes mostraram-se cépticos devido às preocupações com segurança e confidencialidade. No entanto, Bezos insistiu em introduzir o *One-Click*, porque sentiu que o processo simplificado era a imagem de marca para a Amazon e que a confiança dos seus clientes na marca Amazon ajudaria a superar as reservas por eles manifestadas. Ele tinha razão e o sistema revelou-se um sucesso.

Da mesma forma, o First Direct ajudou a tornar realidade a promessa da sua marca através de processos simples. Mudar de banco costumava implicar muitos incómodos, pelo que os clientes que não estavam satisfeitos com o seu banco raramente se davam ao trabalho de transferir as suas contas para outro. O First Direct diz aos seus potenciais clientes:

*Já podemos transferir por si os seus pagamentos automáticos e os seus débitos directos – por isso, transferir contas bancárias nunca foi tão fácil.*

E é. Com um simples clique no botão "Concordo" (*I agree*), o First Direct entra em acção e contacta o seu banco actual para tratar de tudo em seu nome.

Estes exemplos levantam uma outra questão muito interessante sobre a noção de identidade holística. O que é o produto? Costumava ser fácil: era a lata de cola ou o lugar no avião ou talvez o par de *jeans*. Mas a definição alargada de marca significa que o produto é agora muito mais vasto. É a totalidade da experiência.

## O produto

Costumava dizer-se que a diferença entre um produto e um serviço é que os clientes estão activamente empenhados em experimentar um serviço, mas compram e usam um produto. Os clientes têm uma experiência num restaurante, mas não o podem levar para casa; compram um bolo e consomem-no, mas o bolo não lhes presta um serviço. Se isto é verdade,

108

A EXPERIÊNCIA DA MARCA

o que é o produto Starbucks? É o café ou a experiência de serviço? Howard Schultz, o presidente da empresa, acredita que a vantagem que a Starbucks tem sobre as marcas tradicionais é que "os nossos clientes se vêem a si mesmos dentro da nossa empresa, dentro da nossa marca, porque fazem parte da experiência Starbucks". Os clientes da Starbucks parecem felizes por pagar uma quantia extra por esse privilégio. Isto também se verifica em muitos outros sectores, incluindo serviços profissionais. A Clifford Chance, uma das maiores empresas de advocacia do mundo, considera vital a sua perícia jurídica, mas considera que a verdadeira diferenciação da sua marca reside no relacionamento que constrói com os seus clientes. A Clifford Chance está a investir em formação para ajudar os seus advogados a fornecer uma experiência consistente e mais centralizada no cliente.

Há alguns anos atrás, a divisão "Grande China" da Leo Burnett, uma agência de publicidade, estava ameaçada por outras empresas e a perder clientes e colaboradores. Ao assumir uma perspectiva holística da marca e ao trabalhar para melhorar os processos criativos e actualizar as competências do seu pessoal, os produtos dessa divisão foram melhorando. A Leo Burnett diminuiu a rotatividade de colaboradores em 40 por cento, aumentou a rentabilidade da nova conta em 63 por cento e passou da sexta para a primeira posição no que diz respeito à facturação total. Dois anos mais tarde, foi classificada como a Agência do Ano[8].

Estão agora a surgir marcas que criam experiências associadas à compra ou utilização de um produto, mas que oferecem valor ao cliente que vai além do produto e que se torna sinónimo da própria marca.

A promessa de marca da Harley-Davidson, um fabricante norte-americano de motorizadas, é: "Nós concretizamos sonhos". Conforme está escrito no relatório anual da empresa em 1999:

*Concretizar sonhos de pessoas de todos os estratos sociais que partilham os valores comuns da liberdade, aventura e expressão individual, implica muito mais do que fabricar e vender motorizadas. O segredo para a durabilidade da nossa marca consiste em fornecer uma experiência e não apenas um conjunto de produtos e serviços.*

Se pensa que isto é apenas uma invenção do departamento de relações públicas da marca, saiba que a Harley-Davidson tem mais de 750 mil membros activos no seu Harley Owners Group (HOG – "Clube de proprietários de Harleys") e estes entusiastas normalmente gastam 30 por cento mais do que os proprietários de Harleys que não são membros.

109

# O MUNDO DAS MARCAS

Este maior consumo é realizado em vestuário, férias e eventos – por outras palavras, na experiência.

O facto de unir as experiências dos clientes com o produto e o envolvimento directo com clientes resultou em 17 anos seguidos de crescimento financeiro e a uma quota de 50 por cento deste mercado. Um accionista que tenha investido 10 mil dólares quando a empresa foi cotada em bolsa, em 1986, será agora milionário.

### Redefinir

Quando pensa em Harley-Davidson, pensa em Hell Angels de meia--idade, tatuados e grisalhos? Pense melhor. A Harley lançou recentemente o seu programa "Riders Edge", um curso sobre segurança na condução de motas concebido para atrair novos motociclistas. Das 4 mil pessoas que frequentaram o programa em 2002, cerca de 45 por cento eram mulheres e metade destas tinham menos de 35 anos. A J.D. Power and Associates, uma empresa de serviços de informação de *marketing* global, estima o rendimento médio anual dos motociclistas americanos em 67 mil dólares. A realidade é que é mais provável que uma Harley-Davidson seja conduzida por uma mulher com uma carreira do que por um impetuoso indivíduo de meia-idade. A Harley redefiniu-se.

Numa corrida de fim-de-semana na Áustria, em meados de 2001, 25 mil pessoas exibiram as suas motas, incluindo todos os gestores seniores da empresa. A Gestão da Harley-Davidson refere-se a estes eventos como um "super-compromisso" porque os líderes são todos participantes activos nas actividades do HOG. Desta forma, os líderes mantêm-se a par da transformação das necessidades dos seus clientes e combatem ameaças concorrentes. Isto significou novos processos e novos produtos, incluindo a motorizada V-Rod, que incorpora todos os valores tradicionais da marca Harley-Davidson numa moto com tecnologia de ponta, que os clientes já reclamavam.

Talvez tenha sido por isto que a Harley-Davidson celebrou o seu centenário em 2003, quando tantas outras marcas de motociclos já morreram.

Compare isto com outro ícone que tem talvez um reconhecimento de marca ainda maior: a McDonald's. Se bem que seja uma das marcas mais conhecidas do mundo, declarou recentemente os primeiros resultados negativos da sua história e teve que encerrar estabelecimentos em todo o mundo. Ficou em último lugar num inquérito à satisfação do cliente, realizado em 2002 pelo *Wall Street Journal*, e alcançou um índice mais baixo de satisfação de cliente do que o US Inland Revenue Service num inquérito realizado pela Universidade do Michigan[9].

110

A EXPERIÊNCIA DA MARCA

Pegue em qualquer manual de Gestão publicado durante a última década e existem muitas hipóteses de encontrar uma referência à McDonald's e à sua promessa de fornecer qualidade, serviço e valor consistentes. Estes valores ainda lá estão, mas o problema é que a consistência é agora o preço de entrada para qualquer marca que queira fazer negócio. Os consumidores procuram marcas que ofereçam produtos e experiências que complementem os seus estilos de vida. A Pret A Manger, da qual a McDonald's adquiriu uma percentagem, é consistente mas também oferece comida saudável e um óptimo serviço. A sua proposta "Apaixonados pela comida" está patente em todos os pormenores. A marca respondeu aos clientes que estão agora à procura de *fast food* que seja saudável e servida num ambiente agradável por empregados simpáticos. A mensagem, neste caso, é que os gostos mudam e que, a menos que as marcas consigam ser dinâmicas e mover-se rapidamente para satisfazer as necessidades emergentes e em transição, elas irão perder mercado. Não basta montar uma nova campanha publicitária ou promocional, lançar um logotipo novo ou mesmo mudar a promessa da marca. A resposta pode e deve incluir estas actividades mas, a menos que seja acompanhada por mudanças fundamentais nos processos, por produtos melhorados e por colaboradores que sejam instruídos e formados para serem capazes de cumprir a proposta renovada, o esforço de *marketing* será inútil.

Uma consequência deste conceito é que o departamento de *marketing* pode continuar a liderar a marca, mas já não a detém integralmente. Tem de ser detida em conjunto pelos departamentos de *marketing*, recursos humanos e operações, porque cada um deles tem um papel vital a desempenhar na oferta da marca aos consumidores. O papel do Director Executivo é crucial no estabelecimento desta agenda e para assegurar que as três funções trabalham em conjunto. Este tipo de organização é denominado "Poder da Tríade" e irá definir de que forma as organizações irão funcionar no futuro. O que é necessário agora é uma estrutura ou ferramenta simples que facilite esta organização. O processo de gestão da marca (ver Figura 6.2) responde a esta necessidade.

### Usar o icebergue da gestão da marca
Apesar do processo variar consoante a natureza e as necessidades da marca, a Figura 6.2 representa uma estrutura lógica para gerir as actividades que colocam em conformidade tanto a expectativa como a experiência que os clientes têm da marca.

# O MUNDO DAS MARCAS

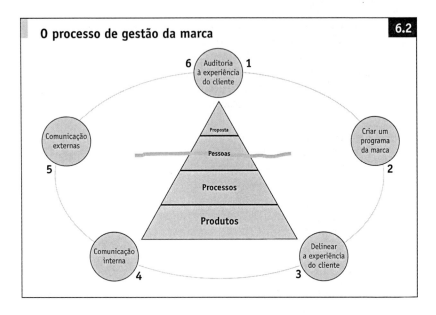

**O processo de gestão da marca** — 6.2

## Auditoria à experiência dos clientes

Comece por avaliar a experiência actual da marca. Qual é a experiência total que os clientes têm da organização e da marca?

- **Proposta.** Até que ponto a oferta da marca é clara e o que é que promete? Tem valor para os clientes-alvo?
- **Pessoas.** Até que ponto é que as pessoas se comportam de uma forma que vai ao encontro das expectativas dos clientes e cumprem a promessa da marca?
- **Processos.** Os processos criam valor para os clientes e cumprem a promessa da marca?
- **Produtos.** Os produtos são distintos e têm valor para os clientes-alvo?

## Criar um programa da marca

Algum deste trabalho já está normalmente em acção, mas certifique-se de que é absolutamente claro e totalmente eficaz, uma vez que sem clareza em torno do programa da marca os processos que se seguem não podem ser concretizados. Implica o seguinte:

- **Posicionamento da marca.** De que forma pode posicionar a marca com clareza e precisão?

# A EXPERIÊNCIA DA MARCA

- **Atribuição de um nome à marca.** Escolher um nome para a marca que seja distintivo e que crie as devidas associações emocionais.
- **Arquitectura da marca.** De que forma deve a marca ou as submarcas trabalhar em conjunto para comunicar a proposta?
- **Identidade da marca.** De que forma pode a marca ser caracterizada da melhor maneira, tanto a nível visual como verbal?

*Delinear a experiência do cliente*
Depois de ter auditado a situação actual e clarificado o posicionamento dos valores da marca, pode delinear a nova experiência que a marca irá fornecer de forma consistente aos clientes-alvo. Deve ser dada atenção aos mesmos aspectos que na auditoria da experiência dos clientes.

- **Proposta.** O que é que a marca pode prometer em termos específicos aos clientes-alvo que crie vantagem competitiva?
- **Pessoas.** De que forma deve o pessoal comportar-se para dar vida a esta promessa em todos os pontos de interacção da organização com os clientes?
- **Processos.** De que precisam os processos para serem melhorados, eliminados ou acrescentados de forma a permitir que os colaboradores se comportem dessa forma?
- **Produtos.** De que forma podem os produtos ser melhorados para evidenciarem ou demonstrarem os valores da marca?

*Comunicar a marca internamente*
Depois de ter delineado a nova experiência, está pronto para a comunicar a nível interno. Nesta altura, muitas organizações lançam imediatamente uma nova campanha publicitária e acabam por prometer de mais e cumprir de menos, porque os seus colaboradores não estão totalmente preparados. Tem de se trabalhar tanto no *marketing* interno como no *marketing* externo.

- **Comunicação.** Assegure-se de que todos sabem quem são os clientes-alvo, o que é que eles esperam, o que é que a marca representa e o que promete.
- **Liderança.** Prepare os gestores para liderar a marca e demonstrar o seu próprio empenho para com a promessa.
- **Formação.** Desenvolva formação que represente e construa o posicionamento e os valores da marca, que envolva emocionalmente os gestores e os colaboradores e que lhes dê o conhecimento, a atitude e as capacidades necessários para cumprir a promessa da marca.

# O MUNDO DAS MARCAS

- **Avaliação.** Harmonize os sistemas de avaliação para que todos percebam até que ponto a organização está a ir ao encontro as necessidades do cliente e a ser recompensada por cumprir a promessa.

### Comunicar a marca externamente

Só nesta fase, e apenas nesta, é que está preparado para comunicar a proposta a nível externo. Muito deste trabalho já deve ter sido preparado, mas deverá certificar-se que a organização está pronta para fornecer a experiência antes de aumentar a expectativa ao entrar em acção. Deverá focalizar-se na:

- **Comunicação da marca.** Como pode a marca ser comunicada da melhor forma à audiência visada? Isto inclui publicidade, promoção, embalagem, etc.

### Prosseguir com a gestão, auditorias e redefinição

Por último, a marca precisa de ser protegida e refrescada ao longo do tempo para se manter actual face às necessidades dos clientes-alvo e competitivamente forte. Isto requer o seguinte:

- **Gestão.** Patrocínios e liderança transfuncional para assegurar que todas as actividades que apoiam a marca estão alinhadas e são geridas.
- **Auditorias.** Uma avaliação regular da imagem e da reputação da marca, bem como da experiência do cliente em relação à proposta desejada.
- **Redefinição.** Actualização e melhorias periódicas para assegurar que a oferta continua a ser actual em relação às expectativas dos clientes-alvo e que combate as ameaças competitivas.

Utilizar este icebergue da gestão da marca permite aos gestores seniores colocarem as pessoas, os processos e os produtos de uma organização em conformidade com a proposta da marca, de forma a criar valor para os clientes-alvo. Conforme foi dito no início deste capítulo, isto é do senso comum mas ainda não é prática comum.

### Notas e referências

1 Smith, S. e Milligan, A., *Uncommon Practice: People who deliver a great brand experience*, Financial Times Prentice Hall, 2002.
2 McEwen, B., *All Brands are the same*, www.gallup.com.

3 Carlson Marketing Group Relationship Builder Survey 2003.
4 Lacki, Thomas D. (2003), 'Achieving the Promise of CRM', *Interactive Marketing*, Vol. 4, Nº 4, pp-355-375.
5 Smith, S. e Wheeler, J., *Managing the Customer Experience: Turning customers into advocates*, Financial Times Prentice Hall, 2002.
6 Smith e Wheeler, *Managing the Customer Experience*.
7 Andrew Rolfe, antigo presidente executivo.
8 Prémios Asiáticos de Publicidade, 1995.
9 *Sunday Times*, 6 de Abril de 2003.

A BMW tem uma das identidades visuais mais reconhecíveis, consistentes e sólidas do mundo, e é um *benchmark* não só para as empresas de automóveis.

Ben Cohen e Jerry Green criaram uma identidade viva para a sua marca de gelados por aparentemente não tentarem fazê-lo. Os nomes dos sabores eram simultaneamente coerentes e incoerentes. Quem poderia não dar pelo principal guitarrista dos *Grateful Dead* como a inspiração para a mistura presente no nome do gelado de cereja Ben & Jerry?

As vacas Woody Jackson são parte importante da identidade visual da Ben & Jerry – pode comprar *t-shirts* das vacas como um tributo indirecto aos próprios fabricantes do gelado.

Os ferros de marcar despoletaram o vício pela marca. Estão actualmente registadas no Texas 260 mil variações de formas simples como estas.

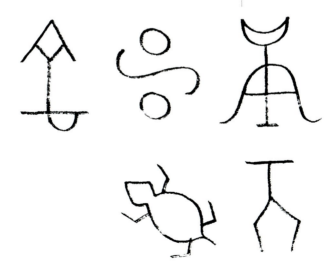

As marcas de gado foram amavelmente disponibilizadas pela Universidade do Texas, Biblioteca McKinney Engineering

Veja o símbolo, leia o nome:
Penguin Books.

3, Shell e Cruz Vermelha.

O logotipo da Penguin é uma marca registada Penguin Books Limited

O símbolo da Shell foi reproduzido com a permissão da Shell International Petroleum Company Limited

Algumas marcas associam-se a cores.

O artista Haddon Sundblom criou a universalmente reconhecida imagem do Pai Natal para a publicidade da Coca-Cola em 1931, vestido pela primeira vez de vermelho para condizer com as cores da empresa.

A UPS e a BP mantiveram fortes associações às cores quando fizeram alterações às suas marcas.

Não se consegue pensar na Kodak sem visualizar as cores amarela e vermelha.

O símbolo da KODAK apresentado nesta página é uma marca registada e foi reproduzido com a permissão do proprietário, Eastman Kodak Company. "Coca-Cola" e "Coke" são marcas registadas da Coca-Cola Company. O Pai Natal da "Coca-Cola" é uma marca registada da Coca-Cola Company. Todas as marcas registadas foram reproduzidas com a permissão da Coca-Cola Company.

O poster Eye(olho), Bee (abelha), M (que soa a IBM, em inglês), criado em 1981 por Paul Rand.

O colibri da Bovis, um bonito escape à previsibilidade dos logotipos das empresas nos anos 70.

O logotipo 3i deu origem a inúmeros tributos durante os anos 80 e foi refeito em 2003. Calendário em cartoon da 3i por Charles Barsotti.

A Lumino, também nos anos 80, mostra novas possibilidades com o estilo de ilustração tornado famoso pela 3i.

A loja de moda londrina Jones seguiu a tendência.

O logotipo do Museu londrino de História Natural (1989) fecha uma grande década com um estilo de identidade leve e comunicativo.

Cerca de 60 por cento dos clientes da British Airways residem fora do Reino Unido. Um elemento importante da identidade controversa de 1997 consistia em projectar o alcance global da empresa através das caudas dos aviões decoradas com trabalhos de artistas de todo o mundo. Mas esta fuga à convenção de colocar a bandeira do Reino Unido não agradou à então primeira-ministra Margaret Thatcher, que aqui se vê a tentar tapar com o seu lenço o novo *design*.

Os rótulos nas garrafas de smoothie [um batido feito com frutas frescas ou congeladas, iogurte ou gelado] têm um estilo verbal distintivo que apenas poderiam ser descritos como inocentes.

Do outro lado temos um exemplo de como a Guinness recorre às histórias para fazer com que a sua marca seja compreendida.

Thou shalt not commit adultery. You said it big guy. That's one guideline we follow religiously; our smoothies are 100% pure fruit. We call them innocent because we refuse to adulterate them in anyway.

Wherever you see the dude 🙂 you have got our cross-your-heart-hope-to-die promise that the drink will be completely pure, natural and delicious. If it isn't, you can ring us on the banana phone and make us beg for forgiveness.

Amen.

**Why not say hello?**
Drop a line or pop around to Fruit Towers, 6 The Buspace, Conlan Street, London W10 5AP

Call the banana phone on **020 8969 7080** or visit our online gym at **www.beinnocent.co.uk**

® = Religious-experience

# 7. Identidade visual e verbal

*Tony Allen e John Simmons*

Em 1995, o presidente da IBM colocou a seguinte questão:

*Pensa que é possível a IBM parecer o tipo de empresa que realmente é?*

O presidente na altura era Thomas J. Watson Jr, filho do fundador da IBM. O homem que respondeu afirmativamente a esta pergunta – e que depois fez algo por isso – foi Eliot Noyes, consultor de *design* industrial da IBM. Watson e Noyes perceberam que a IBM estava quase a ser derrubada pela Olivetti. Seria esta a conclusão que chegaria se tivesse observado as duas empresas uma ao lado da outra. Ambas rivalizavam para serem reconhecidas como "líder do mundo moderno", mas a IBM assemelhava-se muito mais ao líder do mundo Caxton*.

Assim, nasceu um programa destinado a introduzir na IBM a disciplina da identidade empresarial, impulsionado pelo homem que a revista *Fortune* descreveu como "o maior capitalista que alguma vez existiu".

"Identidade visual" é um termo recente que provavelmente foi criado para evitar discussões enfadonhas sobre o significado de "marca" *versus* "identidade empresarial". Nos anos 80, o termo "marca" migrou dos detergentes em pó e passou a significar praticamente qualquer coisa que tivesse capacidade para atrair ou influenciar. Políticos, países, movimentos, artistas, celebridades e estabelecimentos educativos, assim como empresas e tabletes de chocolate, tudo se transformou em marcas. Assim, a marca começou a significar mais ou menos o que tinha sido descrito como identidade empresarial: a experiência total oferecida por uma empresa aos seus colaboradores, clientes e outros, uma mistura temerária e distintiva de promessas intangíveis e atributos e vantagens palpáveis.

A identidade visual é uma componente do *branding* – a parte que se vê, obviamente. Como tal, é uma parte importante, porque aquilo que vê é mais susceptível de o influenciar do que aquilo que lhe é dito ou do que assimila da apresentação de uma série de 80 *slides*.

---

\* **N.T.** William Caxton introduziu a tipografia em Inglaterra, no ano de 1474.

# O MUNDO DAS MARCAS

**Identidade visual**

A identidade visual engloba as componentes gráficas que, em conjunto, fornecem um sistema para identificar e representar uma marca. Os "elementos básicos" da identidade visual de uma marca poderão englobar versões distintas do seguinte:

- Logotipos
- Símbolos
- Cores
- Tipos de letra

Pense na forma como a IBM reproduz de forma consistente o seu nome no seu logotipo; no símbolo dos arcos da McDonald's; na utilização da caixa de correio vermelha do Royal Mail; no tipo de letra "Johnson" criado exclusivamente para o Metropolitano de Londres. Estes elementos de base são muitas vezes complementados por outros elementos gráficos, tais como padrões, abordagens à ilustração e fotografia, bem como uma série de ícones.

A BMW utiliza o *design* e o *styling* visual dos seus carros, porta-chaves, gráficos, salas de exposições e comunicações para expressar a sua poderosa e facilmente reconhecida identidade global da marca. A expressão visual da BMW é sempre clara, atractiva, distinta e visivelmente consistente. Cada parte da viagem de um cliente para comprar ou experimentar, possuir ou conduzir um BMW é cuidadosamente planeada para enviar a mesma mensagem sobre a marca. A marca BMW é um exemplo citado com frequência de um padrão muito alto em termos da expressão de identidade visual.

Pelo contrário, e apesar de ser uma marca automóvel forte, a Ford cometeu erros visuais e verbais com o Edsel, em 1957. Um automóvel cujo visual diferente poderia funcionar bem nos dias de hoje, o Edsel tinha uma grelha tipo "coelheira"* pouco popular, concebida para se destacar de outros automóveis, mas descrita por um cliente como parecendo "uma vagina com dentes". Além disso, o nome (alusivo a Edsel Ford, filho de Henry Ford e antigo presidente da empresa) não era atraente, uma vez que o público achava que soava a antigo e, com efeito, pensa-se que a fa-

---

* N.T. Uma coleira que se ajusta ao pescoço do cavalo de tiro e à qual se prendem os tirantes.

mília Ford tenha desaprovado a sua utilização. Estes dois factores não foram os únicos a conduzir o modelo Edsel a um fim precoce, mas foram cruciais para selar a impopularidade do carro e da marca, deixando de ser produzido depois de 1960.

Este capítulo fala também de identidade verbal. Este é outro termo recente, que foi criado para esclarecer que a identidade também se expressa através de palavras e da linguagem, quer o pretendamos fazer ou não. Algumas organizações mudaram a sua linguagem, para serem mais "simpáticas com o cliente" (*customer friendly*), nomeadamente repartições das finanças, departamentos governamentais e instituições de caridade. Algumas organizações ainda se mantêm fiéis a identidades verbais muito más; e por vezes, apenas nos conseguimos orientar recorrendo a alguém que nos explique. Por exemplo, as empresas de tecnologias da informação confundem muitas vezes o seu público com os termos técnicos, jargão e mau português e muitos advogados continuam a intimidar os seus clientes com frases complicadas e termos técnicos (por vezes em latim).

**Identidade verbal**

Os "elementos básicos" da identidade verbal têm como objectivo distinguir a linguagem de uma marca. Estes deverão abranger o seguinte:

- O nome
- Um sistema de atribuição de nomes para produtos, submarcas e grupos
- Um lema
- Princípios para o tom de voz
- O recurso a histórias

A conjugação da componente visual e verbal faculta os meios para fazer com que as marcas realmente funcionem. Os gelados Ben & Jerry, por exemplo, têm nomes apetitosos e sensuais, como Phish Food, Chunky Monkey e Cherry Garcia, um tributo comestível ao falecido Jerry Garcia dos Grateful Dead, uma famosa banda *rock* norte-americana. Uma tal ingenuidade cuidadosamente planeada implica mais esforço para ser bem feita do que, digamos, conseguir o requinte da Haagen Dazs (um nome inventado). É estranho que se tenha pensado que a "alma" da Ben & Jerry estivesse em risco quando foi comprada por uma das mais cuida-

# O MUNDO DAS MARCAS

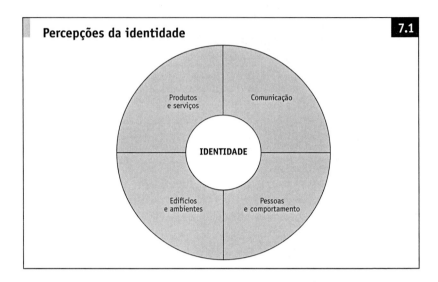

Percepções da identidade — 7.1

dosas empresas de *branding* do consumidor – a Unilever – que compreende que as marcas precisam de ter alma.

Qualquer empresa, produto, serviço ou o que quer que seja, progredirá pouco se não conseguir mostrar do que se trata e porque é que é diferente. Mostrar isto significa ter um objectivo por detrás da forma como os nomes são criados e usados, da criação de logotipos e de símbolos, da utilização de cores e do tipo de letra, da ilustração e da fotografia, do padrão, do estilo e do uso da linguagem.

Este capítulo analisa as tácticas e a estratégia de identidade, recorrendo a exemplos de empresas e de marcas bem conhecidas, algumas das quais são apresentadas na secção de páginas com cor, anteriores a este capítulo. Mas, com vista a contextualizar o tema, de onde vem a ideia de identidade?

### Desde o *brandr* até aos dias de hoje

Conforme foi explicado no Capítulo 1, a palavra marca provém do antigo nórdico *brandr*, que significa queimar, e existia um *branding* em massa nas antigas civilizações de Etrúria, Grécia e Roma, onde os oleiros colocavam a sua marca nas peças que criavam. Actualmente, no Texas, existem cerca de 230 mil marcas de gado registadas, muitas das quais mostrando uma fusão entre o visual e o verbal – veja o símbolo, leia o nome, e vice-versa – tal como acontece com as marcas de organizações como a Cruz Vermelha, a Shell, a Penguin Books e a "3", uma empresa de telecomu-

## Identidade orientada pelo *designer*

Nos anos 50 e 60, especialmente nos Estados Unidos, os patrões das grandes empresas decidiram confiar nas capacidades criativas de uma série de *designers* com um talento fora do comum. Entre estes contavam-se Paul Rand, *designer* das identidades empresariais da IBM e da UPS; Saul Bass, *designer* das identidades da AT&T, da United Airlines, da Minolta, da General Foods e da Rockwell International; Raymond Loewy, *designer* da "Lucky Strike" em 1940 e da Shell em 1967; e Milton Glaser, *designer* do logotipo "I love New York". Mas um dos primeiros projectos visuais notáveis e de larga escala foi o *design*, nos anos 30, de Egbert Jacobsen, de quase "todas as superfícies" da empresa de Walter P. Paepcke, a Container Corporation of America (CCA), incluindo as suas fábricas, veículos, embalagens, facturas, brochuras e publicidade. Paepcke estava convencido de que um bom *design* era parte integrante da cultura empresarial, defendendo que, tal como a cultura nacional é moldada pelo uso de símbolos e de ícones visuais, também o são as empresas através dos símbolos e dos ícones que utilizam. O trabalho de Jacobsen para a CCA, a famosa identidade "olho" de finais dos anos 40 de William Golden para o Columbia Broadcasting System (CBS) e o *design* original de Rand para a UPS tiveram um papel determinante no estabelecimento da importância do *design* na criação de poderosos logotipos visuais e símbolos de propriedade das marcas. Foi também nesta época que se começou a associar empresas às cores que eram utilizadas para identificar produtos e serviços, como, por exemplo, o amarelo à Kodak, o vermelho à Coca-Cola, o verde à BP, o castanho à UPS e o azul à IBM e à AT&T.

As empresas norte-americanas foram em larga medida responsáveis pelo estabelecimento do papel profissional do *design* empresarial, mas a natureza do trabalho muitas vezes devia-se mais a um relacionamento entre o proprietário da empresa e o *designer,* do que à intervenção do departamento de *marketing*. Isto em parte devido ao facto de o "*marketing*" ser visto como mais ou menos relacionado com as "vendas" e, assim, ter um estatuto menor. Da mesma forma, a noção de identidade empresarial como um instrumento estratégico estava apenas no seu início.

Um dos exemplos mais famosos de um relacionamento proprietário--*designer* é o de Thomas J. Watson Jr, filho do fundador da IBM. Em 1955, Watson reconheceu, em parte devido às diligências de um colega na Europa, que os *designs* e os edifícios da IBM estavam substancialmente "fora de

# O MUNDO DAS MARCAS

ritmo" para uma empresa que na altura estava a entrar na era electrónica. Com efeito, nessa altura era a Olivetti, e não a IBM, que tinha uma sala de exposições ultra-contemporânea na cidade de Nova Iorque. Watson visitou Adriano Olivetti em Milão e observou pessoalmente a amplitude e o engenho do programa de identidade que tinha sido iniciado pela Olivetti e que incluia edifícios, gabinetes, alojamento para os colaboradores, produtos, brochuras e publicidade. A Olivetti até estava empenhada em introduzir novos *designs* funcionais e estéticos no planeamento urbano. Watson escreveu que foi então que decidiu "melhorar o *design* da IBM, não apenas a nível de arquitectura e tipo de letra, mas também em cor, interiores, todo o conjunto". A experiência de ver o trabalho da Olivetti em Milão resultou numa das citações mais sucintas sobre o tema da identidade e do seu significado, que está incluída na primeira frase deste capítulo.

Os marcos históricos que se seguiram incluiram uma série de mudanças no famoso logotipo da IBM, idealizado por Rand, que tinha sido contratado pela IBM e calmamente avançado com o *redesign* das brochuras e do material impresso da empresa. Rand foi também responsável pela criação da competência de *design* da IBM, trazendo novos talentos para este negócio que se apresentava "cinzento" e ajudando a construir uma era dourada de *design* de identidade expressivo, conjugado com um vasto leque de projectos arquitectónicos e de construção, nomeadamente o pavilhão da IBM na Feira Mundial de Nova Iorque, em 1964.

A história da IBM é um exemplo marcante da identidade visual. Mais recentemente, ao mesmo tempo que se mantinha fiel aos princípios de uma identidade visual consistente, a empresa superou com sucesso uma transição de fabricante de *hardware* pouco interessante e sólido para um fornecedor intelectual de soluções "criativas". A sua identidade visual evoluiu quase naturalmente. A sua identidade verbal mudou também de uma forma subtil, talvez exemplificada pela linha publicitária "I think, therefore IBM"*. A linguagem da IBM tornou-se menos tecnológica, menos a ver com *bits* e *bytes* e mais com o facto de ter uma forma de pensar interessante. Com efeito, em termos de identidade verbal ficou em pé de igualdade com o "Think different" da Apple, que tinha sido um golpe destinado ao suposto ponto fraco da IBM: a sua associação com a conformidade do "fato azul"**.

---

\* N.T. Trocadilho com "I think, therefore I am" – "Penso, logo existo".

\*\* N.T. Durante a maior parte do século XX, os colaboradores da IBM usaram um fato azul, com camisa branca e gravata escura. Mas, nos anos 90, a IBM tornou-se mais descontraída nestes códigos e já não difere significativamente da das outras grandes empresas de tecnologia.

## Identidade orientada pela estratégia

Na década de 70, em resultado de um *boom* no *marketing*, particularmente na área dos estudos de mercado e de consumo, e da moda das iniciativas de mudança na gestão, a propriedade da identidade empresarial foi transferida para o departamento de *marketing* como uma das muitas ferramentas a serem usadas e associadas a outras. A identidade tinha que amadurecer, ser avaliada e responsabilizada. Não bastava dizer que o logotipo era a assinatura da empresa. O logotipo da empresa era o logotipo ideal para o cliente?

Esta foi uma época onde os *designers*, que antes tinham liberdade para trabalharem com os gestores das empresas no que quer que desejassem, procuraram novas oportunidades criativas em áreas não tão fortes mas em crescimento, tais como editoras, música e entretenimento, onde o *design* gráfico registou um *boom*, especialmente com o movimento *punk* em finais dos anos 70. A identidade visual transitou para um tipo diferente de período criativo, uma vez que os *designers* e responsáveis pelo *marketing* começaram a perceber e a jogar com novas possibilidades. Tendo sido estabelecido que o logotipo em si era a base para uma identidade visual consistente, começaram a ser feitas perguntas sobre memorização da marca e da sua capacidade em ser reconhecida. Se a ideia era representar a estratégia de negócio da empresa, poderia realmente alcançar-se esse objectivo através de um "tipo de letra dinâmico"? Ou será que símbolos visuais mais criativos ajudariam as empresas a expressar as suas estratégias com um sentido mais claro de energia e de novidade?

Neste contexto, algumas identidades visuais destacam-se como marcos históricos. A identidade da Bovis, com o uso do colibri como símbolo, constituiu um progresso nesta área, no início da década de 70. O próprio colibri era, em proveito da percepção, fácil de justificar como "ligeiro" e "activo". Mas, mais importante ainda, no contexto da sua época, afirmou a convicção da empresa em princípios estéticos e o seu foco no cliente. Afinal de contas, a Bovis estava a tentar não ser apenas mais uma antiga empresa de construção: estava a criar cuidadosamente os ambientes modernos em que as pessoas iriam viver e trabalhar.

Dos anos 70 até meados dos anos 80, manifestou-se um novo *benchmark*. Tinha a ver com a criação de um símbolo visual com qualidade "artística", ao mesmo tempo que representava uma clara articulação comercial de estratégia de negócios. Este elemento da identidade visual ainda hoje se mantém, mas talvez tenha atingido o seu auge com o trabalho de Michael Wolff para a 3i no início da primeira metade da década de 80.

# O MUNDO DAS MARCAS

Neste caso, a própria marca era algo de belo – uma pintura a tinta de água do número 3, com um olho – mas o logotipo tornou-se praticamente irrelevante no esquema global da nova identidade da empresa. No início, era um exemplo arrojado de um novo nome. A Industrial and Commercial Finance Corporation transformou-se em Investors in Industry, conhecida como 3i. Isto deu o mote para uma abordagem radical aos serviços financeiros de *marketing* e de capital de risco. Usando ilustrações de Jeff Fisher, a nova publicidade da 3i destacava-se nas páginas das revistas de negócios, proclamando através do seu estilo visual e verbal que "nós somos diferentes e iremos apoiar riscos que também são diferentes". Assim, o desafio consistia em manter a "diferença". O calendário anual da 3i, com banda desenhada ajudou. Também a poesia de Christopher Logue reforçou o efeito. Mas "ser diferente" é algo difícil de manter, mesmo que este seja o objectivo de qualquer programa de identidade. A 3i sobrevive e prospera com o essencial da sua identidade dos anos 80 intacto, mesmo se hoje ninguém fala disso nos mesmos tons calmos de antes. O seu posicionamento de mercado, bem como a sua identidade, já não são pioneiros como outrora.

Ao mesmo tempo que se tornavam simultaneamente estratégicas e criativas, as empresas tornaram-se mais competentes na gestão de programas de identidade, que apresentavam novos problemas.

## Controlo e identidade da categoria: o "manual de identidade empresarial" e afins

Durante os anos 70, 80 e 90, lançaram-se um grande número de poderosas identidades internacionais para empresas como a Akzo Nobel, a BT, a ICI, a BP e a Unisys, e com elas surgiram volumosos manuais de identidade empresarial. Muitas vezes se descobria que estas valiosas ferramentas de gestão, ou "fins sem retorno", consoante o seu ponto de vista, serviam como apoio para manter uma porta aberta em vez de serem cuidadosamente cumpridos devido aos seus conselhos intemporais úteis.

Curiosamente, esta "profissionalização" da identidade visual fez mais para diminuir a diferença entre empresas do que em qualquer outra época. As normas profissionais eram rapidamente partilhadas e copiadas e muitas empresas começaram a partilhar interpretações visuais semelhantes. Mas, desta forma, o factor similaridade ajudou a impulsionar a rápida expansão do *branding* e da identidade nos últimos 30 anos. Isto porque tem havido uma tendência para reagir de duas formas a novas identidades revolucionárias no contexto de uma categoria de negócios específica. A primeira é tomar consciência do sucesso de um rival na sua

# IDENTIDADE VISUAL E VERBAL

diferenciação pela sua identidade, criando uma abordagem completamente diferente a esta tarefa. A segunda é reconhecer o sucesso dizendo "nós teremos algo do mesmo". Assim, por exemplo, a identidade 3i resultou numa abundância de identidades visuais baseadas na ilustração. Nem todas elas eram más e, porque descobriram algo de novo para dizer, não eram puramente imitativas. Mas, como sempre, existiam tendências de *design* e de identidade que estavam na moda e, por vezes, essas tendências tornavam-se mais enraizadas do que as reacções únicas, imitadoras e de êxito passageiro. Em muitos casos, as empresas de um sector ou categoria de negócio acabavam por "pedir emprestadas" ideias e por aprender com outras; e muitas vezes os empréstimos revelavam-se criativos e catalisadores para uma diferente área de negócio.

A privatização do sector público no Reino Unido criou muitas oportunidades de *branding*. Uma determinada categoria poderia considerar-se o sector equivalente do ensino superior. Em finais dos anos 80, os institutos politécnicos conquistaram o direito de se redesignarem como universidades mas, para serem bem sucedidos, tinham que parecer uma universidade. Dezenas de antigos institutos politécnicos iniciaram programas de identidade empresarial para depois ressurgirem como universidades.

A identidade de categoria começou a ter sucesso em finais da década de 80, mas atingiu o seu auge em finais dos anos 90, à medida que as empresas *dotcom* (que operam via Internet) se apressavam a representar a natureza etérea dos seus serviços, dando origem à possivelmente maior enchente de identidades semelhantes alguma vez vista. Registou-se um infindável fluxo de "swooshes" desenhados a uma só linha, normalmente acompanhados por um nome louco e pretendendo transmitir um sentido de energia e de dinamismo. No entanto, o "swoosh", a marca do *design* da Nike, manteve-se na corrida, talvez devido à sua poderosa omnipresença.

No entanto, as estratégias semelhantes podem ter uma espécie de vantagem de "aglomeração". Durante a fusão da Pharmacia e da Upjohn em 1995, foram misturados num teste os logotipos de famosas empresas farmacêuticas, com o símbolo de uns conjugado com os logotipos de outros, e por aí em diante. Depois mostraram-se quadros giratórios, que revelavam, respectivamente em cada um dos lados, as versões correctas e incorrectas. Seis em cada dez dos farmacêuticos a quem foi pedido que identificassem o quadro correcto falhavam. Na segunda pergunta, era-lhes mostrado um outro quadro onde os logotipos das empresas farmacêuticas tinham sido redesenhados para que se parecessem com outras marcas bastante conhecidas (a Hoecsht com a da Heineken, por exemplo). Desta vez ninguém teve dúvidas acerca da empresa que deveria es-

# O MUNDO DAS MARCAS

tar representada. Talvez isto demonstrasse que os farmacêuticos não querem saber dos logotipos das empresas farmacêuticas. Talvez eles simplesmente reconhecessem a categoria e isso bastava-lhes para serem capazes de fazer o seu trabalho de forma correcta. Afinal de contas, é mais provável que os farmacêuticos reconheçam um determinado medicamento do que a empresa responsável pelo mesmo. Assim, talvez exista uma vantagem em adoptar as 'roupas' da categoria a que se pertence. Ao parecer uma empresa farmacêutica, uma firma de advocacia, uma universidade ou uma empresa de alta tecnologia, pode beneficiar da legitimidade da categoria. Pode até estar apto a canalizar mais fundos para as vendas de produtos, se as suas credenciais empresariais forem confirmadas pela própria identidade da categoria. Isto foi particularmente evidente no que diz respeito às maiores empresas de contabilidade e consultoria em gestão antes de 1998 e é amplamente verídico hoje em dia para as empresas bancárias e de advocacia.

Mas uma identidade de categoria não será suficiente numa fusão ou aquisição onde a ideia da nova empresa tem de ser vendida como oferecendo algo "verdadeiramente novo e melhor". Em 2000, no auge do *boom* das fusões, o valor total das fusões e das aquisições anunciadas situava-se entre três e cinco biliões de dólares, praticamente o equivalente a 10 por cento do PIB mundial. Uma fusão implica desafios substanciais em termos de identidade: que nome dar à nova empresa; se devem ou não existir elementos das identidades; de que forma se deve comunicar o sentido de uma "nova visão"; como ser o primeiro a estabelecer uma "nova categoria".

A Novartis desbravou um novo terreno em dois níveis. Foi formada a partir da fusão entre a Sandoz e a Ciba, em 1996, e encontrava-se entre as primeiras empresas farmacêuticas altamente visíveis a abrir mão dos seus elementos legados, Ciba e Sandoz, e a criar um nome não farmacêutico ou conceptual (o que é que "Novartis" tem a ver com farmacêuticas?). A Novartis também criou um novo título de categoria, ciências da vida (para substituir "farmacêuticas" ou mesmo "empresas de medicamentos"), que desde então tem sido adoptado como a definição activa para a categoria total.

O *boom* das fusões, registado nos anos 90, trouxe novas experiências. As identidades tiveram que ser criadas mais depressa do que nunca. Grandes somas de dinheiro foram gastas para fazer transmitir rapidamente uma mensagem para toda a empresa pelo mundo fora. Foi igualmente prestada maior atenção ao combate aos efeitos negativos de uma fusão, incluindo o anticlímax e aquele "sentimento desprovido de significado" entre os colaboradores, e mesmo a animosidade sentida em relação a um novo parceiro que até então tinha sido um concorrente.

Este período que aconteceu à velocidade da Internet na identidade criou uma nova abordagem, a das identidades de diversificação.

## Identidades de diversificação

A história da identidade empresarial está repleta de exemplos de identidades estruturais poderosas que designaram da mesma forma cada departamento e cada função. Nos anos 90, tal abordagem era considerada como sendo excessivamente controladora e era mesmo comparada por algumas pessoas a identidades do nacional-socialismo de Hitler e do comunismo na Rússia. Para muitos, o manual da identidade de uma empresa, destinado a ser uma fonte de inspiração activa para a comunicação empresa-cliente, começou a ser associado a uma regulação negativa ou a um ambiente de Estado-polícia. Surgiu o título não oficial da função "polícia do logotipo" (*logo cop*).

A natureza explosiva da era digital, o reconhecimento de que um emprego já não era para toda a vida e o conceito de que a qualidade de trabalho era mais importante do que a recompensa financeira, promovidos por revistas como a *Fast Company*, a *Wired* e mesmo a *Fortune*, significava que a identidade, se fosse para ser bem sucedida, tinha de ser abordada de forma diferente, mais inteligente e criativa do que antes.

Em 1997, a British Airways (BA) lançou uma nova identidade que contemplou a ideia de diversidade como nunca antes visto, pelo menos no mundo das companhias aéreas. A reacção foi múltipla e muitas vezes crítica. A antiga identidade da BA tinha sido classicamente "britânica", heráldica e sóbria, e os estudos de imagem levados a cabo pela empresa em meados dos anos 90 recolheram essa informação. É certo que a BA projectava uma imagem de companhia global, mas pouco prestável. O britanismo exemplificado pelo monograma cinzento-prateado na cauda transmitia mais uma atitude fria e possivelmente implacável no serviço ao cliente do que uma boa experiência de voo para milhões de passageiros da classe turística.

Para combater isto, foi desenhada a nova identidade para representar de forma mais visível o interesse real da empresa em servir os clientes de todo o mundo. Isto foi simbolizado através de um projecto que deu origem a um novo caminho: artistas de diferentes comunidades do mundo foram convidados a mostrar o seu trabalho como parte integrante da identidade visual da BA, o que incluiu a projecção de trabalhos nas

# O MUNDO DAS MARCAS

próprias caudas dos aviões, espaço tradicional de *branding* reservado apenas ao mais formal dos elementos identificadores.

O que poderá ter parecido um tratamento superficial, possivelmente até uma táctica de choque, tinha objectivos na formação e no comportamento dos seus colaboradores. A BA concluiu acertadamente que uma mudança da percepção nas mentes dos seus clientes só aconteceria se houvesse uma mudança na experiência que eles viviam desde o início até ao fim do seu contacto com a companhia aérea. A identidade, com a sua mensagem óbvia de diversidade, era um motivo para uma mudança interna significativa e, possivelmente, um reflexo da mudança interna que já estava a ocorrer e a tornar-se visível. Consequentemente, os colaboradores da BA iriam dominar mais línguas no futuro; iriam ser incentivados a serem eles próprios junto dos passageiros; iriam esforçar-se ao máximo para obter os padrões mais elevados no serviço; e iriam fazer disso uma profecia de auto-satisfação.

Curiosamente, a reacção à nova identidade resultou tanto numa oposição à perda da uniformidade britânica como no enaltecimento pela perspectiva globalmente diversa adoptada por uma empresa britânica. A identidade visual, em si mesma uma expressão de mudança radical na direcção dos negócios, tornou-se um alvo fácil para os que, interna e externamente, estavam descontentes com a nova direcção da empresa. Isto foi exacerbado pelo facto de as companhias aéreas serem em parte, e inevitavelmente, represent es de várias identidades nacionais. Aqueles que atacaram a nova identidade da BA de forma mais contundente foram também os que mais defenderam a perspectiva da identidade nacional britânica. Outras companhias aéreas, em outras regiões do mundo, confrontaram-se com situações semelhantes às da BA quando ponderaram mudar a sua identidade. Uma identidade em mudança reflecte uma empresa, organização ou mesmo uma nação, num estado de evolução contínua e força a questão: "Sente-se bem com o caminho que está a seguir?" Inevitavelmente, em alguns casos, a resposta foi "não". A BA voltou atrás quanto à diversidade da nova identidade e o director geral não ficou por muito mais tempo. Os elementos de base da identidade visual permaneceram, mas as caudas dos aviões usaram a versão da bandeira inglesa originalmente destinada apenas para o Concorde. Uma identidade diversificada tornou-se monolítica.

Alguns dos temas acima referidos, particularmente as ambições para que as identidades influenciem o comportamento de clientes e colaboradores, levou a linguagem até ao misto da identidade de forma mais proeminente. Talvez pela primeira vez, a linguagem, ou tom de voz, tenha sido

144

IDENTIDADE VISUAL E VERBAL

identificada como um "elemento básico" da identidade. Como tal, foi encarada como uma forma de diferenciar uma marca e de fazer chegar ao público uma mensagem acerca desta diversidade. A Orange, uma empresa britânica de telecomunicações, foi muito admirada nos anos 90 por tomar esta opção. Assim, a lógica da identidade visual e verbal se apoiarem mutuamente para criar uma identidade mais cativante foi aceite.

À semelhança do seu companheiro visual, a identidade verbal tem uma quantidade de possíveis elementos que podem ser usados separada ou isoladamente. Os seus equivalentes ao logotipo, cores, tipo de letra e estilo fotográfico ou ilustrativo incluem nome(s), lemas, histórias e tom de voz. O misto de identidade torna-se mais rico, ao permitir que os elementos individuais da mesma se destaquem. Apesar de ser discutível, o lema "Just do it" tornou-se um elemento de identidade da Nike, tão importante como o "swoosh", a sua marca de *design*

Conforme acontece com a identidade visual, as empresas estão interessadas em deter e controlar a sua identidade verbal. A McDonald's deu-se ao trabalho e despesa de registar a propriedade de mais de 100 frases. É o mesmo que dizer que "este é o nosso território linguístico, mais ninguém pode entrar nele". Uma abordagem de tal forma legalista, no entanto, é limitada e limitadora, porque também significa que a própria linguagem da marca não se estende muito além daquelas fronteiras. Marcas como a Guinness descobriram que, ao serem expansivas em vez de restritivas, contando histórias, conseguem criar uma ligação mais emocional com o público (ver o exemplo na secção a cores). Isto pode suceder com clientes e potenciais clientes, especialmente através da publicidade, ou com os seus próprios colaboradores, fornecedores e parceiros através de um leque de canais de comunicação, que inclui livros, vídeos e correio electrónico. Ao fazê-lo, estabelecem uma abordagem de "contadores de histórias" emocionalmente e verbalmente.

**Bebidas Inocentes**
Do *Livro de Regras da Empresa* Innocent

*Pergunte sempre a um especialista*
Qual é a resposta? Não sabemos. Na maioria das vezes, nem sequer sabemos qual é a pergunta. Mas há sempre alguém a quem podemos recorrer. E é você, caro leitor. Não o teríamos conseguido sem si...

# O MUNDO DAS MARCAS

No Verão de 1998, comprámos o equivalente a 500 libras de fruta, transformámo-la em batidos e vendemo-la numa tenda, num pequeno festival de música, em Londres. Colocámos um grande cartaz que dizia: "Pensa que devemos largar os nossos empregos para fazer estes batidos? E colocámos uma caixa a dizer "SIM" e uma outra a dizer "NÃO". No final do fim-de-semana, a caixa do "SIM" estava tão cheia que no dia seguinte nos demitimos.

É o desejo de ligação emocional que está a encorajar as marcas a serem mais criativas e aventureiras com as palavras a que recorrem para expressar as suas personalidades. Cada vez mais, o humor pode ser empregue como uma estratégia deliberada em vez de uma única táctica de campanha. Marcas como a Innocent Drinks no Reino Unido e a Tazo nos Estados Unidos arriscam com humor e uma linguagem que, há apenas alguns anos atrás, teria sido inimaginável para os sérios especialistas de *marketing*. Os polícias do logotipo teriam procedido a detenções em massa. Mas se o seu nome de marca é *Innocent*, o que expressa uma personalidade e abordagem inocente para com a vida, então a personalidade deve ser expressa de forma consistente com essa realidade, através de uma identidade visual e verbal inocente.

Então, o que é que se segue? Quais são as conclusões que podemos tirar da identidade visual e verbal e do seu relacionamento com as marcas no futuro?

Existem alguns indicadores simples:

- A identidade verbal será, durante algum tempo, uma ferramenta muito importante para a expressão da marca. Identidades visuais totalmente "novas" estarão limitadas enquanto a actividade de fusão continuar a ser reprimida por condições do mercado.
- A gestão de uma identidade visual já existente tornar-se-á uma verdadeira preocupação. Os detentores de marcas irão procurar cada vez mais uma melhor integração entre as linguagens da identidade e da publicidade.
- A atribuição de nomes irá passar por um período regenerador, depois de anos de críticas por parte dos média. Os nomes irão ser sensatos ou exagerados, mas os nomes "fabricados" a partir do Latim (como Consignia) já tiveram o seu ponto alto.
- A fotografia e a ilustração irão também passar por um período de ponderação. Tendo os últimos 10 anos sido dominados por um es-

IDENTIDADE VISUAL E VERBAL

tilo evidente de mostrar "pessoas reais em situações reais", isto irá atingir o seu ponto de saturação. Mesmo os bancos de imagens irão começar a contrariar a tendência. A ilustração, com toda a sua auto-satisfação mágica e qualidades artísticas, irá finalmente regressar.

- As identidades de controlo irão reaparecer, não da mesma forma que nos anos 70 e 80, mas de uma forma prática e desprovidas de irracionalidade. Serão implementadas através do recurso a uma tecnologia automatizada simples, para que a mecânica desapareça do quotidiano das pessoas.
- As economias da Ásia, da Rússia, da China e de África irão dar um salto na curva de aprendizagem do *branding*. Irão despoletar uma nova vaga de identidades ao conjugarem elementos "nativos" com estímulos visuais familiares europeus ou americanos. O resultado será uma mistura inebriante que irá desafiar os padrões mais sóbrios dos nossos mercados já estabelecidos, levantando questões sobre propriedade intelectual, protecção das marcas registadas e ética entre os mundos industrializado e em vias de desenvolvimento.
- Haverá uma ênfase renovada na honestidade, na praticabilidade e no custo de implementação. Mas, juntamente com isto, existirá possivelmente a percepção de que as marcas e o *branding* não fizeram os seus melhores negócios nos últimos tempos e que agora é altura de apoiarem a originalidade e a novidade.

As identidades visual e verbal são características inerentes às marcas e ao *branding*. Elas existem e irão fazer-se notar, mesmo que os detentores de marcas decidam ignorá-las. Quando não controladas, podem provocar danos, por isso é melhor colocá-las sob a responsabilidade no departamento de gestão da marca.

Uma identidade deve ser revista e actualizada com frequência como qualquer outro activo. Ao contrário da ciência pura, a identidade é um triunfo da opinião apoiada por uma afirmação. A subjectividade da identidade é a característica que permite que seja arrojado e que arrisque. As melhores identidades mundiais são irracionais, tal como as marcas. Crie-as desta forma e não irá errar muito. Com efeito, poderá descobrir que o mundo todo o olha com admiração e que absorve cada uma das suas palavras.

### Leituras recomendadas

Se quiser ler mais sobre o tema deste capítulo, poderá considerar interessantes e úteis os seguintes livros:

## O MUNDO DAS MARCAS

Fletcher, A., *The Art of Looking Sideways*, Phaidon Press, 2001.

Haig, M., *Brand Failures*, Kogan Page, 2003.

Heller, S., *Paul Rand*, Phaidon Press, 1999.

McKenzie, G., *Orbiting the Giant Hairball*, Penguin Putnam, 1998.

Ogilvy, D., *Ogilvy on Advertising*, Orbis, 1983.

Olins, W., *Corporate Identity*, Thames & Hudson, 1989.

Pentagram, *Ideas on Design*, Faber and Faber, 1986.

Simmons, J., *We, Me, Them & It: The Power of Words in Business*, Texere, 2000.

Simmons, J., *The Invisible Grail: In Search of the True Language of Brands*, Texere, 2003.

Vincent, L., *Legendary Brands: Unleashing the Power of Storytelling to Create a Winning Market Strategy*, Dearborn, 2002.

Whyte, D., *Crossing the Unknown Sea: Work and the Shaping of Identity*, Penguin Books, 2002.

# 8. Comunicação da marca

*Paul Feldwick*

Tudo o que uma marca faz é comunicação. Conforme escreveu Paul Watzlawick, um teórico sobre comunicação, "é impossível não comunicar"[1]. A forma das embalagens, as palavras usadas, o modo como se atende o telefone (ou não), o nome que se dá aos produtos, as lojas em que estes são vendidos: tudo isto pode dizer muito sobre uma marca. (Há outras mensagens acerca da marca que não estão sob o controlo do seu gestor, como aquilo que as pessoas que usam a marca, ou outros, dizem ou escrevem sobre ela).

Alguns aspectos importantes sobre a comunicação da marca já foram desenvolvidos neste livro, especialmente no capítulo sobre identidade verbal e visual. Mas, para além de gerir o *design* e a linguagem da marca, a maioria dos gestores da marca também investe dinheiro na comunicação directa com os vários *stakeholders* ("partes interessadas"), através de *direct mail* e do departamento de relações públicas, do *design* do *telemarketing* e do *website*, de eventos e de patrocínios e, não menos importante, através de publicidade na TV, na imprensa escrita, no cinema e na rádio.

Desde o seu início como fenómeno de massas, no século XIX, que as marcas e a publicidade (no seu sentido mais lato) têm evoluído juntas. As primeiras marcas para mercados de massas, desde o Pears Soap até à Kodak, passando pela Coca-Cola, construíram o seu negócio com base em avultados investimentos em publicidade: em 1912, a Coca-Cola gastava por ano mais de 1 milhão de dólares. Mesmo até aos dias de hoje, é raro descobrir uma marca importante ou bem sucedida que não continue a investir fortemente em comunicação.

A comunicação da marca tem sido tradicionalmente dividida em categorias conhecidas como "acima da linha" (*above the line*) e "abaixo da linha" (*bellow the line*), termos inicialmente relacionados com procedimentos de contabilidade. Os média pagavam comissões por actividades *above the line*, mas não pelas que se localizavam *bellow the line* (os clientes de uma agência de publicidade não pagavam directamente pelos seus serviços; a agência ganhava dinheiro como agente de vendas para os média). A imprensa escrita, a TV, os *outdoors*, a rádio e o cinema estavam *above the line*; o *direct mail*, as relações públicas, várias promoções de vendas, eventos e patrocínios estavam normalmente *bellow the line*.

# O MUNDO DAS MARCAS

No início, as agências de publicidade ofereciam todos estes serviços e conseguiam subsidiar as actividades *bellow the line* com as comissões que recebiam das outras. Com o passar do tempo, as actividades *bellow the line* tornaram-se mais especializadas e nasceram agências específicas para lidar com elas e, à medida que os publicitários negociavam para se fazerem uns ajustes nas comissões ou para mudarem para um pagamento de honorários, a economia do serviço completo à moda antiga tornou-se insustentável. Actualmente, existem várias agências de comunicação a oferecer serviços especializados, e a comunicação de uma marca acaba por ser normalmente distribuída por diversos fornecedores. As expressões *above* e *bellow the line* mantêm-se, mas existe um intenso debate sobre a importância do *"marketing* integrado" ou *through the line* (através da linha), que reflecte sobre a melhor forma de voltar a reunir as actividades que se encontram distribuídas, no interesse do cliente.

Está actualmente na moda prever a "morte da publicidade", referindo-se aos média clássicos *above the line*. É pouco provável que tal aconteça. Obviamente que as coisas mudaram no negócio da publicidade: já não é fácil obter-se as enormes e monolíticas audiências de mercados de massas que a rede de televisão do Reino Unido ou dos EUA conseguia até aos anos 70; o videogravador, o controlo remoto e agora o TIVO (gravador de vídeo digital, com guia de programação electrónico e outras funcionalidades inovadoras) permitem às audiências evitar mais facilmente os anúncios. Entretanto, os avanços no poder informático tornaram mais prático "atacar" individualmente os consumidores e a indústria do *direct mail* apostou forte nesta área.

No entanto, é provável que todos os tipos de comunicação de marca pagas continuem a desempenhar um papel importante na construção das marcas no futuro, tal como aconteceu no passado. A TV, apesar dos profetas do seu declínio, continua a ser um dos meios de comunicação de maior crescimento mundial, tendo o número de lares com TV em todo o mundo triplicado nos últimos 20 anos (25 por cento dos quais estão agora na China). E parece que continua a funcionar. Muitos publicitários que pensaram que poderiam obter resultados mais eficientes ao deslocarem o dinheiro que investiam na TV para patrocínios ou para o *direct mail* deparam-se com resultados negativos. Isto não quer dizer que os patrocínios ou o *direct mail* não tenham o seu valor, mas poucas marcas criaram ou mantiveram identidades fortes recorrendo apenas a estes canais.

## Como é que a comunicação constrói marcas?
Alguns tipos de comunicação de marcas fornecem informação ou desti-

COMUNICAÇÃO DA MARCA

nam-se a conduzir a uma transacção: brochuras, cupões, publicidade personalizada por correio, anúncios de resposta directa, algumas utilizações de *websites* e outros média. Mas se encararmos a comunicação da marca como um todo, através de todos os canais, passados e presentes, uma grande parte não pode ser explicada desta forma. Tomemos como exemplo o patrocínio de uma *tournée* dos Rolling Stones ou a publicidade que, em larga medida, não contém qualquer informação sobre a marca: o que estão a fazer, concretamente? Como é que funcionam e de que forma se justificam os elevados montantes que os detentores de marcas bem sucedidas investem nelas? Alguns profissionais de *marketing* poderão acreditar que qualquer comunicação não directamente envolvida nas vendas só pode ser um divertimento; mas a história mostra que, com raras excepções, as marcas fortes não são construídas com base neste tipo de raciocínio.

A comunicação com um objectivo imediato de venda poderá parecer produtiva. Os seus resultados directos poderão ser mais fáceis de avaliar mas, em termos "saúde" da marca a longo prazo, poderão ser outros os factores que criam mais vantagem competitiva. A força da marca, se bem que envolva vendas, tem a ver com algo mais do que isso. Tem a ver com a capacidade que uma marca tem para resistir à concorrência, suportar um preço mais elevado, resistir a publicidade negativa e, assim, oferecer aos accionistas uma promessa mais segura de futuros *cash flows*[2]. Os detentores das marcas vão querer assegurar que a sua comunicação não só estimula as vendas, como também fortalece a solidez da marca.

### Avaliar a comunicação da marca

De uma forma abrangente, existem dois tipos de resultados da comunicação da marca que são mensuráveis: os efeitos sobre as vendas ou sobre o negócio e as respostas dos consumidores. Ambos são importantes.

Era comum pensar-se que os efeitos da publicidade nas vendas nunca poderiam ser satisfatoriamente separados de outros factores que diziam respeito ao negócio. No entanto, o problema não é assim tão grande, desde que existam dados fiáveis, especialmente através da utilização de técnicas modernas de criação de modelos.

As respostas do consumidor incluem reacções à própria publicidade – evocação, agrado – e atitudes para com a marca. Destas, as respostas relativamente à marca são as mais importantes.

Os efeitos de mais longo prazo da comunicação sobre a solidez de uma marca poderão ser observados através de questões de atitude e do desempenho da marca no mercado fi-

O MUNDO DAS MARCAS

nanceiro, como a sua capacidade para comandar uma subida de preços ou resistir a pressões da concorrência.

Fonte: Feldwick, P., *What is Brand Equity, Anyway?*, WARC Publications, 2002

## Estimular o comportamento de curto prazo

Os painéis de fonte única são fontes de investigação que registam o comportamento individual de compra e a exposição individual a anúncios específicos. As análises feitas a esses painéis mostraram repetidamente que, em cerca de 45 a 50 por cento dos casos, a exposição mesmo a um único anúncio durante um curto período de tempo antes da compra aumenta de forma mensurável a probabilidade de se comprar a marca anunciada, por vezes a um nível bastante considerável. Assim, a publicidade dá um verdadeiro empurrão de curto prazo para o aumento da escolha da marca. Curiosamente, há uma análise deste tipo que mostra que a comunicação mais eficaz não pretende apenas influenciar a informação, mas também mexer com as emoções e divertir[3].

## Efeitos de mais longo prazo sobre o comportamento da marca

Contudo, os efeitos de curto prazo da publicidade, por si só, raramente são económicos; os lucros da maioria das marcas aumentariam no curto prazo se os gastos em comunicação fossem reduzidos. Mas a rendibilidade destes investimentos reside no valor económico de longo prazo das marcas anunciadas. As marcas apoiadas por uma comunicação eficaz são mais rentáveis, podem comandar uma subida de preços e reagem rapidamente a actividade da concorrência. Existem provas disto em muitas situações específicas e em estudos envolvendo várias marcas, tais como a base de dados PIMS, bem como o comportamento contínuo da maioria dos grandes profissionais de *marketing* de marcas[4].

## De que forma é que a comunicação da marca influencia o comportamento?

Qualquer tentativa para explicar processos mentais acaba inevitavelmente por ser demasiado simplista; mas existem três elementos comuns de raciocínio que podem ser utilizados para explicar o processo através do qual a comunicação das marcas influencia o nosso comportamento. Estes baseiam-se, em grande parte, num estudo de 1990, realizado por Mike Hall e Doug Maclay, dois investigadores britânicos.

COMUNICAÇÃO DA MARCA

## Através da comunicação da informação

Claude Hopkins, um teórico pioneiro e influente, defendia que isto era o que realmente interessava. "Dêem às pessoas factos... quanto mais divulgarem, mais vendem", advogava ele em 1922. Na perspectiva de Hopkins, o humor, imagens fora do comum (até mesmo espaço em branco) eram inúteis ou contraproducentes.

Dentro dos limites da sua própria experiência, Hopkins estava mais certo do que errado. A sua experiência era escrever aquilo a que na altura se chamava anúncios de "encomendas por correio", aqueles com um cupão para o leitor proceder a uma compra ou, pelo menos, enviar de volta para receber mais informação. Através da cuidadosa avaliação das respostas, Hopkins e os seus contemporâneos aprenderam com a experiência aquilo que tinha um resultado mais eficiente.

As regras de Hopkins continuam a ser válidas para a maioria dos anúncios com resposta directa e para qualquer situação em que, parafraseando Hopkins, se pretenda "atrair apenas algumas pessoas" e fornecer-lhes informação que será do interesse delas. No entanto, nem todas a comunicação da marca funciona desta forma.

Hopkins escreveu:

*O único objectivo da publicidade é vender... não é mostrar o seu nome ao público. Não é para ajudar os seus outros vendedores.*

Mas porque não? Muita publicidade, talvez a maioria, faz precisamente estas coisas. Dizer que o objectivo da publicidade é vender é tão útil como dizer que o objectivo de uma equipa de futebol é marcar golos. Num certo sentido, isto está absolutamente correcto, mas pode induzir em erro, uma vez que os remates para golo constituem uma pequena parte daquilo que os futebolistas realmente fazem em campo (e, na verdade, fora dele) e que é necessário para tornar possíveis esses golos. Conforme disse Stephen King, o fundador de um planeamento de contas na agência J Walter Thompson nos anos 60, o papel mais importante da publicidade não é vender, mas sim criar "capacidade de venda". Isto começa a explicar porque é que muita publicidade eficaz não só não contém qualquer informação factual, como também pode quebrar qualquer uma ou mesmo todas as outras regras de Hopkins.

## Através da criação de consciencialização, de fama, de familiaridade ou de "proeminência"

Este conjunto de ideias baseia-se no facto de termos uma tendência ge-

# O MUNDO DAS MARCAS

ral, quando tudo o resto se mantém igual, para escolhermos coisas com que estamos mais familiarizados, que reconhecemos ou em que pensamos primeiro.

Sabemos que isto funciona a nível individual, devido aos exemplos da publicidade e às experiências na área da psicologia. Mas também existe aqui uma dimensão social. Se uma marca é famosa, as pessoas normalmente partem do princípio que é popular e que tem o aval dos outros. O inquérito *Brand Capital* da DDB revelou o poder desta "procura contagiosa", na qual as marcas com mais "amigos" têm quase sempre uma proporção mais elevada desses amigos como "amantes"; por outras palavras, têm em média uma ligação mais forte à marca. Atendendo a estas descobertas, é importante encarar a comunicação da marca não apenas como mensagens de *marketing* "de um para um", ou seja, da marca para um indivíduo, mas também como rituais públicos que criam significados partilhados. Eu não só vejo um anúncio, como sei que todas as outras pessoas também o vêem e, em muitos casos, estou consciente da forma como reagem[5].

Existem de tal maneira fortes evidências que sustentam a importância deste modelo de "proeminência" (usando o termo de Hall e Maclay) que alguns teóricos acreditam que isto é o suficiente para explicar os efeitos da comunicação. Andrew Ehrenberg, professor da South Bank Business School em Londres, defende que isto é tudo o que a publicidade faz. A criatividade e as propriedades distintas da marca desempenham no processo o papel de fortalecer o efeito da proeminência, mais do que atribuir significados distintos às marcas. Isto pode ser uma perspectiva extrema, mas não há qualquer dúvida de que o papel que a fama e a publicidade desempenham no efeito da publicidade, independentemente do conteúdo do anúncio, é muitas vezes subestimado.

### O Instituto Bud Light

Com vista a promover a cerveja Bud Light no Canadá, a agência DDB – que é a responsável pela publicidade da empresa Anheuser Busch, detentora daquela marca de cerveja – inventou o (fictício) Instituto Bud Light. O seu objectivo é ajudar os homens a passar mais tempo com os seus amigos do sexo masculino, de preferência a beber Bud Light, através da criação de elaboradas estratégias para os ajudar a escapar às suas esposas e namoradas.

Os anúncios de televisão lançaram o instituto, mostrando de que forma poderiam, por exemplo, providenciar um bando de *vikings* para interromper um churrasco em família, ou criar o primeiro filme romântico de 48 horas, que manteria as mulheres ocupadas durante todo um fim-de-semana. Um outro anúncio baseava-se na publicidade a uma compilação

COMUNICAÇÃO DA MARCA

fictícia de canções românticas com títulos como *I love you because you let me go out with my friends on a weekly basis* – "Amo-te porque me deixas sair com os meus amigos todas as semanas". (O interesse por esta compilação foi tão elevado que um verdadeiro CD intitulado *Ulterior Emotions* foi disponibilizado através do *website* do Instituto Bud Light e, a determinada altura, tornou-se o segundo CD mais vendido no Canadá).

A Bud Light também cobriu um novo edifício de escritórios em Vancouver com uma tela anunciando que ali seria a sede do Instituto Bud Light. Publicou uma oferta de emprego para um director, fez entrevistas e acabou por anunciar a "nomeação" de um candidato verdadeiro.

Desta e de outras formas, a ideia originalmente criada para a televisão foi transformada numa piada elaborada através de muitos canais e meios diferentes. (Uma vez que as piadas funcionam, por natureza, através de analogias, este resumo por escrito é totalmente incapaz de reflectir o facto de a campanha ser também bastante divertida).

O conteúdo desta campanha não diz nada acerca do produto e, na verdade, a cerveja é mostrada apenas de forma periférica ou nem sequer o é. A campanha funciona através de uma espirituosa partilha dos sentimentos do homem em relação à mulher, criando uma sensação de cumplicidade e uma relação amigável com a marca.

Se bem que a comunicação "one to one" (*website*, promoções, direct mail) funcionem bem como parte desta campanha, o seu efeito global depende inteiramente da natureza pública e partilhada da piada.

### Através da criação de envolvimento

Além destas ideias simples, que poderiam ser denominadas por factos e fama, existe ainda um terceiro elemento, frequentemente reconhecido mas mais difícil de colocar por palavras. Hall e Maclay baptizaram-no "envolvimento". James Webb Young, da J Walter Thompson, num texto de 1960, abordou a forma como a publicidade "cria um valor que não no produto". Ernest Dichter e outros psicólogos da área da publicidade dos anos 60, influenciados por Freud, escreveram sobre motivação e sublinharam a importância dos símbolos e das metáforas na comunicação. Outros utilizaram as palavras fortalecimento e transformação. Se observar uma qualquer selecção de campanhas bem sucedidas, irá provavelmente concordar que existe um elemento de comunicação persuasiva que não se baseia apenas na informação ou na proeminência. Será que o podemos definir de forma mais aprofundada?

Isto seria útil, porque este terceiro elemento é o que tem maiores probabilidades de ser rejeitado na prática. Sendo o mais difícil de definir e de analisar e, por isso, o mais difícil de avaliar, é frequente ter menos

# O MUNDO DAS MARCAS

influência no mundo da tomada de decisão empresarial. É muitas vezes classificado com termos contrários às regras comerciais, tais como emoção, intuição ou capacidade artística, resultando em frequentes "diálogos de surdos" entre os que exigem clareza e provas e os que "sentem o que é o correcto" (muitas vezes, mas nem sempre, o cliente e o departamento criativo, respectivamente).

Ao reunirmos algumas ideias diferentes da neurologia e da teoria da comunicação, podemos fazer algo para legitimar esta área. Algumas das ideias que se seguem são recentes, outras nem tanto; mas, de uma forma geral, não têm sido aplicadas o suficiente nas reflexões sobre comunicação da marca.

*Através da criação de associações que irão influenciar o comportamento*
Uma ideia que poderá ajudar tem cerca de 100 anos, e resulta do primeiro estudo académico sério sobre o funcionamento da publicidade: *The Psychology of Advertising*, por Walter Dill Scott, da Northwestern University, publicado em 1903. A teoria de Scott, formulada muito antes de o modelo de Hopkins sobre transferência de informação ter atingido a sua hegemonia, baseou-se na ideia simples e há muito estabelecida de "associações". Como teoria psicológica existe desde Aristóteles e foi um conceito-chave para filósofos do século XVIII, como David Hume e John Locke. Defende que qualquer ideia ou experiência dos sentidos despoleta automaticamente na mente ligações a outras ideias e sensações e que, apesar de estas ligações nem sempre serem conscientes, elas podem ser suficientemente poderosas para influenciar o nosso comportamento.

Scott acreditava que a publicidade funciona através da criação do tipo certo de associações para a marca. Este processo não tem de ser consciente ou verbal. Ele escreveu sobre os efeitos de fotografias nos anúncios, criticando uma fotografia de um sapo num anúncio a um café, porque o café não deve ser associado a um "réptil viscoso e nojento". Ele também deu exemplos de como a publicidade pode influenciar as atitudes das pessoas para com as marcas, sem que sejam conscientemente capazes de se lembrar de ter visto o próprio anúncio:

*Uma jovem senhora afirmou que nunca tinha reparado nos anúncios presentes nos eléctricos em que ela tinha andado durante anos. Quando questionada mais em profundidade sobre o tema, chegou-se à conclusão que ela sabia de cor cada anúncio que aparecia na linha... e que tinha em grande conta os produtos anunciados. Ela não tinha consciência de ter andado a ler os anúncios e recusou veementemente a sugestão de que tinha sido influenciada por eles.*

Estas ideias, que foram mais tarde relegadas para segundo plano na maioria do pensamento publicitário durante quase um século, estão agora fortalecidas por algumas recentes descobertas no estudo do cérebro. António Damásio, no seu livro *O Erro de Descartes*[6], escreve sobre ligações neurológicas denominadas "engramas" e ligações entre pensamentos e sentimentos a que ele chama "marcadores somáticos", baseando assim todo o nosso processo de tomada de decisão não na razão, mas nas nossas emoções e memórias inconscientes. Daniel Schacter, em *Searching for Memory*[7], confirma a observação de Scott (uma que, por acaso, a maioria dos investigadores de publicidade têm estado inclinados a ignorar ou a negar):

> *Pode pensar que, pelo facto de prestar pouca atenção a anúncios na televisão ou em jornais, os seus juízos de valor acerca dos produtos não são afectados por eles. Mas uma recente experiência mostrou que as pessoas tendem a preferir produtos apresentados em anúncios para os quais eles mal olharam alguns minutos antes – mesmo quando não têm qualquer memória explícita de terem visto esse anúncio.*

Os temas da natureza emotiva das decisões em termos de marca e o poder do processamento do envolvimento reduzido ou implícito foram muito bem analisados por Robert Heath no seu livro *The Hidden Power of Advertising*[8].

Podemos, então, desenvolver este terceiro modelo reflectindo com Scott sobre o funcionamento da publicidade através da criação de associações que irão influenciar o comportamento. Estas associações podem muito bem ser não verbais e também não conscientes. Conseguimos agora compreender, devido a investigações recentes, que uma tal aprendizagem implícita está longe de ser frágil e pode ser extremamente poderosa.

### Integração

A comunicação eficaz da marca pode ser integrada de três formas diferentes:

- Intregação funcional
- Integração da marca
- Integração temática

# O MUNDO DAS MARCAS

A **integração funcional** significa reflectir sobre a forma como as diferentes acções da marca se relacionam, em tempo e espaço reais, umas com as outras e com (por exemplo) o processo de decisão de compra. Assim, para encorajar os colaboradores a assinarem um plano de cuidados de saúde, poderão necessitar de passar por um processo de:

- reconhecimento da sua necessidade de cuidados de saúde;
- consciencialização de uma marca específica;
- pedido de informação;
- leitura da brochura;
- marcação de uma entrevista para uma reunião de vendas;
- manutenção do compromisso;
- conclusão do acordo.

Além disso, o efeito geral da comunicação de massas por parte da marca sobre a "capacidade de vendas" poderá ter um efeito significativo sobre a conversão em cada fase do processo (se bem que seja provável que a avaliação individual dos níveis de resposta a cada comunicação não mostre isso).

Este nível de planeamento requer uma boa compreensão do "caminho para a compra" do potencial cliente e das barreiras práticas ou mentais que surgem em cada fase. Deve reconhecer-se que criar uma capacidade de venda pode ser tão importante como concluir a venda.

A **integração da marca** significa assegurar que tudo o que a marca faz de alguma forma se reflecte e contribui para a sua identidade única: os seus valores, o seu tom de voz, o tipo de relacionamento que pretende ter com outros. Isto é mais abrangente e mais profundo do que um manual de identidade visual, se bem que, a um nível prático, também reflicta a identidade da marca de uma forma palpável.

Se o sentido de identidade de uma marca for forte, isto poderá ser o suficiente para assegurar que a sua comunicação seja inequivocamente associada à marca. (Os primeiros anúncios da Volkswagen eram diferentes dos outros anúncios americanos a carros, com fotografias simples a preto e branco do automóvel num espaço branco, quando todos os outros estavam a usar desenhos coloridos, com pessoas e locais encantadores). O uso de estímulos visuais ou outros das marcas – o cão Dulux, o boneco da Pillsbury, as cores do Mastercard – é uma forma comum e mais palpável de agregar a comunicação de uma marca, sem necessariamente ir tão longe como a integração temática.

A **integração temática**, ao contrário das duas primeiras, deve ser encarada como opcional mas, ainda assim, tem efeitos poderosos. Sucede quando uma ideia criativa específica é desenvolvida através de múltiplos canais ou múltiplas mensagens: TV, *outdoors*, *direct mail*, promoções na Internet. O Instituto Bud Light é um bom exemplo disto.

Teoricamente, a ideia criativa que une este tipo de campanha poderia ter origem em qualquer canal de comunicação, desde os patrocínios até ao *direct mail*. Na realidade, contudo, é difícil descobrir exemplos de grandes ideias deste género que não tenham começado na televisão ou na imprensa escrita. Isto sugere que a maior liberdade criativa destes canais, quando usados na sua plenitude, irá continuar a ser um ingrediente crucial para a comunicação eficaz da marca.

## Comunicação digital e analógica

Contudo, temos de perceber que se a comunicação for não verbal ou não consciente é muito diferente da comunicação do tipo verbal e consciente que nós consideramos tão simples de analisar. Com efeito, nesta altura, alguns leitores poderão estar preocupados com as possibilidades assustadoras de persuasores escondidos e de técnicas sinistras de lavagem cerebral. Mas a comunicação não verbal e não consciente não é algo sonhado por cientistas ou publicitários malévolos: é simplesmente a forma como nós comunicamos a maioria das vezes ao longo das nossas vidas. Está provado que, nas interacções quotidianas, entre 55 e 95 por cento da comunicação é não verbal. Nós respondemos muito mais a gestos, ao tom de voz, à aparência física, à indumentária e a contextos do que ao que poderá estar a ser dito e, na maioria das vezes, fazêmo-lo sem termos consciência disso. Com as marcas não é diferente.

Nós também interpretamos esta comunicação não verbal de uma forma diferente. Watzlawick faz uma importante distinção entre aquilo a que ele chama comunicação "digital" e "analógica" (usando uma analogia entre diferentes tipos de computadores). Outros termos para a mesma ideia são "denotativo/conotativo" ou mesmo "explícito/implícito". A comunicação digital pretende ser exacta; uma palavra ou um símbolo representam uma única ideia que não é ambígua, quase como num código. Na comunicação analógica, os significados não estão definidos; eles podem variar de pessoa para pessoa ou conforme o contexto, ou simplesmente mostrar uma multiplicidade de interpretações possíveis. (John Hartley Williams, poeta, escreveu acerca de "uma linguagem dimensional e tri-dimensional", esta última incluindo poesia).

Nos negócios, nós temos sido condicionados para acreditar que o digital (precisão) é bom e que o analógico (ambiguidade ou vago) é mau. No entanto, toda a comunicação não verbal, de acordo com Watzlawick, é essencialmente analógica. Isto explica quer o poderoso efeito que as ima-

# O MUNDO DAS MARCAS

gens, os gestos ou a música podem ter, quer a perturbação que eles criam num ambiente de negócios. Além disso, a função da comunicação analógica é muitas vezes diferente. Na opinião de Watzlawick, qualquer acto de comunicação está relacionado com dois aspectos: o conteúdo real e o relacionamento entre as partes em comunicação. Se pararmos para pensar sobre muitas das nossas conversas diárias, por exemplo (já para não falar da linguagem corporal), as conversas de circunstância acerca do tempo, do desporto ou da moda têm mais a ver com o nosso relacionamento uns com os outros do que com o seu conteúdo aparente. Isto também se aplica à comunicação da marca. Se um anúncio, evento ou publicidade por correio for divertido, chocante ou informativo, estas escolhas de efeito pretendido, bastante independentes do conteúdo, transmitem algo importante acerca da marca e do relacionamento que se propõe ter com o receptor. Analisados desta perspectiva, muitos anúncios que parecem despropositados quando considerados em termos de conteúdo, assumem um nível de significado completamente novo, ao qual a audiência não tem qualquer dificuldade em responder de forma intuitiva (Max Blackston, investigador, defendeu que a relação de alguém com uma marca depende não só daquilo que pensa sobre a marca, mas também no que acredita que a marca pensa dela).

### O caso da Degree

O antitranspirante Degree foi lançado em 1990 nos Estados Unidos e, em 2000, desfrutou de uma elevada popularidade por parte dos consumidores, como resultado do seu posicionamento em termos de activação do calor do corpo. Então, novos estudos revelaram uma preocupação emocional dos homens relativamente à transpiração, que suar era um sinal de fraqueza ou de fracasso: "Se sua, está frito".

Esta perspectiva criou a oportunidade para passar uma mensagem aos consumidores masculinos sobre o calor activado pelo corpo e foi construído um programa integrado de *marketing* em torno de um novo diferenciador de produto destinado aos homens: "Kicks-In In the Clutch" ("Entra em acção nas alturas difíceis"). Surgiram em programas de televisão e na imprensa escrita anúncios com banda desenhada que mostrava heróis de acção em situações complicadas.

Com base no sucesso da campanha "Clutch Time", em 2003 a Degree obteve a licença exclusiva de antitranspirante da Ironman Triathlon (marca pertencente à Federação Internacional de Triatlo), que reanimou as referências da Degree em termos de resistência e de desempenho elevado. Um programa integrado completo incluiu a criação de uma

160

COMUNICAÇÃO DA MARCA

equipa de atletas Degree Ironman, programas de televisão patrocinados pela marca, anúncios e publicidade e mesmo um novo produto, o Degree Ironman Protection.

Desde que a campanha "Kicks-In In the Clutch" foi lançada, a marca ganhou uma quota de 4 por cento e testes independentes revelaram que, em 2002, a comunicação da marca Degree recebeu por parte dos homens as pontuações mais elevadas nesta categoria. Este é um bom exemplo de "integração temática". Ilustra também alguns outros pontos referidos neste capítulo:

- basear a comunicação da marca na perspectiva do consumidor;
- compreender a base emocional presente nas decisões de consumo e não apenas as características do produto;
- criar sólidas interpretações de marca (neste caso essencialmente visuais) que diferenciem fortemente a marca e a realcem pelos seus valores distintos;
- o salto de uma perspectiva estratégica para a capacidade artística e para a imaginação (do digital para o analógico).

Com agradecimentos à Unilever

Watzlawick refere um outro aspecto de grande importância: é extremamente difícil traduzir a comunicação analógica para digital. Basta debater qualquer anúncio de sucesso para nos apercebermos disso. Faça uma pergunta simples, como "o que é que faz com que este anúncio funcione?" e receberá uma multiplicidade de respostas. Muitas conterão alguns elementos válidos, mas nenhum deles será a verdade. No entanto, os profissionais de *marketing* lutam constantemente para traduzir a linguagem visual ou audiovisual dos anúncios e marcas para uma linguagem de análise verbal, digital. Olhamos para o bem conhecido anúncio televisivo da Budweiser, "Whassaup" (*what's up?* – "como vai isso?"), e dizemos que é sobre camaradagem; olhamos para o bebé da Michelin e dizemos que tem a ver com confiança. Mas, entretanto, perdemos tudo o que tornou essas campanhas um sucesso.

É por esta razão que Scott não estava certo quando se queixou do sapo nojento e viscoso num anúncio a café. Essa foi apenas uma possível leitura da imagem. Poderia igualmente ter sido visto como, por exemplo, divertido, simpático, natural, orgânico, animado, activo ou fresco. No entanto, estas são também apenas palavras e nenhuma faz verdadeiramente justiça à imagem. Imagens como esta são poderosas precisamente porque são voláteis e multifacetadas, pelo que a sua interpretação na to-

# O MUNDO DAS MARCAS

mada de decisões nunca é simples. Muitas pessoas podem ter-se questionado sobre porque é que os chimpanzés eram um meio apropriado para promover chá, como na campanha da marca de chá PG Tips no Reino Unido, que esteve no ar durante 35 anos, ou porque é que os sapos e os lagartos são uma forma eficaz de vender Budweiser. Uma resposta para ambos os casos é que, pelo facto de essas criaturas estarem fortemente antropomorfizadas, as suas características humanas predominaram sobre o que poderiam ter sido associações animais negativas. Mas uma tal análise racional tem as suas limitações quando se fala acerca de comunicação de marca bem sucedida.

Os negócios que aspiram a certezas sentir-se-ão sempre desconfortáveis com o lado analógico da comunicação da marca. Mas seria um erro pensar que as marcas podem passar sem este combustível de elevadas octanas e igualmente errado pensar que os mesmos resultados podem ser obtidos ao reconhecerem-se apenas os aspectos da comunicação que podem ser digitalizados e analisados de forma segura. Isto não significa que somos incapazes de tomar boas decisões em termos de trabalho criativo. Todos somos capazes de fazer juízos intuitivos, desde que tal nos seja permitido e que desenvolvamos a nossa intuição em vez de a reprimirmos. Também dispomos de um guia útil, se não infalível, na voz do público-alvo, desde que saibamos que tipo de perguntas lhe fazer e de que forma percepcionar as suas respostas.

Mas se compreendermos que este nível de comunicação é importante na publicidade, também explica porque é que tantas coisas importantes desafiam análises simples. Bill Bernbach, eleito pela revista *Ad Age* como a pessoa mais influente no mundo da publicidade no século XX, defendeu:

*A lógica e a análise em excesso podem imobilizar e esterilizar uma ideia. É como o amor – quando mais o analisa, mais ele desaparece.*

Ele disse também:

*Será a criatividade uma forma de arte esotérica e obscura? Nunca na vida. É o aspecto mais prático que um homem de negócios pode empregar.*

Referindo-se a um famoso e bem sucedido anúncio de venda por correio publicitando um curso por correspondência, que decorreu durante anos a partir dos anos 20, sob o lema "Eles riram-se quando eu me sentei ao piano...", Bernbach fez o seguinte comentário:

*Que aconteceria se este anúncio tivesse sido escrito numa linguagem diferente? Teria sido tão eficaz como foi? E se dissesse "Eles admiraram a forma como toquei piano", que também apela ao instinto de se ser admirado? Teria sido o suficiente? Ou foi a talentosa e imaginativa expressão do pensamento que fez o trabalho? Aquela maravilhosa sensação de vingança. Suponhamos que Winston Churchill tinha dito "devemos muito à RAF [Royal Air Force]" em vez de "nunca tantos deveram tanto a tão poucos". Acha que o impacto teria sido o mesmo?*

## Conclusão

A comunicação da marca tem três funções:

- fornecer informação acerca da marca;
- tornar uma marca famosa e familiar;
- criar padrões distintos de associações e de significados, que tornam a marca mais atractiva e vendável.

Estas associações e significados podem ser não verbais e não conscientes. A comunicação será analógica e também digital, e o seu objectivo é criar uma relação com a marca, bem como com o seu conteúdo real.

Isto poderá parecer só teoria, mas trata-se simplesmente de tentar encontrar palavras que nos levem a tomar consciência das coisas que vivenciamos diariamente em todos os tipos de comunicação. Estas ideias podem não ser as que se podem objectivamente designar por certas ou erradas, mas poderão ser mais úteis na definição das formas como a comunicação constrói marcas. Sem dúvida que estas ideias ajudam a compreender muitos aspectos da publicidade de sucesso, que são mediocremente explicados pelos modelos de informação/persuasão ou de simples proeminência.

Elas também têm outras implicações na prática:

- A rentabilidade dos orçamentos da comunicação não deve ser avaliada apenas no curto prazo ou em termos de respostas de vendas que podem ser directamente associadas a actividades específicas. Para muitas marcas, o investimento em comunicação, a um nível comparável com concorrentes, deveria ser visto como um custo contínuo do negócio e para assegurar os futuros *cash flows* da marca.
- Nem toda a comunicação eficaz da marca pode ser intelectualizada ao nível do seu conteúdo. Os processos racionais de tomada de de-

# O MUNDO DAS MARCAS

cisão podem destruir a comunicação analógica, que poderia tornar-se uma importante fonte de valor acrescentado.

- As técnicas de investigação usadas para avaliar a publicidade ou outra comunicação, seja antes ou depois da exposição, podem facilmente deixar-se influenciar pelos aspectos que são fáceis de avaliar, como a compreensão verbal da informação ou a memória consciente. Estes não reflectem só a eficácia da comunicação.

Por último, duas advertências:

- É preciso deixar bem claro que este capítulo não pretende defender que o analógico é bom e o digital é mau. Os seres humanos comunicam de ambas as formas. Por vezes, a informação exacta é a coisa mais objectiva a oferecer e oferecer informação em si cria um certo tipo de relação. Com o actual declínio da publicidade "long copy" (cartas enviadas pela Internet com anúncios extensos), existem, sem dúvida, muitas oportunidades falhadas em categorias como as TI (Tecnologias de Informação) e as finanças para que as marcas se diferenciem entre si de forma positiva, através de um diálogo inteligente com os seus clientes, algo mais do que pagar por outra página inteira num jornal, contendo uma fotografia de uma flor e uma frase pretenciosa como "inventar o futuro".

- A comunicação eficaz desafia frequentemente análises simples, mas isto não significa que o processo de planeamento da comunicação da marca não deva ter qualquer disciplina. Devem ser sempre colocadas questões importantes, tais como: qual é o objectivo da comunicação, quem é o público-alvo, que acção deve a comunicação procurar influenciar? E devem ser sempre respondidas com base na melhor e na mais sensata compreensão de com quem se está a tentar comunicar. A compreensão e o conhecimento do consumidor são um ponto de partida essencial, mas, a determinada altura, a comunicação eficaz precisa de dar um salto para entrar no reino da intuição e da capacidade artística. Citando novamente Bill Bernbach:

*Existem duas atitudes que pode assumir: a da aritmética fria ou a da quente persuasão humana. Eu defendo a última para si. Porque existem provas de que, no campo da comunicação, quanto mais intelectual fica, mais perde importantes capacidades intuitivas necessárias para uma maior persuasão – as coisas que realmente nos tocam e influenciam.*

## Notas e referências

1 Watzlawick, P., *Pragmatics of Human Communication*, W. W. Norton, 1967.
2 Ver Capítulo 2.
3 Jones, J.P., *When Ads Work*, Lexington Books, 1994.
4 Doyle, P., *Value Based Marketing*, John Wiley & Sons, 2000.
5 Crimmins, J. e Anschuetz, N., "Contagious Demand", Market Research Society Conference, 2003.
6 Damásio, António R., *O Erro de Descartes. Emoção, razão e cérebro humano*. Mem-Martins, Publicações Europa-América, 1995
7 Schacter, D., *Searching for Memory: The Brain, The Mind, and The Past*, Basic Books, 1997.
8 Heath, R., *The Hidden Power of Advertising*, WARC, 2002.

# 9. Relações públicas e *branding*

*Deborah Bowker*

As percepções, exactas ou não, são a base de uma tomada de decisão. O poder de moldar percepções depende da credibilidade, que apenas desaparece demasiadamente depressa quando as empresas ou os seus gestores se comportam de uma forma que destrói a confiança nos seus padrões e nas suas motivações. As relações públicas têm cada vez mais a ver com a comunicação de credibilidade a audiências-chave que influenciam os resultados do negócio, tais como os comentadores dos média, criadores de políticas e influenciadores das mesmas, clientes e accionistas. É um elemento importante na sustentação do poder e valor da marca de uma organização para todos os *stakeholders* ("partes interessadas").

Todos os elementos de uma marca empresarial, desde o tom e a personalidade, crenças funcionais e emocionais, mensagem-chave e objectivo final, até à sua reputação – se completamente alavancada pelas audiências internas e externas – podem ajudar a melhorar o desempenho e a aumentar a credibilidade. Promover a consciencialização, compreensão e compromisso para com uma marca, através de uma estratégia de comunicação/relações públicas, é normalmente uma parte essencial de qualquer estratégia global destinada a sustentar e a elevar os padrões de desempenho e de credibilidade.

## Contextualizar a marca

Uma marca é muito mais do que um símbolo visual e um lema memorizável: estabelece a missão e a visão, os princípios de funcionamento e as tácticas de uma organização. Internamente, a marca é crucial para todas as decisões, acções e valores, o que permite aos colaboradores cumprir a promessa da marca. As mensagens internas e externas acerca da marca devem contar a mesma história e ser vistas como parte da mesma narrativa, devendo estar relacionadas com o seguinte:

- Valores – as principais convicções da organização; o que é que a organização e a marca representam.
- Comportamentos – de que forma a organização interage com os *stakeholders* internos e externos.

# O MUNDO DAS MARCAS

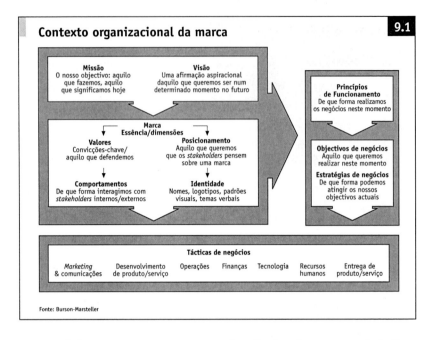

Fonte: Burson-Marsteller

- Posicionamento – o que a organização deseja que os *stakeholders* pensem sobre uma marca.
- Identidade – nomes, logotipos, padrões visuais, temas verbais.

O valor de uma marca pode ser avaliado pelo desempenho de uma organização e isso depende das interligações. Reconhecer e reforçar as interligações de uma marca com a cultura e o desempenho de uma organização, através de uma campanha de comunicação centralizada no alinhamento dos colaboradores com os resultados do negócio e da sua reputação, pode ter efeitos poderosos.

A identidade da marca deve ser construída a partir de dentro, transpondo barreiras geográficas, níveis e funções. A noção de uma cultura vencedora é reforçada ao longo do tempo através do recrutamento, da formação, da estrutura, de recompensa e de reconhecimento, conjugados com as dimensões da marca, como os valores, os comportamentos dos colaboradores, o posicionamento externo e os símbolos.

Os valores baseados na marca, em vez de serem *slogans* desprovidos de sentido, ajudam os colaboradores a ser coerentes. Além disso, os comportamentos definidos, importantes para o quotidiano individual dos colaboradores, dão vida a estes valores baseados na marca. Criar uma comu-

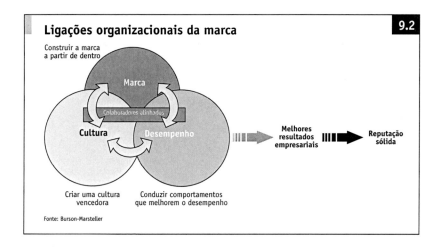

nidade de colaboradores que partilha uma compreensão destes valores e comportamentos traz energia e força a uma organização e ajuda a concentrar os colaboradores na necessidade de padrões de desempenho elevados. Esta é a fonte da satisfação do cliente e da reputação da empresa.

**A ligação ao desempenho e à reputação**
As organizações com elevado desempenho partilham determinadas características em todas as localizações e níveis:

- Enfoque – algumas medidas-chave de sucesso são claramente entendidas.
- União de objectivo – uma mentalidade de "empresa única" em que todos defendem o mesmo objectivo.
- Energia – sentido de urgência, que muitas vezes resulta do desejo de satisfazer a necessidade de um cliente.
- Agilidade – capacidade para se adaptar a um ambiente empresarial em mudança.
- Aprendizagem – desejo de partilhar conhecimentos e a infra-estrutura organizacional para permitir que o conhecimento seja partilhado.
- Identidade – identificação individual e colectiva com a missão, os valores, a estratégia empresarial e a promessa de marca de uma organização.

Se todas as características acima referidas forem encorajadas, é possível manter padrões de desempenho elevados, mesmo perante uma for-

# O MUNDO DAS MARCAS

te concorrência. As organizações com excelente reputação partilham fortes motivadores da mesma. Por exemplo, as empresas que constam da lista das "Empresas mais admiradas" (*Most Admired Companies*) da revista *Fortune*, estão classificadas segundo as percepções dos seus analistas de reputação e reveladas em sondagens realizadas junto de analistas, directores e gestores da indústria. Estes motivos incluem:

- qualidade da gestão;
- qualidade dos produtos e serviços;
- capacidade de inovação;
- valor como um investimento de longo prazo;
- solidez da posição financeira;
- utilização sensata dos activos da empresa;
- capacidade para atrair, desenvolver e manter os colaboradores com talento;
- responsabilidade para com a comunidade e/ou o ambiente.

A estes motivos são atribuídos diferentes pesos e prioridades, segundo os sectores. Mas é justo dizer que são percepcionados como fortes ou fracos numa determinada empresa com base não apenas no desempenho financeiro, mas também nas percepções da reputação e da credibilidade da gestão, bem como no compromisso para com os activos humanos e relações com a comunidade. Uma marca que é consistentemente vista como representando padrões elevados de qualidade e de integridade é uma marca forte e valiosa.

As organizações detentoras de marcas que são altamente conceituadas partilham das seguintes características:

- Liderança – o reconhecimento de que a marca é identificada com um presidente executivo e por toda a equipa de gestão sénior.
- Orgulho – percepção de que o orgulho individual do colaborador conduz à qualidade colectiva.
- Inovação – prova de que a partilha de ideias e da responsabilidade para assumir riscos é incentivada e recompensada.
- Perspectiva de longo prazo – concentração naquilo que é correcto no longo prazo em vez do que é conveniente no curto prazo.
- Cidadania – compromisso organizacional para agir como um bom cidadão.
- Talento – reconhecimento de que o talento deve ser valorizado e incentivado.

170

Uma marca pode incorporar todos os aspectos acima mencionados se houver uma escolha consciente para alargar o seu significado além das vantagens de produto, com o intuito de existir uma ligação holística com os *stakeholders*. As relações públicas podem ajudar essa ligação, através de várias actividades, conforme demonstram os exemplos que se seguem.

*Marca e desempenho: Unilever*

A Unilever, uma empresa global sediada em Londres e Roterdão, detém muitas marcas famosas, desde o sabonete Dove até ao chá Lipton, passando pela comida congelada Birds Eye. A empresa acredita que a agilidade, a inovação e uma concentração no crescimento sustentável são chaves para o sucesso.

Além da publicidade e da promoção dos produtos, nos últimos anos tem sido dada uma grande ênfase à comunicação dos valores e dos comportamentos que orientam o crescimento desta empresa. Foi implementado um programa multimédia de comunicação interna a todos os níveis, desde o nível hierárquico mais baixo até ao presidente executivo.

Foram identificados os valores a partilhar e definidos os comportamentos desejados, tendo as recompensas e o reconhecimento sido alinhadas em conformidade com esses comportamentos. Numa organização que tem funcionado tradicionalmente com unidades separadas, todos os colaboradores se concentram agora num consistente conjunto de medidas de sucesso, tendo em vista a criação de uma cultura vencedora. O enfoque nos valores e no crescimento a todos os níveis está a funcionar bem. Em 2002, as marcas líderes da Unilever na divisão do lar e cuidados pessoais registaram um crescimento de vendas de 6,7 por cento, enquanto que as vendas globais aumentaram 5,2 por cento. Isto estava em conformidade com a estratégia *Path to Growth* ("Caminho para Crescer") da Unilever, que está a ser implementada a nível global.

No relatório anual de 2002 da Unilever, uma carta do presidente diz:

> *Nós só podemos cumprir e manter os objectivos da nossa estratégia Path to Growth se os nossos colaboradores tiverem vontade de vencer e uma cultura que incentive e recompense o espírito empreendedor. O desenvolvimento dos programas Leaders into Action ("Líderes em Acção") e os dias que passamos com os jovens líderes de amanhã fazem parte de um programa global para motivar a mudança. Os resultados são evidentes no entusiasmo para vencer a que nós assistimos em todas as áreas de negócio e nos exemplos de inovação que estão a motivar o rápido crescimento e a melhoria dos resultados.*

## O MUNDO DAS MARCAS

*Marca e reputação: Coca-Cola*
A Coca-Cola, uma empresa global de bebidas que detém uma das marcas mundiais mais famosas, enfrenta inúmeros desafios à sua reputação devido a um cada vez maior antagonismo perante marcas globais, especialmente as que se identificam fortemente com os Estados Unidos.

A Coca-Cola deu alguns passos para recuperar qualquer perda de reputação que tenha sofrido. No que diz respeito à obesidade, que alguns tentaram associar a bebidas refrigerantes, a empresa e os seus parceiros de engarrafamento realçaram a escolha das bebidas "*diet*" e outras. As suas directrizes dizem que não deve haver *marketing* explícito de bebidas refrigerantes dirigidas a crianças com menos de 12 anos, as máquinas de venda automática disponibilizam bebidas variadas (refrigerantes, água, sumos de fruta) e os programas patrocinados nas escolas salientam a importância de um estilo de vida activo.

No que diz respeito ao antiamericanismo, a Coca-Cola pode ser uma marca norte-americana, mas a sua filosofia e funcionamento são internacionais. Fora dos Estados Unidos, tem gestores e colaboradores locais que se preocupam em demonstrar uma boa cidadania local.

Doug Daft, presidente executivo da Coca-Cola, afirmou no relatório anual da empresa relativo a 2002:

> *Os valores que sustentam o nosso sucesso são a integridade, a qualidade, a responsabilidade, a diversidade, as relações com base no nosso respeito para com os outros, para com as comunidades onde realizamos negócios e para com o ambiente. As pessoas sabem o que esperar da Coca-Cola Company, precisamente porque sempre vivemos regidos pelos nossos valores. Quando um consumidor desfruta de uma garrafa de Coca-Cola, quando as pessoas investem em nós, quando os parceiros realizam negócios connosco ou quando operamos numa comunidade, mantemos a nossa promessa de os beneficiar e refrescar. Nós criamos valor – económico e social – de forma segura e previsível.*

### A marca é a empresa
Ken Chenault, presidente executivo da American Express, afirmou recentemente:

> *A nossa marca é, no fundo, o único indicador para qualquer decisão de negócio que tomemos e para a forma como conduzimos esses ne-*

gócios. *Por causa disto, os valores da nossa marca e os nossos valores empresariais devem ser consistentes.*

Uma sondagem realizada a 137 executivos de empresas norte-americanas, incluída no relatório de Abril de 2001 do Conference Board, intitulado *Engaging Employees through your Brand*, confirma:

*Os executivos disseram-nos que a sua marca estava a ser usada como um elemento unificador para os colaboradores numa altura de grande mudança. Além disso, esperavam que os colaboradores fossem um exemplo das promessas que a marca faz aos clientes da empresa.*

Em representação dos académicos, Don Schultz, professor na Northwestern University, afirma[1]:

*Uma chave para o sucesso parece ser a capacidade para desenvolver sistemas internos apropriados de apoio à marca ou marcas e promover uma execução unificada, coordenada e coesa da promessa da marca em todas as suas várias dimensões, desde a comunicação até ao desenvolvimento do produto, passando pelo serviço de apoio ao cliente.*

Uma marca empresarial forte deve:

- informar sobre a política pública e o posicionamento da empresa;
- apoiar iniciativas de mudança;
- representar a credibilidade em tempos difíceis;
- realçar os valores dos colaboradores e orientar comportamentos.

Isto deverá acontecer se a função da comunicação empresarial assumir as suas responsabilidades na defesa da marca, protegendo a sua reputação e demonstrando os seus valores.

Se o objectivo de uma organização de serviços financeiros for posicionar-se como conselheiro de confiança, então as questões de transparência da empresa devem ser avaliadas a partir de muitos pontos de vista diferentes. Qual será o impacto a curto e mais longo prazo na posição financeira da organização, bem como nos activos, nos valores e outros?

Se uma empresa da área tecnológica estiver a transitar da venda de "caixas" para a venda de soluções, então a marca precisa de ter isso em

# O MUNDO DAS MARCAS

conta e adaptar-se de acordo com a forma como a mudança fortalece os activos principais, as vantagens funcionais e como está alinhada com valores em evolução.

À medida que as empresas ponderam as escolhas com que se deparam – por exemplo, pacotes de remuneração executiva, patrocínios, reacção a um tema actual – a concentração nos valores-chave da marca pode ajudá-las a tomar as decisões correctas. Muitas vezes o papel de "consciência" no debate será desempenhado pelo representante da área de comunicação da empresa ou um consultor de relações públicas.

Os colaboradores precisam de viver de acordo com os valores da marca e os comportamentos que sustentam esses valores. A companhia aérea Southwest Airlines, a US Postal Service e os hotéis Four Seasons, por exemplo, colocam a promessa da marca centrada no cliente em lugar de destaque nos programas de orientação, de formação, de recompensa e de reconhecimento.

Herb Kelleher, antigo presidente executivo da Southwest Airlines, afirma:

> *[Os nossos colaboradores] sabem o que é preciso ser feito e fazem-no. A nossa cultura é a nossa verdadeira vantagem competitiva.*

Quando quantificaram a diferença que o empenho dos colaboradores pode ter num negócio, Anthony Rucci *et al.* concluíram o seguinte num artigo publicado na *Harvard Business Review*[2]:

> *Uma melhoria de cinco pontos nas atitudes dos colaboradores impicará uma melhoria de 1,3 pontos na satisfação do cliente que, por sua vez, conduzirá a uma melhoria de 0,5 por cento no crescimento das receitas.*

Para se obter o máximo valor de uma marca, esta deve:

- ser definida por comportamentos que darão vida à marca;
- estar interligada com elementos que motivem o desempenho organizacional;
- ser reconhecida pela liderança como uma fonte de enfoque estratégico;
- ser lançada internamente com um plano de manutenção;
- ser reforçada pelo empenho do departamento de relações públicas em alturas de crise ou de comemoração.

Para alavancarem o valor das suas marcas, as organizações precisam de reconhecer e de comunicar com todos os *stakeholders*. O departamento de relações públicas pode desempenhar um papel crucial neste âmbito. O trabalho das relações públicas não é simplesmente fazer declarações e emitir *press-releases*. Hoje, as funções de uma boa comunicação empresarial reconhecem que, para se avaliar de forma exacta e moldar estrategicamente as percepções da empresa, é preciso ter em conta todas as influências que orientam alguns temas, que moldam percepções e que têm impacto na cobertura dos média e, em última análise, na reputação da empresa.

Uma frase do tipo: "quem é esta empresa e o que é que nós prometemos aos nossos clientes, accionistas, colaboradores, comunidades" adequa-se a qualquer organização em tempos de crise ou de comemoração.

## US Postal Service: em crise

A US Postal Service (USPS) como marca tem sido testada ao longo dos anos, desde *going postal* (que em calão significa ter um acesso de violência), referindo-se à violência no local de trabalho, até the *mail moment* (o momento especial em que se recebe o correio), representando a antecipação e valor de toda a correspondência numa caixa de correio. O lema *We Deliver* ("nós entregamos") engloba nitidamente tanto a entrega de correspondência como a promessa da marca.

As avaliações à marca USPS revelam que esta tem uma relevância e um valor duradouros para os consumidores, apesar das imagens negativas de *snail mail* (correio-caracol) que se associam a este sector. Os atributos da marca que a referem como tradicional, sólida e de confiança e "que se preocupa com os clientes" foram particularmente úteis durante a crise do antraz que se seguiu aos ataques terroristas de 11 de Setembro de 2001.

Cartas contendo o vírus mortal antraz foram enviadas por correio para o Senado norte-americano em Washington, DC, e para gabinetes de jornais em Nova Iorque e na Florida. Cerca de 800 mil colaboradores estavam potencialmente em risco e 28 mil instalações potencialmente contaminadas. Estava em causa a segurança do correio.

O desafio foi restaurar a confiança e o crédito no sistema postal entre os colaboradores, que manuseavam e entregavam o correio, grandes empresas e outras organizações utilizadoras do sistema postal, e o público, que continuava a receber diariamente a sua correspondência. Todos os *stakeholders* tinham de ser tranquilizados.

Tacticamente, a USPS geriu a crise de uma forma inovadora, aplicando as seguintes medidas:

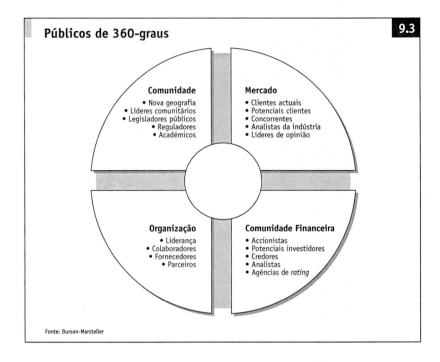

- Uma correspondência especial para todos os lares americanos com directrizes de segurança para o manuseamento da correspondência.
- Um site na Internet totalmente redesenhado, criado em apenas alguns dias, com uma secção dedicada a "manter o correio seguro e em movimento" com factos adequados às questões do público, vídeos, perguntas e respostas, posters e actualizações do serviço de correspondência.
- Actualização diária, ou duas vezes ao dia, de factos colocados no website e que eram enviados por correio electrónico e por fax, eliminando milhares de telefonemas por parte dos clientes e dos média.
- Actualização diária para os chefes dos correios locais com factos e mensagens para usarem nas suas conversas com colaboradores, clientes e comunidades.
- Um esquema de porta-voz multifunções e briefings diários para os grandes meios de comunicação quando necessário.
- Reuniões gerais obrigatórias com todos os colaboradores, um efectivo de 800 mil pessoas, com supervisores recorrendo a debates sobre crise e kits de ferramentas.

RELAÇÕES PÚBLICAS E *BRANDING*

- Linha aberta de informação permanente para os colaboradores com sintomas de doença.
- Cimeira com executivos de grandes clientes para debater formas de manter a correspondência segura e em movimento.

A USPS superou a crise com a sua credibilidade intacta e até melhorada. Demonstrou uma boa capacidade de comunicação que resultou numa gestão mais eficaz da informação e das relações com os *stakeholders*. Duas sondagens realizadas em finais de 2001 mostraram que a reputação da marca estava intacta:

- Um inquérito à opinião pública indicou que 97 por cento dos inquiridos aprovou a sua gestão global da crise; 96 por cento afirmou que tudo estava a ser feito com sensatez para proteger contra um futuro terrorismo.
- Dos 90 mil colaboradores que responderam a uma sondagem intitulada "Voice of the Employee"("Voz do colaborador"), 71 por cento respondeu favoravelmente à afirmação: "Orgulho-me de trabalhar nos Serviços Postais".

A solidez da marca USPS concedeu-lhe uma reserva de confiança pública. A decisão de fornecer informação fidedigna e continuamente actualizada reforçou essa confiança. Ao disponibilizar conscientemente os factos aos jornalistas e ao aconselhar o público de forma consistente, os rumores de descoberta de doença foram rapidamente eliminados. A competência, a eficiência e bom senso prevaleceram.

### Coca-Cola: celebração de uma promessa
A pura celebração é uma das mensagens diárias da marca Coca-Cola. A função do departamento de relações públicas não é fazer eco da mensagem de *marketing*, mas sim construir com base nisso, através de várias histórias que podem envolver relacionamentos locais, inovação ao nível do mercado financeiro, responsabilidade empresarial e resultados dos negócios. O departamento de relações públicas deve ligar os pontos de relacionamento entre produto e cidadania, empresa de engarrafamento e comunidade.

Doug Daft, presidente executivo, explica:

*Algumas pessoas diriam que o nosso negócio é vender bebidas refrigerantes. Outras diriam que o nosso negócio é criar um momento es-*

# O MUNDO DAS MARCAS

*pecial de descanso, uma experiência. Depois de mais de 30 anos a trabalhar nesta enorme comunidade, eu diria que o nosso negócio é criar relações. Estas relações devem basear-se no benefício mútuo, na confiança e em valores partilhados. Este é o essencial da promessa da Coca-Cola. Assegurarmos que funcionamos como um bom cidadão empresarial é essencial – para a solidez das nossas marcas, para o valor que criamos para os nossos accionistas e para o nosso sucesso como empresa. Construir um futuro brilhante para o nosso negócio, de forma correcta, inclui um compromisso no sentido de ajudar a criar comunidades saudáveis e sustentáveis.*

As formas como a Coca-Cola cria os seus relacionamentos e a sua reputação incluem:

- Associações com um mundo de desporto. A Coca-Cola é o mais antigo patrocinador ininterrupto dos Jogos Olímpicos, tendo começado em 1928. A Coca-Cola e os seus parceiros do sector do engarrafamento apoiam mais de 50 desportos em 200 países, desde espaços de informação sobre futebol a nível local nas Filipinas até competições internacionais como o Campeonato Mundial de Futebol.
- Por intermédio das relações públicas, salienta a inovação associada a novos produtos, técnicas e tecnologias. Só na Ásia, foram introduzidos 21 novos produtos em 2001, incluindo sumos de fruta, águas, bebidas energéticas, chás e cafés.
- Formar alianças com aqueles que procuram soluções para os desafios ambientais, tais como a Federação Mundial para a Natureza (World Wildlife Federation) e a Sociedade National Geographic.

Gerir as várias oportunidades a nível das relações públicas implica uma abordagem disciplinada:

- Uma equipa mundial de profissionais de comunicação empresarial ligados através da tecnologia, que estejam totalmente em sintonia sobre a posição e a mensagem da Coca-Cola sobre determinados temas.
- Constante diálogo multinacional e análise de assuntos "locais" que se podem tornar assuntos "globais".
- Clara compreensão das percepções e dos relacionamentos dos maiores média em todo o mundo.
- Uma ligação crescente e próxima entre os objectivos do *marketing* e das relações públicas.

RELAÇÕES PÚBLICAS E *BRANDING*

- Imagem e mensagens coerentes onde quer que surjam, desde o relatório anual até a um relatório sobre cidadania, passando por publicações regionais dos colaboradores.
- *Site* intranet (rede privada com a filosofia de organização e utilização da Internet) redesenhado, que destaca continuamente factos actualizados e pontos de vista empresarias sobre assuntos complexos.
- Credibilidade e valor da função empresarial da comunicação, realçada pela divulgação de resultados.

A Coca-Cola gere claramente com sucesso todos os desafios colocados à sua reputação, pois encontra-se constantemente, e por todo o mundo, no topo dos *rankings* relativos ao valor de marcas empresariais. Na sua área, é também líder na indústria ao nível das avaliações de valor a longo prazo.

## Conclusão

O departamento de relações públicas dá "pernas" e vida aos atributos da marca e à sua promessa essencial, contando histórias credíveis e fornecendo bases para a veracidade das imagens publicitárias de uma marca. Isto é o mais importante nos média e ambiente de negócio em desenvolvimento.

As fontes de informação multiplicaram-se e os consumidores tornaram-se cada vez mais cépticos e sobrecarregados com o excesso de informação. Uma sondagem telefónica da National Quorum a 1007 pessoas residentes nos Estados Unidos, efectuada durante o mês de Fevereiro de 1999 pela Wirthlin Worldwide, uma empresa de consultoria de investigação e estratégia, e publicada no *The Wirthlin Report*[3], indicava que quatro em cada cinco inquiridos considerava que os artigos de notícias eram mais credíveis do que a publicidade. Três em cada quatro sentia que os anúncios exageravam a verdade acerca dos produtos que publicitavam.

A proliferação de canais televisivos e de revistas direccionadas para determinados nichos de mercado, a fácil disponibilidade de notícias durante 24 horas e o crescimento exponencial da Internet significa que as organizações não têm onde se esconder. Elas têm que estar à altura, prontas para refutar histórias que as prejudiquem e devem certificar-se sempre que a sua mensagem é bem transmitida. A realidade é que, segundo os estudos de Thomas L. Harris, as empresas no *top* 200 das "Empresas Mais Admiradas" da lista da revista *Fortune* gastaram quase o dobro em relações públicas comparativamente com as que se encontravam no fim da lista.

# O MUNDO DAS MARCAS

Tudo isto demonstra de que forma as relações públicas são importantes para a estratégia da marca e para construir e sustentar a reputação da empresa. O desenvolvimento de uma estratégia de relações públicas de sucesso depende de quatro elementos:

- Identificação dos vários atributos e características da marca; por exemplo, os seus valores e os comportamentos que a apoiam, o seu posicionamento e a sua identidade. Assim que estes tenham sido identificados, deve ser feita uma avaliação das suas implicações face à cultura de uma organização e às oportunidades para motivar o desempenho. Só então pode ser construído um programa de relações públicas com base nos atributos, nas características e na promessa da marca.
- Devem avaliar-se as percepções de todos os *stakeholders* externos. Isto deve estender-se além das percepções acerca do produto, para incluir motivadores da reputação como a liderança, a inovação, o valor financeiro, a qualidade de gestão e a cidadania da empresa.
- A função empresarial da comunicação deve recorrer internamente aos atributos e às características da marca para informar os colaboradores sobre o posicionamento da empresa em relação a diferentes temas, de forma a apoiar iniciativas de mudança, a realçar a credibilidade em momentos de crise e a orientar o comportamento.
- Deve ser criado um plano de relações públicas anual e passível de avaliação, sustentado pela promessa da marca, com o objectivo de moldar as percepções de liderança do público-chave, de ligações ao cliente, de inovação do mercado financeiro e de responsabilidade empresarial.

**Notas e referências**

1 *Ad Age*, 30 de Outubro de 1998.
2 Rucci, A.J., Kirn, S.P. e Quinn, R.T., "The Employee-Customer-Profit Chain at Sears", *Harvard Business Review*, Fevereiro de 1998.
3 *The Wirthlin Report*, Vol. 9, N° 3, Março de 1999. A National Quorum é uma sondagem telefónica *omnibus* (global) realizada duas vezes por mês nos Estados Unidos; o Relatório Wirthlin é publicado de dois em dois meses.

# 10. Protecção da marca

*Allan Poulter*

E m que situação se encontra a protecção deste valioso, ainda que intangível, activo conhecido como marca? Este capítulo não aborda a forma como os valores da marca são retidos e desenvolvidos de uma perspectiva comercial (assunto que é analisado de maneira mais do adequada numa outra parte do livro), mas sim a forma como nós podemos usar a lei para proteger determinadas manifestações físicas da marca da utilização incorrecta ou não autorizada por terceiros. Por outras palavras, como é que mantemos a exclusividade da utilização das características distintas da marca?

A primeira tarefa consiste em identificar as características de um negócio que servem para o distinguir dos seus concorrentes ou, na realidade, de qualquer outro negócio. O exemplo mais óbvio é o nome da marca. Mas existem muitas outras características que constituem ou representam a marca: logotipos, *slogans*, cores, sons, a forma de um produto, a "apresentação" da embalagem ou a "imagem global do produto", a decoração dos postos de venda, etc. Quais destas características o detentor de uma marca quereria evitar que fossem adoptadas por terceiros?

Aqui coloca-se a questão da amplitude geográfica ou das aspirações de um negócio (e quaisquer variações locais das características distintas que foram identificadas). Assim que estas decisões tenham sido tomadas, deve ser possível identificar o tipo de protecção disponível em cada um dos países.

Por último, existe a questão essencial do custo. Qual é o orçamento disponível para proteger as características que foram identificadas como importantes? É pouco provável que os fundos atribuídos sejam suficientes para permitir todas as protecções disponíveis nos países de interesse. Será necessário estabelecer prioridades e determinar o que oferece o melhor valor em termos de abrangência da protecção concedida.

A área da lei que é mais útil em oferecer protecção ao detentor da marca é a dos direitos de propriedade intelectual. Houve um nível muito satisfatório de harmonização das leis de propriedade intelectual em todo o mundo e muitos dos princípios debatidos nas páginas seguintes são de aplicação geral em muitas das grandes jurisdições comerciais. Há muito que foi reconhecida a nível internacional a necessidade de uma

# O MUNDO DAS MARCAS

abordagem consistente na protecção dos direitos de propriedade intelectual, através de uma série de iniciativas internacionais que apoiaram o conceito de protecção recíproca desses direitos entre países. Apesar de poderem existir variações locais (especialmente no que diz respeito aos procedimentos), os princípios da protecção são geralmente os mesmos. A situação vai evoluindo continuamente, mas a tendência é certamente para a harmonização. Este capítulo concentra-se nos princípios gerais aplicáveis em jurisdições de lei comum, como o Reino Unido e os Estados Unidos, referindo-se também à UE e a iniciativas internacionais.

## Marcas registadas

A arma mais importante para quem detém uma marca é, de longe, um extenso *portfolio* de registo de marcas. Os direitos das marcas registadas são territoriais e é actualmente possível proceder a um registo em qualquer país do mundo. O primeiro requerimento apresentado no Reino Unido para o registo de uma marca foi em 1876 para o rótulo "Red Triangle" ("Triângulo Vermelho") da Bass, que continua hoje em dia a constar dos registos. Com

efeito, muitas marcas registadas que ainda se encontram inscritas já celebraram o seu centenário, nomeadamente nomes familiares como a Kodak, a Coca-Cola e a Wedgwood.

A legislação relativa ao registo das marcas tentou acompanhar o ritmo da mudança nas práticas comerciais e existe um nível muito satisfatório de harmonização da lei das marcas registadas, especialmente na União Europeia. Por exemplo, a UK Trade Marks Act (lei do Reino Unido relativa a marcas registadas) de 1994 reflecte a directiva europeia que harmoniza as legislações dos Estados-membros em matéria de marcas. A sua definição de marca registada é bastante extensa:

> *Uma marca registada é qualquer sinal susceptível a) de representação gráfica; e b) de distinguir os produtos ou serviços de uma empresa dos de outras empresas. (Secção 1(1)).*

E prossegue, dizendo – e esta não é uma lista exaustiva – que uma marca comercial pode ser representada por:

## PROTECÇÃO DA MARCA

... *palavras (incluindo os nomes de pessoas), desenhos, letras, números, a forma do produto ou da respectiva embalagem.*

Isto representou uma mudança significativa porque, durante a vigência da legislação inglesa anterior (Trade Marks Act de 1938), tinha sido apresentada uma candidatura para registar como marca a forma da garrafa da Coca-Cola, mas que foi recusada e a decisão foi sujeita a recurso ao mais alto nível. A base para a recusa foi que o que estava a ser solicitado para registo era o produto em si e não algo relacionado com produto. Na sequência da implementação da Lei de 1994, foi efectuada uma nova candidatura para a forma da garrafa, que foi aceite sem quaisquer dificuldades. Com efeito, muitas formas têm sido agora registadas, bem como cores, sons e mesmo cheiros que fazem parte da imagem dos produtos.

A Directiva Europeia de Harmonização serviu de modelo a muitos outros países, que adoptaram nos últimos anos novas legislações que regulam os direitos das marcas registadas.

### O que se deve registar?

Quando se está ponderar sobre o que deve ser protegido pelo registo da marca, o primeiro passo é identificar as características do negócio que permitem reconhecer a origem dos bens produzidos e/ou os serviços fornecidos por esse negócio. Por exemplo, a Nike protegeu, entre outras coisas, o nome Nike, o *design* do "swoosh" (a sua imagem de marca, que é semelhante a um traço de verificação) e o lema "Just do it".

A Intel Corporation registou o nome Intel e a música característica das suas campanhas publicitárias e promocionais. Os sons estão a tornar-se cada vez mais importantes no comércio e o *branding* sonoro é uma área onde é provável que se venha a assistir a novos desenvolvimentos. Este é o caso do sector dos telemóveis, que vive desse tipo de novidades, uma vez que a imagem visual dos aparelhos é, por necessidade, limitada.

A Orange Personal Communications registou o nome Orange e a cor laranja para os serviços de telecomunicações e produtos relacionados.

Existem também exemplos de cheiros que estão a ser registados, incluindo "o forte cheiro da cerveja *bitter* (cerveja de fermentação alta muito lupulada, o que lhe dá o sabor amargo – *bitter*) aplicado às penas dos dardos". No entanto, uma decisão recente do Tribunal Europeu de Justiça pôs em questão o registo de cheiros, face à dificuldade em representar graficamente esses sinais distintos de uma forma suficientemente clara para

# O MUNDO DAS MARCAS

definir o âmbito da protecção concedida. O US Patent Office (Gabinete de Registo de Patentes dos EUA) aceitou registos de cheiros, incluindo o perfume da flor frangipana aplicado a linhas de bordar.

Foram feitos registos para proteger a forma e a apresentação de produtos, hologramas, marcas animadas, a decoração distinta de pontos de venda e até gestos.

## Classificação de bens e serviços

Assim que tenham sido identificadas as características distintas relevantes, o passo seguinte é decidir quais os produtos e serviços que necessitam de protecção. Isto é, predominantemente, uma decisão comercial baseada na natureza do negócio que está a ser realizado e numa provável expansão das suas actividades comerciais.

A maioria dos locais de registo de marcas de vários países adoptou o sistema de classificação de Nice, que divide o registo em 45 classes. Depois de terem sido identificados os vários bens e serviços para os quais o registo é pretendido, é necessário determinar as classes específicas no âmbito das quais estes bens ou serviços se encaixam. Em muitos países, é possível apresentar um único requerimento abrangendo todas as classes pretendidas, pagando-se uma taxa adicional por cada uma, enquanto que em outros países ainda são necessários requerimentos separados para cada classe. Isto pode ser dispendioso.

Diferentes países tomam diferentes posições sobre aquilo que consideram ser uma especificação aceitável. Por exemplo, os Estados Unidos exigem que as especificações sejam restringidas aos bens ou serviços para os quais pode ser estabelecida a utilização da marca. No entanto, o Reino Unido permite especificações mais abrangentes, desde que o candidato tencione utilizar a marca para os bens e serviços referidos. Em muitos outros países, é possível preencher formulários para todos os bens e serviços.

Para evitar que os registos fiquem entupidos com marcas registadas que não estão a ser usadas, existe normalmente uma cláusula na legislação local dando a possibilidade de um registo deixar de ter efeito com base na sua não utilização (normalmente após cinco anos).

## Onde deve o registo ser procurado?

Depois de se ter identificado a marca ou marcas para as quais é necessária protecção e os bens e serviços relevantes que devem ser abrangidos, tem de se considerar a amplitude geográfica da protecção. Isto será normalmente conduzido pelas actividades correntes de uma empresa e pelas suas ambições de curto a médio prazo. Obviamente, pode acontecer

PROTECÇÃO DA MARCA

que diferentes marcas sejam usadas em diferentes jurisdições e que a variedade de bens ou serviços fornecidos também possa diferir. No entanto, assim que tenha sido tomada a decisão sobre que protecção é necessária e onde, o passo seguinte é identificar a melhor forma de obter protecção adequada, da maneira mais eficaz em termos de custos. Uma possibilidade é apresentar o requerimento directamente em cada um dos países de interesse, através do sistema nacional de registos desse país. Isto irá necessitar, por norma, dos serviços de advogados em cada país para apresentar a candidatura. Contudo, um sistema internacional de registos (Acordo de Madrid e Protocolo de Madrid) permite que seja apresentado um único pedido na Organização Mundial da Propriedade Intelectual (OMPI – WIPO em inglês), em Genebra, indicando os países membros para os quais as candidaturas são requeridas. Quando tal é possível, isso resulta em poupanças significativas, uma vez que os serviços dos advogados locais apenas serão necessários se houver oposição ou objecção à candidatura. Uma lista de países membros, tanto do acordo como do protocolo, está disponível em http://www.wipo.int/treaties/en/registration/madrid/index.html. Uma notável excepção era o caso dos Estados Unidos, mas este país assinou o protocolo em 2 de Novembro de 2003.

Na União Europeia, também é possível apresentar um único requerimento de candidatura para o registo de marca comunitária, através do Instituto de Harmonização no Mercado Interno (IHMI), sediado em Alicante, Espanha (coloquialmente conhecido como Instituto da Marca Comunitária). Este não é apenas um sistema de apresentação de requerimentos no âmbito dos países da UE; é também um sistema unitário resultando num único registo que tem força de lei em toda a UE, reconhecendo eficazmente a UE como mercado único. Além do facto de ser significativamente mais barato do que apresentar candidaturas separadas em cada um dos países comunitários (quer directamente ou através do sistema internacional), existem outras vantagens substanciais na utilização do sistema da marca comunitária. Por exemplo, é possível obter uma ordem judicial ao nível de toda a UE para deter quem infrinja as normas da marca registada, além de que a utilização real da marca em qualquer um dos países da União Europeia deve ser suficiente para proteger o registo de um ataque baseado na sua não utilização. Isto é particularmente útil para empresas que não têm qualquer actividade comercial corrente na maioria dos países da UE mas que pretendem, gradualmente, expandir as suas actividades comerciais por toda a região.

185

# O MUNDO DAS MARCAS

## Porquê registar?
Uma marca registada fornece ao seu detentor o direito de evitar a utilização indevida da marca por terceiros, em circunstâncias onde essa utilização não se justifique. Uma vez mais, na maioria dos países, os direitos conferidos pelo registo estendem-se para além da mera capacidade de evitar a utilização da marca em relação aos produtos abrangidos pelo registo. Em determinadas circunstâncias, poderão permitir ao detentor evitar a utilização de "marcas similares" em bens ou serviços "semelhantes" e, em certos casos, a utilização da marca em bens "dissemelhantes". As soluções que estão normalmente disponíveis incluem uma ordem judicial para evitar a utilização continuada da marca e uma indemnização por perdas e danos, de forma a compensar as perdas atribuíveis à utilização indevida.

Um registo é também um direito de propriedade que pode ser atribuído e que pode apoiar qualquer actividade de licenciamento. Isto é particularmente importante para as empresas envolvidas no negócio do *merchandising* ou em actividades de *franchising*.

## Manter um portfolio das marcas registadas
A frase "usa-o ou perde-lo" é relevante para a protecção da marca registada. Se uma marca não é usada num país para os bens e serviços abrangidos pelo registo, é provável que se torne vulnerável a um ataque. Além disso, a utilização de insígnias para manter a validade de um registo não será, por norma, tida em conta. Apenas a utilização real da marca no território relevante poderá ser suficiente.

## Renovações
Os registos das marcas têm um período de duração definido, que é normalmente de 10 anos, e têm que ser renovados se a intenção for mantê-los. Consequentemente, é imperativo que sejam criados mecanismos eficazes para assegurar que os prazos de renovação não são ultrapassados. Uma vantagem importante da protecção da marca registada sobre outros direitos de propriedade intelectual é a sua natureza potencialmente perpétua.

## Serviços de supervisão
Obviamente, só é possível agir contra potenciais infracções se e quando se tem conhecimento delas. É importante que os colaboradores, os distribuidores locais e outras partes envolvidas no negócio da empresa sejam consciencializados para a necessidade de relatar casos de actividades potencialmente infractoras e deve ser-lhes dito que existe uma linha para

PROTECÇÃO DA MARCA

denunciar esses casos, que permite que essa informação chegue à secretária da pessoa ou departamento dentro da organização responsável pela gestão destes assuntos. Vale certamente a pena subscrever um serviço de supervisão para que se seja notificado acerca de qualquer tentativa, por parte de terceiros, de registo de uma marca que é semelhante à sua. Nessa altura, poderá agir para evitar o registo e, se necessário, evitar a utilização da marca pelo candidato.

### Manutenção de arquivos

É essencial manter arquivos completos da utilização da marca em cada país, bem como cópias de materiais promocionais e de *marketing* e provas de venda. A primeira linha de defesa do arguido numa acção de infracção por utilização indevida de uma marca consiste em atacar a validade do registo, alegando a sua não utilização. É comum empresas terem dificuldade em obter provas da utilização de marcas, mesmo quando essa utilização possa ter sido variada. Esta informação só será relevante nos procedimentos por incumprimento ou *passing off* (quando uma marca comercial ou de serviço não é passível de registo mas continua a ter direito a uma determinada protecção - ver mais à frente) ou ainda acções de concorrência desleal em que seja necessário determinar os valores intangíveis ou a reputação numa determinada jurisdição.

### Criar uma nova marca: pesquisa

Não faz sentido escolher uma nova marca onde, devido a recentes conflitos sobre direitos, a utilização da marca possa ser impedida pelo detentor desses direitos recentes. Além de ter que haver a garantia de que a nova marca satisfaz as exigências comerciais da empresa e não tem quaisquer conotações linguísticas ou culturais infelizes, têm também de ser realizadas pesquisas para se ter a certeza de que não existe qualquer impedimento legal. Se bem que o custo destas pesquisas possa parecer desencorajador, estas podem representar uma pequena parte do custo incorrido por ter que mudar o nome ou de se defender em processos por incumprimento na sequência da renomeação de um projecto ou do lançamento de um novo produto ou serviço.

Pode poupar dinheiro se reservar tempo suficiente no processo de criação do nome para pesquisas sérias de nomes e marcas idênticos (ou quase idênticos) antes de embarcar nas pesquisas mais completas sobre a não existência de impedimentos legais e que são exigidas para permitir aos advogados tomar uma decisão informada acerca da disponibilidade da marca escolhida.

# O MUNDO DAS MARCAS

A pesquisa é uma forma de avaliação de risco ou um tipo de seguro. Quanto mais abrangentes forem as pesquisas realizadas, menos probabilidades existem de que venha a deparar-se com grandes problemas. Um programa de pesquisa conduzido de forma correcta ajudará a evitar o embaraço de lançar uma marca cujo nome não detém em territórios relevantes e os custos decorrentes da retirada do mesmo e de atribuição de um novo.

Os aspectos legais da criação de um novo nome nunca devem ser subestimados. Existem mais de 500 mil registos só no Reino Unido, com mais de 35 mil novas candidaturas a serem apresentadas todos os anos. Desde o seu lançamento em 1996, foram apresentados no Instituto da Marca Comunitária mais de 300 mil requerimentos para o registo de marcas. O procedimento é ainda mais difícil nos Estados Unidos, onde os registos actuais de marcas são muito mais de um milhão.

Não é comum, em qualquer relatório de pesquisa, concluir que não existem riscos associados à adopção da nova marca proposta. No entanto, isto não significa necessariamente que essa marca deva ser negligenciada. Poderão estar disponíveis muitas opções com vista a ultrapassar quaisquer direitos em conflito identificados pelas pesquisas. Os primeiros registos de marcas podem já não estar em utilização no que respeita a todos ou mesmo a algum dos bens ou serviços abrangidos pelo registo e poderão constituir um desafio com base na alegação de não utilização. Noutras circunstâncias onde tenha sido identificado um risco legal técnico, poderá suceder que investigações posteriores consigam estabelecer que não há qualquer sobreposição comercial com as actividades do detentor do direito mais antigo e que pode ser negociado um acordo de coexistência para evitar ou reduzir qualquer potencial conflito entre as partes. Os primeiros direitos podem também ser comprados ou serem negociadas as licenças. Já existiram casos em que a empresa detentora foi comprada com vista a assegurar os direitos de um nome.

Deve também estar preparado para disponibilizar tempo e dinheiro para quaisquer investigações posteriores ou negociações que possam revelar-se necessárias.

Em geral, quanto menos distinta for a marca escolhida, mais probabilidades existem de haver problemas. Além disso, os direitos conferidos às marcas que são de natureza descritiva têm mais possibilidades de ser interpretados restritivamente. Com efeito, a maioria dos locais de registo de marcas* recusa registar uma marca que consiste exclusivamente de

---

\* **N.T.** Em Portugal é no Instituto Nacional de Propriedade Industrial.

PROTECÇÃO DA MARCA

palavras que são descritivas dos bens ou serviços ou das suas características, a menos que se possa provar que a marca se tornou distinta em resultado da utilização pelo seu detentor. Quanto mais descritiva for a marca, mais difícil é provar uma distinção adquirida. A incapacidade de realizar pesquisas adequadas sobre a não existência de impedimentos legais pode ter consequências dispendiosas. Se bem que as queixas relativas à infracção de uma marca registada, na sequência do lançamento de uma nova designação ou firma comercial, não cheguem muitas vezes ao conhecimento do público (normalmente porque qualquer acordo subsequente incluirá uma cláusula de confidencialidade), não é invulgar essas queixas acontecerem. Foram já feitos pagamentos substanciais no contexto de um acordo de coexistência para evitar a necessidade de cancelar um lançamento, retirar um produto ou dar-lhe um novo nome. Existem exemplos de quantias que ascendem a sete dígitos que foram pagas para evitar a possibilidade de um resultado negativo num litígio, mesmo quando a alegada queixa por infracção tinha poucas perspectivas de êxito, suprimindo assim o ligeiro risco de despesas adicionais, incómodos e embaraço associado a um exercício frustrado de *rebranding*.

### Auditoria ao portfolio das marcas registadas
Uma auditoria ao *portfolio* existente de registo de marcas de uma empresa irá, quase de certeza, revelar discrepâncias em termos de protecção, inexactidões de pormenores registados no Instituto Nacional da Propriedade Industrial (no caso de Portugal) e, possivelmente, registos vulneráveis, desnecessários ou redundantes. À medida que uma organização vai crescendo, especialmente quando esse crescimento resulta de fusões ou aquisições, é provável que essas deficiências sejam ainda mais significativas. As organizações internacionais que possuem muitas marcas são também as mais propensas a gerir *portfolios* complexos e vastos, o que aumenta a probabilidade de os registos estarem incompletos ou de conterem erros.
A "limpeza" deste tipo de *portfolio* não deve ser vista apenas como um problema administrativo, mas também como um processo essencial para garantir a protecção requerida, com o intuito de manter o valor de uma marca. Uma auditoria deste tipo irá também identificar oportunidades para poupança de custos.

### Passing off e concorrência desleal
Em muitas jurisdições é possível – em determinadas circunstâncias – agir no sentido de evitar a utilização não autorizada de uma marca, mes-

189

# O MUNDO DAS MARCAS

mo que esta não esteja registada. Os elementos que fundamentam essa acção variam de país para país, mas entre as características comuns incluem-se a necessidade de estabelecer *goodwill**, na marca em todo o país e a probabilidade de confusão resultante das actividades do arguido. Uma tal acção de *"passing off"* conforme é denominada no Reino Unido, permite ao detentor do *goodwill* de uma marca evitar que terceiros beneficiem desse valor ou o prejudiquem através da sugestão errada de que o seu negócio ou produtos estão, de alguma forma, associados a essa marca em termos comerciais.

Conforme afirmou o Lord Halsbury, no caso Reddaway *vs.* Banham (1896), "ninguém tem o direito de representar os seus produtos como sendo os de uma outra pessoa".

Os procedimentos para se intentar uma acção de *passing off* podem ser dispendiosos, uma vez que costuma ser necessário estabelecer não apenas a existência de *goodwill*, mas também a existência de uma sugestão errada relevante que é susceptível de provocar confusão e de prejudicar a marca em causa. É comum terem que ser apresentadas provas para ajudar a substanciar esta acusação.

## Direitos de autor (copyright)

A lei dos direitos de autor destina-se a proteger trabalhos inéditos (sendo os trabalhos artísticos os mais relevantes para o *branding* e, no que diz respeito ao *branding* sonoro, os trabalhos musicais) de serem copiados. O direito de autor surge automaticamente da criação do trabalho e, com determinadas excepções, irá inicialmente pertencer ao criador dessa obra. A principal excepção é um trabalho criado por um colaborador no decorrer da sua função, pertencendo, normalmente, os direitos de autor à entidade patronal.

Não é obrigatório registar os direitos de autor, se bem que nos Estados Unidos e em alguns outros países seja possível registá-los, o que é importante do ponto de vista das provas necessárias em caso de disputa relativa à propriedade de um direito de autor.

O aspecto dos direitos de autor que é mais importante para o *branding* é quando um logotipo ou apresentação original é criada especificamente para uma marca. O nível exigido de mérito "artístico" para que existam direitos de autor é reduzido e o principal factor para o estabelecimento de direitos de autor numa obra é o da originalidade.

---

\* **N.T.** *Activo intangível cuja valorização corresponde a vantagens ou reputação de um negócio*

PROTECÇÃO DA MARCA

Os direitos conferidos pelos direitos de autor são mais limitados do que os direitos das marcas registadas, na medida em que, conforme é sugerido pelo termo (em inglês *copyright*), os direitos de autor conferem ao detentor do direito de impedir a cópia dessa mesma obra. Se a alegada obra infractora tiver sido criada de forma independente, não existirá fundamento para uma acção de transgressão dos direitos de autor. Contudo, ao contrário do que sucede com os direitos das marcas registadas, um direito de autor sobre uma obra artística ou musical não é específico a quaisquer bens ou serviços aos quais é aplicado, mas estende-se a qualquer reprodução, sujeita a determinadas defesas.

Ao contrário do que ao que acontece com os direitos das marcas registadas, que – desde que cumpridas determinadas condições – podem ser renovadas perpetuamente, os direitos de autor sobre uma obra artística ou musical têm uma duração definida e limitada, que é normalmente o tempo de vida do autor acrescido de 70 anos após a sua morte. Se um trabalho artístico tiver sido usado a nível comercial, este período pode ser reduzido.

Os direitos de autor não devem ser vistos como um substituto do registo de uma marca, mas pode fornecer uma base adicional útil para atacar a utilização não autorizada de marcas visuais e sonoras. Quando a "obra" tiver sido criada por alguém que não seja colaborador da empresa, como um *designer* independente, é importante assegurar a cedência dos direitos de autor. Esta exigência deve ser especificada no contrato assinado com o *designer*.

## Designs registados

Na qualidade de direito de propriedade intelectual, os direitos sobre *designs* têm sido considerados uma espécie de parente pobre face aos restantes direitos já mencionados anteriormente. No entanto, recentes alterações na legislação sobre o registo de *designs* (desenhos e modelos) no âmbito da União Europeia levaram ao crescimento da sua importância e ao seu potencial ênfase na área do *branding*. Na sequência da implementação da Directiva Comunitária sobre a Protecção Jurídica dos Desenhos e Modelos e da introdução de um novo direito, denominado Direito Europeu do *Design* Comunitário Registado, o alcance destes registos alargouse de forma significativa. Inclui agora aspectos como logotipos, apresentação e embalagem, que até agora tinham sido protegidos através das marcas registadas ou dos direitos de autor.

Tal como com os direitos de autor, os *designs* registados não limitam a sua área da protecção a produtos específicos e o processo de registo é

191

# O MUNDO DAS MARCAS

razoavelmente barato e rápido. Os direitos conferidos por registo também não se restringem à prevenção das reproduções. No entanto, o período de protecção para os *designs* registados é limitado a um período inicial de cinco anos, que pode ser renovado por períodos subsequentes de cinco anos até um total de 25 anos.

## Os domínios e a Internet

Se bem que se trate, sem dúvida, de um valioso activo comercial, a propriedade de um domínio não confere, por si mesmo, quaisquer direitos sobre o nome (exceptuando o facto de que irá impedir que terceiros obtenham o mesmo nome de domínio). A título de exemplo, a capacidade da Amazon.com para evitar que terceiros utilizem o nome "Amazon", ou qualquer nome semelhante e que possa dar azo a confusões nas vendas *online*, não provém da sua propriedade do reconhecido domínio www.Amazon.com. Está dependente de ter assegurado os devidos registos de marca e *goodwill* do nome Amazon, em resultado da sua vasta utilização em actividades promocionais nos países onde é desejável a protecção.

A Internet teve um impacto significativo sobre as práticas jurídicas no âmbito das marcas registadas, devido à dicotomia entre a natureza territorial da protecção da marca registada e as fronteiras geográficas livres da Internet. Esta situação veio colocar algumas questões interessantes em termos da localização da "utilização" de uma marca em procedimentos por infracção. Em países onde a questão da utilização tem sido considerada pelos tribunais, parece existir um grau de conformidade no tratamento da Internet como um simples meio de comunicação. Isto requer uma análise dos factos de cada um dos casos, de forma a determinar onde é que a utilização da marca tem na verdade lugar (apesar de qualquer *website* poder ser acedido a partir de qualquer região do mundo).

Existem outras questões relacionadas com a lei das marcas registadas que surgem da utilização de marcas na Internet. Por exemplo, é possível que se esteja a infringir um registo de marca quando a alegada infracção assume a forma de *meta-tag* (elemento em liguagem html que contém informação sobre uma página na Internet) que pode ser detectado por um motor de busca mas que não se encontra visível para potenciais clientes? Os tribunais de diferentes jurisdições decretaram que essa utilização pode constituir uma infracção.

Tornou-se claro que possuir o registo de marcas relevantes desempenhou um papel muito importante ao permitir que os detentores desses registos garantissem a retirada ou transferência de nomes de domínio

PROTECÇÃO DA MARCA

relevantes que incorporassem a marca registada, através de procedimentos operados pelos agentes de registo dos nomes de domínio, tais como a Sociedade Internet para os nomes e números atribuídos (ICANN - Internet Corporation for Assigned Names and Numbers) e a Nominet.

## Conclusão

Assim sendo, qual é o futuro que está reservado à protecção da marca? De uma perspectiva comercial, o mundo está a encolher e os detentores de marcas têm cada vez mais que procurar protegê-las além das tradicionais fronteiras geográficas. É preciso prestar especial atenção ao tipo adequado e à abrangência da protecção.

Partindo do princípio de que vale a pena proteger uma marca, este exercício não deve ser tratado simplesmente como mais uma tarefa administrativa. Os consultores jurídicos de uma empresa, no que se refere à protecção da marca, devem estar activamente envolvidos na idealização e na implementação de uma estratégia para garantir, manter e fazer valer os devidos direitos de propriedade intelectual, de uma forma eficaz em termos de custos. A protecção garantida deve ser revista regularmente para assegurar que a sua relevância acompanha a evolução do negócio. O desenvolvimento de uma marca implica demasiado esforço na criação e no desenvolvimento para que possamos dar-nos ao luxo de pôr em perigo o valor criado, devido à incapacidade de garantir uma protecção legal adequada.

Eis algumas questões que devem ser colocadas:

- Quais são as características distintas identificáveis da marca?
- Para que variedade de bens ou serviços é requerida a protecção da marca?
- Em que países é que a marca tem, ou poderá vir a ter, presença comercial?
- Foram assegurados os adequados registos da marca?
- Ficou estabelecida a propriedade dos direitos de autor de qualquer obra artística ou musical que sustente qualquer elemento da marca?
- No caso do recurso a colaboradores exteriores à empresa para a criação de uma marca, eles concordaram por escrito em conceder quaisquer direitos sobre a mesma?
- As características identificáveis da marca estão abrangidas por um serviço de supervisão?
- Foi accionado algum mecanismo com vista a reportar casos de utilização não autorizada ou indevida da marca?

## O MUNDO DAS MARCAS

- Existe algum mecanismo para a recolha central de provas da utilização estabelecida da marca, *goodwill*, entre outros?
- De que forma se lida com as renovações dos direitos registados?
- Recentemente foi feita alguma auditoria ao *portfolio* dos direitos intelectuais?

Parte III

# O FUTURO DAS MARCAS

# 11. Globalização e marcas

*Sameena Ahmad*

A globalização transformou-se num termo com uma conotação negativa. Embora as vantagens de os mercados livres, a liberalização do comércio e a internacionalização estarem presentes em todo o lado, a maioria das pessoas – pelo menos no mundo ocidental – acredita que a globalização é condenável devido às desigualdades que observam nos países em vias de desenvolvimento e às perdas de postos de trabalho a que assistem nos próprios países. Isto colocou as marcas, na qualidade de rosto público das empresas, no banco dos réus – tornando-as facilmente bodes expiatórios pelos piores excessos do capitalismo global. Os argumentos apresentados pelos críticos da globalização e do capitalismo contra as marcas e as grandes empresas desfilaram pelas ruas de Seattle e de Génova e introduziram-se na corrente de pensamento social e político. As marcas e os seus criadores são acusados de manipular os nossos desejos, explorar as nossas crianças, esgotar os recursos naturais, utilizar o seu poder financeiro e político para nos controlarem, homogeneizar a nossa cultura e aproveitar-se da mão-de-obra nos países mais pobres para fabricarem as coisas pelas quais suspiramos[1]. Tornou-se de tal forma moda desacreditar as marcas que até mesmo os que promovem o nome da empresa como forma de vida estão desejosos de se juntar ao ataque. Os donos dos luxuosos ícones europeus do *marketing*, como a Gucci, os diamantes De Beers e a Dunhill, confessam estar preocupados com o facto de "o *branding* ter ido longe de mais"[2].

O facto de este argumento se ter tornado tão amplamente aceite torna-o perigoso – para mais porque os guardiães das marcas, que na maioria dos casos são multinacionais, se empenharam tão pouco na sua defesa.

### Importância das marcas

Apesar de, no mundo ocidental, condenarmos cada vez mais o consumismo[3], as marcas são tudo menos superficiais. Elas são um importante indicador do estado de saúde da economia. Na sua forma mais básica, uma marca é o meio de um produto ou serviço se distinguir de outro. Tal como um grupo de pretendentes ansiosos, as marcas lutam pela nossa atenção. Para a conquistarem, elas têm de nos oferecer algo melhor do que o que havia antes: um produto superior, um preço mais baixo ou alguma

# O MUNDO DAS MARCAS

atracção intangível, como a exclusividade. Da mesma forma, nós – na qualidade de consumidores – esperamos usufruir de uma qualidade mais elevada, de preços mais baixos e de produtos inovadores. Quanto mais marcas existirem e quanto mais ferozmente competirem pelos nossos corações e pelas nossas carteiras, mais usufruiremos desses benefícios. A concorrência implica produtos melhores, mais baratos e mais desenvolvidos, e ajuda a estimular o crescimento económico. O facto de existirem muitas marcas à nossa volta mostra-nos que as economias onde vivemos são competitivas e abertas. E como revelam os estudos realizados por parte de instituições como o Banco Mundial[4] e o Instituto Fraser[5], a abertura económica é um dos melhores indicadores de prosperidade no futuro.

Este é um aspecto importante, atendendo a que os críticos das marcas gostam de reivindicar que as grandes marcas reprimem a concorrência e reduzem o leque de opções. Para nos apercebermos de como esses argumentos estão errados, basta-nos olhar para a ex-URSS. Na Rússia comunista, as marcas não precisavam de existir porque não havia concorrência: era tudo fornecido pelas empresas estatais, a preços estabelecidos. Uma vez que não havia qualquer incentivo para os fornecedores melhorarem a qualidade ou inovarem, o resultado foi a estagnação económica e a diminuição dos padrões de vida. Comparemos esta situação com a Wal-Mart e a Starbucks. O armazém dos descontos gigantes[6] e a cadeia de cafés são frequentemente utilizados como forma de sublinhar que tudo parece estar mal nos grandes negócios: a implacável propagação de desagradáveis anúncios, a monótona semelhança e uniformização, a escolha reduzida, a destruição das pequenas cidades e dos pequenos concorrentes na América, bem como a exploração dos fornecedores.

Na realidade, pode é dizer-se que a Starbucks fez reviver uma indústria em vias de extinção e não que destruiu uma saudável indústria existente. Na América, a Starbucks ajudou a reverter a tendência de declínio no consumo de café fora de casa, fazendo duplicar o seu consumo a partir de meados dos anos 80. A concentração do grupo na qualidade e no serviço forçou os operadores locais a tornarem-se tão bons como ele ou a superá-lo, de forma a manterem-se no negócio. O resultado é que as cafetarias independentes estão a proliferar e a prosperar. Nos Estados Unidos, os negócios independentes foram responsáveis por 50 por cento do crescimento da indústria entre 1996 e 2001 quando, de acordo com um estudo publicado em Janeiro de 2002 pelo Mintel Consumer Intelligence, o número de cafés na América duplicou para 13 300, incluindo a Starbucks. A maioria dos grandes negócios independentes sobreviveu durante a última década do século XX e estar próximo da Starbucks foi uma ajuda. A Tully's Coffe

GLOBALIZAÇÃO E MARCAS

Corp, uma cadeia com sede em Seattle, afirma que abre deliberadamente os seus postos de venda perto das cafetarias Starbucks para beneficiar do aumento de clientes. Os rivais da Starbucks admitem que esta educa e expande o mercado. Também leva muitas cadeias a melhorar o serviço e a qualidade: a Broadway Cafe, em Kansas City, proibiu que se fumasse e começou a torrar o seu próprio café quando abriu ao seu lado uma Starbucks. Da mesma forma, a chegada de mais cafetarias Starbucks a Long Beach, na Califórnia, levou a cadeia "It's a Grind" a gastar milhares de dólares em melhorias na sua aparência, bem como na formação do seu pessoal, serviço ao cliente e controlo de qualidade. As vendas têm aumentado entre 8 e 15 por cento desde que a Starbucks lá chegou, em 2003[7].

A Wal-Mart teve um impacto ainda mais profundo na economia norte-americana. Um relatório elaborado em 2001 pela McKinsey[8], uma empresa de consultoria em gestão, referia que a melhoria ao nível da gestão por parte desta cadeia de comércio a retalho tinha provavelmente desempenhado um papel mais importante no milagre norte-americano da produtividade – verificado em finais dos anos 90 – do que a aposta de investimento em tecnologias de informação. O relatório revelou que quase 25 por cento do crescimento da produtividade – de 1,4 por cento ao ano entre 1972 e 1995 para 2,5 por cento entre 1995 e 2000 – teve origem no retalho e parte dessa percentagem resultou de ganhos avultados da Wal-Mart, cujo ênfase nos preços baixos e em grandes armazéns aumentou a sua eficiência e a suas vendas, forçando outras empresas a seguir o seu exemplo. A Wal-Mart não só aumentou a produtividade, como também impulsionou o poder de compra do cidadão comum ao aumentar-lhe o rendimento disponível. Na sua autobiografia, Sam Walton, fundador da Wal-Mart, calculou que, pelo seu funcionamento eficiente, entre 1982 e 1992 a empresa poupou aos seus clientes "um valor prudentemente calculado" de 13 mil milhões de dólares, o que corresponde a 10 por cento das vendas nessa década. "A Wal-Mart tem representado um importante papel na melhoria do nível de vida nas nossas áreas de comércio essencialmente rurais e os nossos clientes reconhecem isso", escreveu o fundador da empresa[9]. O "milagre da produtividade" da Wal-Mart pode ser parcialmente atribuído ao facto de, conforme acontece com a Starbucks, a sua presença ter forçado a concorrência a melhorar. Walton dedicou um capítulo do seu livro a descrever a forma como as empresas poderiam competir: não pela via de tentarem ultrapassar a Wal-Mart no preço (área em que a maior cadeia do mundo de comércio a retalho tem uma clara vantagem), mas oferecendo coisas que esta não poderia, como o *know-how* dos especialistas nos produtos ou uma loja com um ambiente acolhedor. É uma lição que a Toys 'R

199

# O MUNDO DAS MARCAS

Us, por exemplo, aproveitou. Depois de a sua decisão de copiar os preços baratos e os grandes espaços da Wal-Mart se ter revelado desastrosa, a empresa está agora a procurar novas formas de se diferenciar[10].

**Quem é que realmente detém o poder?**
A ideia de que as grandes marcas, já estabelecidas, são todo-poderosas, está errada. Conforme demonstram os problemas da McDonald's, da Coca-Cola ou da Marks & Spencer, ser grande por vezes conduz a um convencimento e a uma incapacidade para responder rapidamente à mudança. Estas empresas foram marcadas pela vantagem de serem dominantes, pelo facto de não conseguirem responder rapidamente a novos concorrentes e, em última análise, à mudança de gostos dos seus clientes. Em todas, a razão principal foi a arrogância. Durante anos, a McDonald's foi incapaz de reagir à proliferação de cadeias "*fast casual*" com estilo, que começaram a servir comida de melhor qualidade, em localizações mais aprazíveis, e a conquistar quota de mercado. O preço das acções e os lucros da McDonald's começaram a deteriorar-se tanto quanto os seus hambúrgueres. Só quando Jack Greenberg, na altura director executivo da cadeia, se demitiu – em Dezembro de 2002, é que a maior empresa de restauração do mundo decidiu lutar de novo, melhorar o serviço, completando o seu menú e certificando-se de que as coisas básicas, como as casas de banho e o chão das suas lojas, estavam limpas. A Coca-Cola foi igualmente afectada pelo convencimento – não tendo conseguido reagir com a preocupação devida a uma ameaça de envenenamento na Bélgica – o que custou o emprego ao seu presidente, Doug Ivestor. E a Marks & Spencer também se apoiou demasiado no seu êxito passado e não viu que os seus outrora fiéis clientes começavam a preferir cadeias mais sofisticadas e mais baratas.

Na verdade, o que determina o poder de uma empresa não é a sua dimensão, mas a presença de concorrência. Nos anos 50, as três maiores empresas dos mercados de comunicação social e automóvel nos Estados Unidos eram muito mais pequenas em dimensão total do que são hoje. No entanto, tinham consideravelmente mais poder, uma vez que a concorrência era pouco variável, e controlavam cerca de 90 por cento do seu mercado. Hoje as empresas estão mais à vontade perante o perigo. A concorrência pode vir de qualquer lado. Quem é que alguma vez imaginaria que os bancos teriam de considerar as cadeias de supermercados como suas rivais? Contudo, a britânica Tesco e a japonesa Seven-Eleven estão a competir com os bancos na área dos serviços financeiros. Também nunca ninguém pensou que a tradicional cadeia britânica do comércio a retalho como a Marks & Spencer teria de competir com cadeias estrangeiras de

200

GLOBALIZAÇÃO E MARCAS

pronto-a-vestir como a Zara (espanhola), a Gap (norte-americana), a Uniqlo (japonesa) e a Hennes (sueca).

Os bancos e as companhias aéreas continuam a ser monopólios de muitas formas – os bancos pelo facto de ser bastante incómodo andar com o dinheiro de um lado para o outro e as companhias aéreas porque as suas rotas são limitadas. Mas mesmo estes sectores estão a ser obrigados a melhorar, à medida que começam a chegar novas empresas e a oferecer preços mais baixos e melhor serviço. O banco britânico por telefone First Direct (que pertence ao HSBC) aumentou as expectativas de todos no que diz respeito ao facto de um banco poder ser bom quando tenta. A transportadora de baixo custo jetBlue tornou-se uma das poucas companhias aéreas rentáveis dos EUA porque está a resolver de forma adequada as coisas mais básicas – como tratar os passageiros com respeito e proporcionar mais conforto, e oferecer assentos em pele, por exemplo[11]. A verdade é que as marcas não controlam ninguém – e os consumidores controlam tudo. As marcas são a principal garantia, o que responsabiliza as empresas. No mundo ocidental, se as nossas calças de ganga Gap ficarem coçadas ou o nosso automóvel Mercedes avariar, sabemos exactamente a quem devemos apresentar queixa. Poderemos não receber uma resposta perfeita, o que nos poderá levar a comprar num outro sítio da próxima vez; mas, se formos clientes habituais, as melhores marcas irão fazer tudo para solucionar o problema. Na União Soviética sem marcas, os clientes não tinham onde recorrer se alguma coisa corresse mal. Com efeito, a qualidade dos bens e serviços diminuiu tanto em resultado disso que, nos anos 50, os decisores soviéticos do poder central decidiram introduzir artificialmente marcas em alguns produtos, de forma a que os seus fabricantes fossem mais responsabilizados, o que os obrigou a melhorar.

Não é verdade que as empresas sejam mais poderosas do que os Governos. Os recursos financeiros da maioria das empresas são escassos quando comparados com o PIB de grande parte dos países. Os Governos têm o poder de fixar impostos, de limitar e de mudar as leis. Além disso, se as empresas usam a sua dimensão e importância para fazerem *lobby* com os governos, também o fazem outros grupos, como sindicatos e Organizações Não Governamentais (ONG) e grupos de consumidores. E os recursos financeiros são apenas uma fonte de influência; a pressão dos média e o eleitorado também contam. Quem estiver preocupado com o facto de as empresas farmacêuticas influenciarem a investigação académica ou com o facto de a Coca-Cola influenciar o *curriculum* das escolas, deve também perceber a eficácia dos poderosos sindicatos norte-ameri-

# O MUNDO DAS MARCAS

canos dos sectores do aço e dos têxteis ao persuadirem os políticos para protegerem os seus mercados internos das importações de produtos mais baratos, bem como o poder de ONG como a Greenpeace e a Oxfam (ambas marcas bem financiadas, a Oxfam até anuncia na revista *Vogue*), cujos grupos de *lobbys* políticos e dos média negaram entregar milho geneticamente modificado a milhões de pessoas famintas no Zaire. Fazer *lobby* é sinal de uma democracia saudável e, numa democracia saudável, os interesses comerciais serão sempre contrabalançados com outros interesses.

## Virtude e culpa
Uma ideia totalmente errada é a de que as empresas precisam de ser entidades morais com vista a praticar o bem. O que acontece é que as empresas não são boas nem más. São apenas estruturas concebidas para cuidarem do dinheiro de outros: dos seus proprietários ou accionistas – e, através dos nossos fundos de investimento e fundos de pensões, todos nós somos accionistas. É exactamente ao olharem por este capital, ao tentarem aumentar os seus rendimentos, que as empresas são capazes de usar esses lucros para investir, criar postos de trabalho e gerar mais crescimento. É uma coisa boa, e não má, que as empresas coloquem os lucros em primeiro lugar. Ao dar-lhes liberdade para se concentrarem na sua saúde financeira de longo prazo, a sociedade consegue assegurar uma fonte de empregos, investimentos e receitas fiscais de longo prazo. Este é o aspecto mais empolgante do sistema de mercado livre. Quando as empresas, agindo dentro da lei e tendo em vista a sua reputação, procuram lucros, o resultado é o desenvolvimento do bem social, que acontece quase por acaso. Neste aspecto, os críticos citarão a recente proliferação de escândalos de empresas e dirão que a maioria dos negócios não actua, de facto, dentro da lei. É um argumento ingénuo. Na qualidade de entidades não morais, algumas empresas estarão tentadas, obviamente, a transigir de forma a impulsionar o preço das suas acções e os seus lucros, mas estas são uma minoria. E os mercados livres governados por políticos democraticamente eleitos e sustentados por uma legislação empresarial relevante e cuidadosamente elaborada são os melhores métodos para rapidamente se eliminar os maus comportamentos e os punir.

O facto de os críticos das marcas, das empresas, do comércio livre e até do capitalismo terem perdido vista desta verdades reflecte uma classe média ocidental cada vez mais preocupada com o seu próprio sucesso. As pessoas dos países desenvolvidos estão sobretudo dotadas com uma maior esperança de vida, têm mais tempo livre e conforto. Elas estão também mais inclinadas a romantizar o passado e a tomarem como garantidas as inovações relativamente recentes como os computadores, os telemóveis e os medicamentos para o cancro. Em vez de tentarmos compreender as complicadas e empolgantes razões para o nosso sucesso – comércio livre e globalização – nós, os ocidentais, reclamamos que o mundo piorou e que o materialismo nos tornou menos preocupados com os outros. No entanto, não há provas disso. De facto, a preocupação – com pessoas e com o ambiente – é uma característica das sociedades economicamente abastadas. Quem tem comida suficiente pode dar-se ao luxo de pensar nos outros, dispensando um pouco do seu tempo em boas causas ou do seu dinheiro em instituições de caridade.

Ter tempo para pensar na felicidade é um subproduto do nosso progresso, impossível sem o tempo que poupamos por termos máquinas de lavar, micro-ondas, jornais e comida que só necessita de ser aquecida. A nossa riqueza paga o acesso à Internet e a canais de televisão, o que nos relembra diariamente como são fáceis as nossas vidas quando comparadas com quem vive no mundo em vias de desenvolvimento. Mas, como os nossos avós nos podiam confirmar, será difícil defender que tempos bons eram aqueles em que era preciso poupar um ano de salários para comprar uma bicicleta, viver sem aquecimento e saber que doenças e a morte iriam aparecer cedo na nossa vida.

Apesar de tudo, um cada vez maior número de ocidentais sente alguma necessidade de proteger as pessoas nos países em vias de desenvolvimento para que não se tornem consumistas ávidos, obcecados por marcas, fascinados pela cultura americana, hipnotizados pela televisão. No entanto, ao fazerem-no estão a tentar negar à vasta maioria da humanidade as oportunidades e o progresso material que iriam acabar por lhes permitir ter tempo, como nós temos, para cultivar uma consciência de culpa. Mas, entretanto, os pobres operários em África e os aspirantes à classe média na Índia e na China não têm tempo para tais escrúpulos: os chineses abrem todo o *direct mail*, um agricultor indonésio poderá considerar exótico o sabor de um Chicken McNugget e os indianos que estão a subir na vida estão ávidos por comprar marcas ocidentais. Os ocidentais poderão estar mais do que saciados, mas aqueles que ainda estão a subir a escada da progressão económica querem exactamente o mesmo tipo de cultura de consumo que nós já temos.

### O que a globalização pode fazer por si
Ao combaterem a globalização, os seus críticos moralistas estão a opor-se a qualquer mecanismo que possa oferecer mais riqueza às regiões

O MUNDO DAS MARCAS

menos desenvolvidas do globo. A globalização é um patamar que é preciso subir para se alcançar a prosperidade. Os países que se abrem à livre comercialização de produtos e ideias com outros países elevam o nível de vida de todos. Os países ricos são forçados a largar a indústria transformadora e a criar indústrias novas, mais produtivas e mais avançadas, para darem espaço aos países que conseguem fabricar produtos de forma mais barata. Os países pobres dão um grande passo para sair da pobreza ao transferirem as suas economias da agricultura para a manufactura e, mais cedo ou mais tarde, para os serviços. Aconteceu em Hong Kong. E está a acontecer em toda a Ásia, desde a China e o Vietname até à Malásia e à Coreia do Sul. Os países em vias de desenvolvimento que abrem os seus mercados ao investimento externo estão a ver o seu rendimento *per capita* crescer rapidamente; em alguns, esse ritmo de crescimento é da ordem dos 5 por cento, mesmo mais rápido do que nos países ocidentais – que estão a crescer cerca de 2 por cento. Os países que não se estão a globalizar (principalmente os países africanos e árabes) estão a perder terreno[12]. O seu desconforto económico torna-os instáveis e insatisfeitos.

Um dos instrumentos mais eficazes na promoção da globalização é o Investimento Directo Estrangeiro (IDE). Quando as já bem estabelecidas multinacionais do mundo ocidental se transferem para o mundo em vias de desenvolvimento, é frequentemente assumido que elas obrigam a que se trabalhe duramente e em condições de autêntica exploração. No entanto, a exploração acontece muito mais em empresas locais sem rosto nem marca, que podem abusar dos seus trabalhadores e pagar salários irrisórios sem receio que alguém repare nisso. As multinacionais têm que se preocupar com as suas marcas, com a sua reputação e com o preço das suas acções. É exactamente por isto que são tão facilmente alvo dos activistas. Contudo, são muitas dessas multinacionais que estabelecem os níveis mais elevados de pagamento, de benefícios e de condições. Ao atacá-las, os activistas ocidentais estão a ameaçar alguns dos melhores empregos que os trabalhadores estrangeiros poderão conseguir.

A Nike, fabricante de calçado desportivo que tem sido criticada por trabalhar em países em vias de desenvolvimento, é um caso a destacar. Um estudo realizado pela Universidade do Minnesota e publicado num relatório do Banco Mundial em Dezembro de 2000, constatou que no Vietname os trabalhadores de empresas detidas por capitais estrangeiros eram os que mostravam menos propensão para viver abaixo do limiar da pobreza. Os números mostraram que, apesar de 37,4 por cento da população no seu conjunto viver abaixo do limiar da pobreza oficial, a percentagem era de apenas 8,4 por cento para os que trabalhavam em empresas geridas

204

GLOBALIZAÇÃO E MARCAS

em regime de parceria (capitais detidos por estrangeiros e locais). Um estudo australiano descobriu que as fábricas da Nike na Indonésia pagavam às suas operárias salários 40 por cento mais elevados do que as empresas locais. Um outro relatório, da Universidade do Michigan, chegou à conclusão de que a Nike pagava salários acima da média nas suas fábricas – sem participação accionista de interesses locais e com produção destinada à exportação – no Vietname (cinco vezes mais do que o salário mínimo legal) e na Indonésia (cerca do triplo do salário mínimo legal). No Vietname, a Nike é o segundo maior exportador do país e ajudou a reduzir a pobreza em 50 por cento nos últimos 10 anos. Desde que, em 1995, a Nike estabeleceu uma fábrica gerida por terceiros em Samyang, perto da cidade de Ho Chi Minh, dando emprego a 5 200 pessoas, contribuiu para criar um ponto de referência económica, que se estendeu além da sua própria fábrica, uma vez que as empresas locais foram obrigadas a competir pelos trabalhadores. A sua fábrica de Samyang paga actualmente um salário três vezes mais elevado do que a remuneração oferecida pelas fábricas estatais e duas vezes mais elevado do que os salários locais. Desde que a Nike chegou àquela região, o número de residentes dessa área que possuem telefone quadruplicou; dois em cada três têm motorizadas (em comparação com um em cada três anteriormente); 8 por cento estão a ganhar menos de 10 dólares por mês, contra 20 por cento anteriormente; e 75 por cento têm televisores, face a apenas 30 por cento em 1995[13].

Nas Filipinas, os trabalhadores da fábrica de leite da Nestlé, em Cabayo (perto de Manila) não precisam de qualquer encorajamento para explicar como são desejáveis os empregos nas multinacionais. Os que ali trabalham recebem em média 27 dólares por dia, contra os 8 dólares de salário mínimo legal. Um total de 75 por cento tem acesso a cuidados de saúde e recebe benefícios alimentares e outros para empréstimos à habitação. Juan Santos, de 64 anos, director da Nestlé Filipinas, está orgulhoso pelo facto de as suas filhas agora viverem na América, o que foi possível por lhe ter sido atribuída uma colocação ultramarina na Nestlé. Patricio Garcia, gestor da fábrica de Cabayo, usou as suas poupanças para pôr os filhos a estudar Medicina, algo que diz que nunca poderia ter-se dado ao luxo de fazer se trabalhasse numa fábrica local. Ele salienta as 20 mil candidaturas que recebe para cada vaga: "sabem que nós temos sorte e que a Nestlé é um excelente empregador". E Jovy Colcol, que tem 28 anos e trabalha para a Nestlé desde que terminou os seus estudos, já pode usar o seu próprio dinheiro para comprar uma casa nova, apoiada por um empréstimo da Nestlé, em vez de depender do marido desempregado para a sustentar e aos seus dois filhos. Para ela, a Nestlé foi sinónimo de independência económica[14].

## O MUNDO DAS MARCAS

## Pensar nas intenções

É certo que as grandes empresas internacionais nem sempre se comportam da melhor forma nos mercados emergentes, especialmente quando operam em países onde os políticos corruptos incentivam e protegem o mau comportamento. No entanto, conforme Daniel Litvin descreve no seu estudo sobre multinacionais nos mercados em vias de desenvolvimento[15], os observadores ocidentais, susceptíveis de serem manipulados, têm exagerado ou interpretado mal, ao longo da história, o papel que as empresas ocidentais desempenham nos problemas dos países em vias de desenvolvimento, com sérias consequências para a forma como se lida posteriormente com esses problemas. A Shell, na Nigéria, é um exemplo a destacar. A corrupção endémica da cena política nigeriana provocou muito mais danos ao seu povo do que a Shell. Com efeito, o Governo resistiu às tentativas da Shell de partilhar os lucros da sua exploração petrolífera no país e agora depende da empresa anglo-holandesa – fortemente criticada pelo Ocidente pelo seu papel na Nigéria – para o financiamento de escolas e de hospitais: por outras palavras, para fazer o trabalho que deve ser feito pelo Estado. Conforme esclarece Litvin, as empresas são com mais frequência simples estruturas desajeitadas e incompetentes quando entram num novo mercado do que entidades com a intenção de explorar. Os seus erros, pelo menos, resultam do facto de tentarem mudar, coisa que já não se pode dizer da maioria dos regimes políticos mais terríveis do mundo.

O caso da Shell ilustra também os perigos de transportar os valores morais do Ocidente para países que se encontram num diferente estádio de desenvolvimento económico. Os 40 mil dólares anuais que esta petrolífera gasta hoje em boas causas na Nigéria poderiam possivelmente ter levado a uma maior prosperidade se a Shell tivesse sido autorizada a investi-los no seu negócio principal, criando postos de trabalho permanentes através de investimento de longo prazo. Da mesma forma, no Paquistão, a campanha ocidental que levou os consumidores a boicotar os produtos da Nike nos anos 80, devido ao facto de esta empresa estar a usar crianças para coser as bolas de futebol, custou milhares de postos de trabalho infantis dos quais as suas famílias dependiam, forçando-as a procurar empregos mais perigosos e menos bem pagos e em nada alteraram o facto de mais de 200 mil crianças no Paquistão trabalharem. Provavelmente assim continuará a ser até que o país se torne suficientemente rico para poder desenvolver uma consciência moral acerca da prática do trabalho infantil. A campanha teve um outro efeito secundário que não era pretendido: privou muitas mulheres da sua independência económica, uma vez que os boicotes forçaram a Nike a transferir o trabalho feito

GLOBALIZAÇÃO E MARCAS

em casa – onde as mulheres podiam trabalhar – para fábricas destinadas a esse efeito, às quais elas não se podiam deslocar devido às rígidas regras da sociedade[16]. Se bem que as multinacionais com marcas sejam obviamente alvos mais fáceis do que as organizações ou os Governos locais, os activistas ocidentais nem sempre compreendem que as suas campanhas podem ter consequências inesperadas que podem afectar seriamente aquelas pessoas que estão a tentar ajudar.

**Altura para uma nova abordagem**
No entanto, as multinacionais são as únicas culpadas por se terem tornado tão vulneráveis. As marcas e as empresas não estariam debaixo de ferozes ataques se não tivessem perdido a sua ligação aos principais consumidores. A concorrência feroz e os média cada vez mais fragmentados fazem com que seja difícil "ouvir" as marcas. No Ocidente, estamos tão saturados de marcas que nos é difícil vê-las como algo de valor. Os ocidentais estão expostos a mais de 3 mil mensagens por dia: os anúncios em janelas de publicidade que surgem nos computadores, o lixo electrónico cada vez mais intrusivo, os painéis publicitários, os anúncios televisivos, a colocação de produtos nos filmes. Temos aulas de *marketing* nas universidades: cerca de 25 por cento dos estudantes norte-americanos aprendem sobre a arte do *marketing*. Conhecemos o inimigo e compreendemos de que forma as grandes empresas nos tentam vender coisas. Temos acesso a livros que dizem expor a forma como as máquinas do *marketing* em empresas como a McDonald's[17] ou a Wal-Mart[18] nos manipulam. Actualmente, muitos de nós consideramos o *marketing* um aborrecimento. Há apenas 10 anos atrás, quando existiam menos anúncios e menos canais de televisão, as campanhas de *marketing* podiam facilmente introduzir-se na nossa cultura popular, recordadas tão ternamente como as músicas *pop* ou os programas televisivos que arrebatavam as audiências nessa época: um exemplo é a canção da Coca-Cola intitulada "*I'd like to teach the world to sing*" (Gostava de ensinar o mundo a cantar). Hoje em dia, os anúncios destinados aos consumidores ocidentais perderam esse estatuto. Somos menos susceptíveis de ser manipulados por anúncios do que outrora.

Mesmo assim, a maioria dos profissionais de *marketing* não mostrou capacidade para responder de forma suficientemente rápida à mudança. Muita publicidade ainda se baseia na antiga forma de definir os mercados – por exemplo, classifica a audiência -alvo por categorias estereotipadas. A razão para isto é o conservadorismo inato dos departamentos de *marketing* e o simples facto de os seres humanos serem complicados – é difícil

# O MUNDO DAS MARCAS

compreender os nossos desejos e motivações, especialmente com ferramentas imperfeitas, como os grupos em foco ou *software* que apenas pode prever, de maneira grosseira, aquilo que iremos comprar em seguida a partir da confusão de dados rotineiramente recolhidos sobre os nossos hábitos de compra. Entretanto, se bem que o *marketing* continue a ser um tema *soft*, os directores financeiros exigem cada vez mais provas concretas de que o capital investido foi bem aplicado. O planeamento, a publicidade e as encomendas de estudos de mercado já não são suficientes. O *marketing* tem de estar estreitamente associado à estratégia económica e ser capaz de provar a sua contribuição para a criação de valor para o accionista.

## A necessidade de respostas honestas

A profissão dos profissionais de *marketing* está em crise. Abundam livros com títulos sombrios como *The End of Advertising as We Know It* ("O fim da publicidade tal como a conhecemos")[19] e *Big Brands, Big Trouble* ("Grandes marcas, grandes problemas")[20]. A maioria das empresas de bens de consumo de marca – desde a Gillette, a McDonald's e a Disney nos Estados Unidos, até à Unilever e à Nestlé na Europa e à Panasonic no Japão – confronta-se com um crescimento lento, uma redução de quota de mercado ou pior. As marcas estão a ficar mais fracas e não mais fortes. Além de estarem sob fogo cerrado por parte da brigada contra grandes empresas, a ausência de crescimento económico global coloca muita pressão sobre os lucros e os preços das acções das empresas. Os *marketeers* são pressionados para mostrarem melhores resultados com menos recursos, a "fazerem mais com menos". Eles têm que demonstrar o verdadeiro valor do *marketing* aos directores executivos e ao conselho de administração ou confrontar-se com mais cortes. Os departamentos de gestão das empresas, entretanto, estão a questionar a eficácia da publicidade e estão ocupados a tentar dar uma forma mais aerodinâmica aos departamentos de *marketing*; a eliminação de hierarquias ao nível da gestão do *marketing* na Procter & Gamble, em 2003, não será seguramente a última reestruturação em curso.

Muitos *marketeers* estão a reagir a essas pressões, concentrando-se não nos mecanismos de criação de marcas e de margens com melhoria dos produtos, preços elevados e certificação da fidelização dos seus clientes, mas sim procurando desesperadamente manter os clientes que têm, tentando-os com reduções de preços, bónus e programas de fidelização. Procurar vendas de curto prazo às custas da criação da marca é uma estratégia perigosa e de curto prazo.

Para que as suas marcas voltem a ser atractivas, os *marketeers* terão de aprender a adoptar novas tácticas que ainda estão gradualmente a

GLOBALIZAÇÃO E MARCAS

apreender, tais como o *marketing* de guerrilha (eventos únicos destinados a serem suficientemente sensacionais para que as pessoas falem sobre eles), patrocínio de eventos e colocação de produtos em séries de culto como *O Sexo e a Cidade*. A série de séries da BMW, com curtas-metragens de realizadores famosos em que os protagonistas são automóveis daquela marca, são um exemplo de como as coisas funcionam de forma diferente. As empresas também terão que enfrentar o facto de precisarem de rever os seus procedimentos de recrutamento, os programas de incentivo e as estruturas de carreira, de forma a melhorar a qualidade dos profissionais que optam por trabalhar na área do *marketing*.

Ao mesmo tempo, as empresas devem ser mais confiantes no que diz respeito às forças e às fraquezas das suas marcas. Um exemplo é a McDonald's, que actualmente recusa qualquer relação entre *fast food* e obesidade. A empresa está a agir de forma defensiva, lutando nas salas dos tribunais em vez de o fazer no tribunal da opinião pública, tal como as tabaqueiras há alguns anos atrás. Não seria mais sensato para a McDonald's admitir que comer demasiados dos seus hambúrgueres e batatas fritas é pouco saudável e que a obesidade é um problema real? Em resposta às críticas, a gigante do *fast food* está a introduzir saladas nos seus menús e a colocar o número de calorias nos seus produtos. Mas está a fazer pouco para se empenhar de forma aberta no debate ou para persuadir o público de que estes assuntos não são apenas para os tribunais, mas também para os pais.

Da mesma forma, quando acontece terem que enfrentar críticas, as empresas devem ser suficientemente fortes para salientar as vantagens dos seus produtos de marca, ao nível de preços mais baixos, melhor qualidade e inovação, no mundo ocidental, e os postos de trabalho e a riqueza que são criados nos países em vias de desenvolvimento. Em vez de serem o calcanhar de Aquiles da globalização, as marcas têm potencial para se tornarem motivos originais e apelativos que poderão ajudar o público a compreender os grandes benefícios da globalização e do comércio livre. As marcas poderiam ser usadas para atrair as pessoas para conceitos que actualmente rejeitam. Uma empresa de consultoria em *marketing*, em São Francisco, já criou um *outdoor* intitulado *American Brandstand* ("O palco ao ar livre das marcas americanas") com nome das marcas mais vezes mencionadas nas tabelas de música *pop*. As marcas podem ser uma maldição para os activistas, mas estão a tornar-se excelentes ícones para os músicos. Para os artistas *rap*, pode ser simplesmente porque palavras como Mercedes, Burberry e Gucci lhes permite rimas interessantes. Mas se os consumidores compreenderem que comprar calçado da Nike é uma das formas mais eficazes de garantir a quem vive na Indonésia um ordenado seguro, calçá-

# O MUNDO DAS MARCAS

-los pode tornar-se um símbolo de grande satisfação, mesmo para aqueles que se passearam com cartazes nas ruas durante as manifestações antiglobalização em Seattle. Eles têm que reaprender – e compete às empresas ajudar a ensiná-los – que as marcas são boas para todos.

## Notas e referências

1 Klein, N., *No Logo: Taking Aim at the Brands Bullies*, Picador, 1999.
2 Entrevistas com o autor, Fevereiro de 2003.
3 Frank, R.H., *Luxury Fever: Why Money Fails to Satisfy in an Era of Excess*, Free Press, 1999.
4 Dollar, D. e Kray, A., *Trade, Growth and Poverty*, Mapa de Trabalho do Banco Mundial, Junho de 2001.
5 Gwartney, J. e Lawson, R., *Economic Freedom of the World: 2002 Annual Report*, Instituto Fraser, Junho de 2002.
6 Ortega, R., *In Sam We Trust. The Untold Story of Sam Walton and How Wal-Mart is Devouring America*, Times Books, 1998.
7 Helliker, K. e Leung, S., "Despite Starbucks Jitters, Most Coffeehouses thrive", *Wall Street Journal*, 24 de Setembro de 2002.
8 McKinsey Global Institute, *U.S. Productivity Growth, 1995-2000*, Outubro de 2001.
9 Walton, S., com Huey, J., *Sam Walton. Made in America. My Story*, Doubleday, 1992.
10 Mesa redonda anual sobre o *Maketing*, organizada pela revista *The Economist*, "From brand champion to corporate star – recognising the value of marketing", Março de 2003.
11 Mesa redonda anual sobre *Maketing*, organizada pela revista *The Economist*, Março de 2003.
12 Dollar, D. e Collier, P., *Globalization, Growth and Poverty: Building an Inclusive World Economy*, World Bank Policy Research Report, Dezembro de 2001.
13 Legrain, P., *Open World: The Truth About Globalisation*, Abacus, 2002.
14 Entrevistas com o autor, Setembro de 2002.
15 Litvin, D., *Empires of Profit. Commerce, Conquest and Corporate Responsibility*, Texere, 2003.
16 Schlosser, E., *Fast Food Nation: The Dark Side of the All-American Meal*, HarperCollins, 2002.
17 Litvin, *Empires. of Profit*
18 Ortega, *In Sam We Trust*.
19 Zyman, S., *The End of Advertising as We Know It*, John Wiley & Sons, 2002.
20 Trout, J., *Big Brands, Big Trouble. Lessons Learned the Hard Way*, John Wiley & Sons, 2001.

# 12. Uma perspectiva alternativa sobre marcas: mercados e princípios morais

*Deborah Doane*

O best-seller *No Logo*, o livro de Naomi Klein publicado logo após os protestos contra a cimeira da Organização Mundial do Comércio em Seattle, representou uma provocação para o mundo empresarial e um convite à luta para os manifestantes antiglobalização de todo o mundo. O *No Logo* propôs que se observasse melhor o lado bom e o lado mau das empresas globais e que reconhecessem o papel legítimo dos "activistas", que tentam manter o poder dessas empresas num nível socialmente responsável. Este livro foi tão polémico que a revista *The Economist* sentiu necessidade de o refutar e publicou um especial *"Pro Logo"*, com destaque na capa.

O argumento antimarcas defende o seguinte: as marcas são tiranas, tratam as culturas como mercadorias e são irresponsáveis. O argumento pró-marcas, contudo, defende que as marcas são responsáveis e transparentes, proporcionando mais valor e mais benefícios económicos do que antes. A realidade está provavelmente entre os dois pontos de vista.

No mundo do *branding*, tudo se move rapidamente e é também por isso que o debate sobre as marcas está relacionado com a globalização. A questão principal continua a ser a forma como as empresas, tanto pequenas como grandes, se comportam num mercado global. Mas interessa saber se este comportamento é, ou não, a causa ou a consequência do fenómeno do *"branding"*. Neste caso é necessário observar a conduta dos próprios mercados, uma vez que estes geralmente determinam o comportamento da marca.

Todavia, os líderes empresariais e outros fecharam os olhos à realidade dos mercados, não conseguindo reconhecer as limitações dos discutíveis programas de responsabilidade social das empresas. Num mundo optimista, contudo, as empresas irão finalmente reconhecer não só que as suas acções estão a prejudicar o meio ambiente, mas também que as abordagens de curto prazo relativamente ao nosso futuro social irão acabar por nos defraudar.

### Anti ou pró-logo?

No combate entre os partidários contra e a favor dos logo, quem tem

## O MUNDO DAS MARCAS

razão? O conhecimento sobre as marcas posiciona-as num nível que exige cada vez mais uma análise cuidada. É difícil para empresas globais como a Gap, a Nike, a Coca-Cola ou a McDonald's escaparem às críticas, mesmo quando fazem mais do que as empresas que não são de marca. Os consumidores provavelmente confiam mais nuns ténis da Nike, por exemplo, do que nuns ténis sem marca da loja local, não só pela qualidade, mas também porque sabem que a Nike assegura melhores condições de trabalho para aqueles que fabricam o seu calçado desportivo, uma vez que está debaixo de olho dos guardiães das práticas legais. Simultaneamente, os sinais da supremacia das marcas estão por todo o lado. As grandes marcas ameaçam a concorrência local e compram as marcas mais pequenas que têm sucesso. Se estiver em países como a Índia ou a África do Sul e quiser café, geralmente verifica que só consegue encontrar "Nescafé".

O poder de compra de uma marca aumenta a sua capacidade de conseguir lugar nas prateleiras, impedindo o acesso às outras, mesmo à nova concorrência. Os supermercados reservam os melhores espaços para as marcas mais conhecidas, assegurando uma maior probabilidade de serem vistas e compradas pelos consumidores. Ao mesmo tempo, as principais ruas de todo o mundo estão a tornar-se cada vez mais familiares, sendo difícil distinguir entre uma rua de Munique, Tóquio ou Toronto.

As marcas também têm tendência para diluir a diversidade cultural. O *branding* exige o conhecimento e reconhecimento imediato, de preferência numa base global. Pode ter a certeza que se entrar numa loja da Gap na América do Norte, no Japão ou na Alemanha vai encontrar as mesmas coisas. Michelle Lee, uma escritora norte-americana sobre questões de moda, lamenta a era da "McFashion" que a luta pela marca criou. Segundo ela, ao mesmo tempo que a abordagem do tipo *fast food* no sector do pronto-a-vestir nos dá acessibilidade e confiança relativamente a um estilo, "a compatibilidade criou um nível assustador de homogeneidade". Nos Estados Unidos, 75 por cento dos homens têm um par de calças Dockers Khakis e 80 por cento da população tem pelo menos um par de calças de ganga da Levi's[1]. Quando os estilos dos outros países se tornam moda, como as camisas chinesas ou os vestidos de estilo indiano, também correm o risco de ser desvalorizados no mercado. A originalidade que lhes confere o estatuto de artigos da moda irá diminuir e os modelos tornar-se-ão pouco mais do que uma outra mercadoria para comprar, vender e copiar, que resultará no seu detrimento cultural.

A marca é ou não responsável? Muitos pensam que não, especialmente no que diz respeito a questões sociais e ambientais. Nas últimas décadas, as marcas têm-se comportado como camaleões. Quando são postas em causa devido a um comportamento pouco ético, mudam de nome: assim, a Altria* surgiu a partir da Philip Morris e muitos argumentam que é uma tentativa mal orientada de proteger os seus negócios não relacionados com o tabaco da "armadilha" criada pela reputação negativa do tabaco e das queixas judiciais iminentes. O *American Journal of Public Health* lançou a acusação de que a mudança de nome foi o culminar de um esforço de longo prazo do gigante da indústria tabaqueira para manipular os consumidores e os legisladores[2]. Nos últimos anos, as vítimas do desastre de Bhopal na Índia** têm tido dificuldades em apresentar queixa contra a Union Carbide relativamente ao acidente que ocorreu em 1984. Em 2001, a Union Carbide foi comprada pela Dow Chemical que, em Maio de 2003, negou qualquer responsabilidade no acidente[3].

Quando se compra uma marca, de quem é realmente a marca que se está a comprar? Poucos consumidores sabem que a Kraft Foods é propriedade de uma tabaqueira, ou que os gelados Ben & Jerry fazem parte da Unilever. É difícil escolher as marcas em função de uma posição ética, quando as próprias marcas foram adquiridas por grandes multinacionais. Parte da estratégia da BP para demonstrar as suas credenciais "verdes" tem passado por comprar produtores de energia solar. Esta empresa detém actualmente cerca de 17 por cento do mercado global de energia solar, sem ter tido que apresentar qualquer nova produção neste sector[4]. Grupos de investimento social têm defendido que o problema desta abordagem é que as empresas continuam a ter a sua actividade principal num negócio que não respeita o meio ambiente, como o petróleo. No caso da BP, o investimento na energia solar é inferior a 0,1 por cento do negócio.

As marcas podem ter a força e os recursos para assegurar que o poder económico ganha sobre o bem social. Mas muitos argumentam que na sua maioria não o fazem, citando o crescimento do movimento de responsabilidade social das empresas ao longo dos últimos anos.

### Responsabilidade social e comportamento das marcas
A responsabilidade social das empresas tem sido a resposta destas às crí-

---

\* N.T. O grupo Altria foi criado em 1985 e é a empresa-mãe da Kraft Foods, Philip Morris International, Philip Morris USA e Philip Morris Capital Corporation.

\** N.T. A 3 de Dezembro de 1984, uma fuga de gás na fábrica de pesticidas da Union Carbide Corporation na cidade de Bhopal, na Índia, matou cerca de oito mil pessoas. Este acidente foi o pior desastre industrial de sempre, tendo provocado lesões em cerca de 600 mil pessoas.

# O MUNDO DAS MARCAS

ticas anti-logos. Após Seattle, a política de responsabilidade social tornou--se obrigatória para as principais empresas, que tomam uma posição sobre todos os assuntos, desde o desempenho ambiental às condições de trabalho. Dada a valorização da responsabilidade social das empresas, seria fácil acreditar que as coisas melhoraram muito e que as empresas estão a encarar a questão da responsabilidade de uma forma mais séria do que há alguns anos.

O circuito das conferências de negócios inclui agora debates mensais sobre "responsabilidade social" e "gestão da reputação". As empresas de contabilidade e de relações públicas têm agora unidades totalmente dedicadas à responsabilidade social, com empresas como a Burson-Marsteller que decidiram recrutar os próprios activistas. Lord Melchett, antigo responsável da Greenpeace no Reino Unido, tem estado na lista dos seus consultores de topo.

O mantra da responsabilidade social das empresas é que os negócios podem "fazer bem" e "praticar o bem": a conhecida relação ganhador-ganhador (*win-win*). As empresas farmacêuticas, como a GlaxoSmithKline (GSK), salientam os seus programas destinados a melhorar o acesso a medicamentos nos países em vias de desenvolvimento e as parcerias com Organizações Não Governamentais (ONG) como os Médicos sem Fronteiras. E a British American Tobacco até pretende ser a "tabaqueira" mais socialmente responsável de todo o mundo.

Mas é tudo assim tão "cor-de-rosa"? A "face" dos programas de responsabilidade social das empresas é geralmente revelada através dos seus relatórios ambientais e sociais. Todas as empresas, desde as poucas que são profundamente "verdes", como a Body Shop ou a Traidcraft, até àquelas que há poucos anos foram "eticamente desafiadas", como a Shell, e de áreas tão variadas como a Cadbury's, a Unilever e a British Aerospace, preparam este tipo de relatório. Estes são particularmente populares no Reino Unido. Há apenas dois anos, foram menos de 25 as empresas britânicas que incluíram o desempenho social nos seus relatórios anuais. O Econtex, um grupo de consultoria, verificou agora que 50 por cento das 250 empresas do índice Footsie (FTSE) da Bolsa de Valores de Londres estão a declarar[5] voluntariamente o seu impacto ambiental e social, e a SustainAbility, outra consultora, constatou que a nível global há 234 empresas que o fazem[6].

Contudo, a quantidade de relatórios existente sobre a responsabilidade social das empresas diz pouco sobre a qualidade do que está realmente a ser feito. A responsabilidade social das empresas, ao que parece, tem agora mais a ver com relações públicas do que com qualquer outra coisa. Vários estudos efectuados, incluindo o *Global Reporters Survey* da SustainAbility

214

# UMA PERSPECTIVA ALTERNATIVA SOBRE MARCAS: MERCADOS E PRINCÍPIOS MORAIS

publicado em Novembro de 2002, confirmam que os relatórios ambientais e sociais apresentados pelas empresas são pouco significativos no que respeita a revelar que estão realmente a atacar as grandes questões do nosso tempo, desde as alterações climatéricas até ao combate à pobreza.

O programa de medicamentos da GSK tornou-se uma realidade quando a empresa teve finalmente que enfrentar a concorrência dos fabricantes de genéricos e a ameaça da legislação por parte dos governos. O seu recuo temporário consiste num movimento defensivo contra a perda de importantes direitos de propriedade intelectual e para proteger a sua reputação. Certamente que não é o resultado de um impulso moral para combater a SIDA ou a malária na África subsaariana. E a maior parte das pessoas mantém a opinião de que tentativas como a da GSK continuam a ser desadequadas para resolver os grandes desafios que os países em vias de desenvolvimento enfrentam no sector da saúde.

A BP teve imenso sucesso com as suas políticas de responsabilidade social. John Browne, director executivo da petrolífera, tem sido o eficiente porta-estandarte do movimento de responsabilidade social das empresas. Mas as ONG criticam severamente as tentativas da BP para demonstrar responsabilidade social. Em 2001, quando tentou relançar a marca como estando "para além do petróleo", os activistas chamaram a atenção para o facto de que não estava realmente a distanciar-se da produção de hidrocarbonetos. No final, a BP viu-se forçada a um embaraçoso retrocesso[7]. No último protesto lançado por um consórcio de várias ONG, a BP foi contestada pelas *Guidelines on Multinational Enterprises* (Orientações para as Empresas Multinacionais) da OCDE, devido ao seu trabalho no Azerbeijão. O grupo, que inclui os Amigos da Terra, defende que a BP e os seus parceiros procuraram ou aceitaram isenções relacionadas com as actuais leis sociais, do trabalho, de impostos e ambientais, enquanto exercia influência ilegítima sobre o Governo para que a libertasse de quaisquer futuras responsabilidades. A abordagem da BP para gerir a sua reputação destinou-se, na verdade, a assegurar que dominava os riscos, o que significa passar os riscos para os governos, que confiam plenamente nas suas receitas externas.

Por que razão é este o resultado da responsabilidade social das empresas, em vez de algo mais substancial? Porque a responsabilidade social das empresas é voluntária. Mesmo os códigos de conduta, como as *Guidelines on Multinational Enterprises* da OCDE, não são obrigatórios. Os gestores de responsabilidade social das empresas têm de garantir que a "causa da empresa" pode ser aplicada na promoção de investimentos em causas sociais, especialmente quando a legislação a isso não obriga.

215

O MUNDO DAS MARCAS

A causa é desenvolvida através do lançamento de programas sustentados, sob o título de "reputação da marca", em vez de ser através de uns quantos argumentos sobre "eficiência ecológica", que podem ser recompensados num curto espaço de tempo. De facto, um número recente da revista *Brand Strategy* é dedicado à questão do "sucesso do *branding*" e das formas de comunicar a sustentabilidade[8].

Este é o problema fundamental da responsabilidade social das empresas. Não surpreende o facto de muitos programas de responsabilidade social serem agora elaborados por profissionais com experiência em *marketing*, em vez de por técnicos com conhecimentos ambientais. Consequentemente, encontramos medidas que têm mais a ver com a imagem do que com algo mais profundo.

Um dos maiores crimes da responsabilidade social das empresas é o *marketing* relacionado com uma causa (CRM – *cause-related marketing*), que resulta em empresas como a Cadbury's a oferecer cheques-brinde para equipamentos desportivos em troca de se consumir chocolates suficientes. Estas tentativas artificiais para melhorar a reputação de uma empresa e contribuir para o bem social fazem troça das boas intenções. A obesidade das crianças é agora uma das principais causas de preocupação dos activistas do ramo da saúde. A McDonald's, causa da mais recente indulgência para com as crianças, está a ser processada porque é acusada de tornar as pessoas gordas[9].

## O mito do consumidor ético

A responsabilidade social das empresas é em parte motivada pela expectativa de que os consumidores irão, em última análise, recompensar as empresas que apresentem melhores registos a nível ambiental e social.

Até certo ponto, é uma verdade. O índice *Ethical Purchasing* ("compras éticas") de 2002 confirma que as empresas que têm um objectivo social, como a Café Direct, serão devidamente recompensadas. A empresa Fair Trade é agora a sexta maior marca de café do Reino Unido, tendo crescido a uma taxa de quase 20 por cento em 2002, representando 8 por cento do mercado de café. Há outros exemplos de crescimento rápido de empresas realmente "verdes" mas, em geral, essas empresas continuam a conquistar menos de um por cento da quota total de mercado.[10]

No entanto, os consumidores, se bem que conscientes, são um grupo razoavelmente passivo. O *National Consumer Council* (Conselho Britânico do Consumidor) afirma que os consumidores muitas vezes não querem alterar os seus hábitos. Uma sondagem da MORI mostra que embora 83 por cento da população tenha a intenção de agir com ética, ape-

216

UMA PERSPECTIVA ALTERNATIVA SOBRE MARCAS: MERCADOS E PRINCÍPIOS MORAIS

nas 18 por cento o faz (e só ocasionalmente), enquanto menos de 5 por cento pode ser considerada "guardiã das práticas globais".[11] Apesar da crescente percepção em relação à actividade antiglobalização e da procura de produtos mais "verdes", estas tendências parecem estar a piorar com o tempo. O estudo anual *Roper Green Gauge* realizado nos Estados Unidos concluiu que os norte--americanos estão agora menos preocupados com o ambiente do que estiveram nos últimos dez anos. O inquérito de 2002 constatou que, apesar de 23 por cento dos consumidores comprar produtos feitos com material reciclado, este número era 3 por cento inferior ao do ano anterior; e quase metade dos consumidores, 45 por cento, considerava que era responsabilidade das empresas, e não dos consumidores, fazer mais.[12]

Muito disto passa pela carteira das pessoas. De acordo com um estudo norte-americano, os consumidores optavam facilmente pela escolha "verde" se o produto não fosse mais caro ou não alterasse os hábitos, se pudesse ser comprado no local habitual de aquisição e se fosse pelo menos tão bom como o da concorrência[13]. O mesmo acontece no Reino Unido, onde o *Institute of Grocery Distributors* descobriu que os consumidores estão mais preocupados com o preço, o sabor e o prazo de validade do que com a ética[14].

Se bem que pareça existir oportunidades para encorajar os consumidores a serem mais activos e "éticos", as evidências até agora sugerem que, se dependermos deles para produzir mudanças sociais e ambientais, a espera será longa.

## Intenções mal orientadas

A responsabilidade social das empresas não tem sido capaz de responder às críticas anti-logo. As empresas não podem sempre "fazer o bem" e "praticar o bem". O que falta neste mantra é uma ressalva: as empresas podem "fazer o bem e praticar o bem... até um certo ponto".

As estratégias de responsabilidade social das empresas são parte do microcosmo do fracasso dos próprios mercados. Só funcionam até ao ponto em que ajudam a proteger a marca. Mas existe uma grande diferença entre o que é bom para uma marca e o que é bom para a sociedade.

Há 50 ou 100 anos, quando muitas multinacionais começaram, o objectivo era fornecer um produto ou serviço acessível e ao mesmo tempo obter um lucro razoável. É duvidoso que os fundadores de qualquer uma das grandes multinacionais alguma vez se tenha posto a caminho para subjugar outras culturas, abater florestas e explorar mão-de-obra barata no mundo. Mas o papel de uma empresa tem, no último século, adquirido vida própria, em que a sua principal função é a de devolver capital ao accionista anónimo e não servir necessidades da sociedade. Nos actuais mercados de capital, as empresas precisam de crescer, encontrar novos mercados e man-

# O MUNDO DAS MARCAS

ter os custos baixos através do que quer que seja, desde assegurar mão-de-obra "economicamente acessível" até reduzir as obrigações com impostos. Quando uma empresa dá um "alerta sobre os lucros", o mercado desvaloriza o preço das suas acções. Em consequência, torna-se um luxo investir em áreas como o ambiente ou causas sociais, que promovem compensações periféricas e a longo prazo em vez de compensações imediatas, pelo que são muitas vezes sacrificadas durante uma crise. A Littlewoods, uma cadeia de lojas de roupa, saiu recentemente da iniciativa britânica de comércio ético e a Dole Food Company dos Estados Unidos cortou completamente todo o seu programa de responsabilidade social em 2001, como parte da tentativa de redução de custos.

Isto não é diferente da forma como os mercados criam valor para os accionistas fora do regime ético, mesmo se isso significar sacrificar outras partes do negócio no processo, como aconteceu no frenesim das fusões e aquisições destruidoras de valor no final dos anos 90. Nos exemplos mais grotescos de comportamento do mercado, o próprio produto torna-se quase irrelevante. No caso da agora tristemente célebre Enron, a empresa deixou de ser um mediano fornecedor de energia para passar a ser um banco de Wall Street, através dos seus vários esquemas de comércio de energia.[15] O seu colapso foi o primeiro de uma série de escândalos empresariais que contribuiram para a pior recessão económica dos últimos 30 anos.

Se houver uma causa que permita às marcas preservar o seu valor através dos benefícios sociais, então isto deve ser feito de forma voluntária. Os negócios sempre tiveram que inovar, experimentar coisas diferentes e procurar novas fontes de vantagem sobre a concorrência. Mas acreditar que estas intenções das empresas irão sempre fornecer resultados no interesse do grande público é simplesmente ingénuo, especialmente quando estão envolvidos os interesses dos accionistas. Marjorie Kelly, editora da revista norte-americana *Business Ethics Magazine*, defende que a nossa visão de que as acções voluntárias por parte das empresas iriam transformar o capitalismo está errada. Escreveu no livro *The Divine Right of Capital* ("O direito divino do capital") que "é incorrecto falar de accionistas como investidores, porque na verdade o que querem é extorquir".

Existe um grande risco para as empresas que assumem o papel de fornecedores de bem-estar social através de programas de responsabilidade social mal orientados. Nos Estados Unidos, a Cisco Systems "adopta" escolas que não têm fundos suficientes. Em algumas regiões de África, a Unilever ajuda a distribuir preservativos através da sua rede de distribuição, para combater a crise da SIDA. Provavelmente, ambos são programas bem intencionados para lidar com os problemas imediatos. A Cisco precisa de uma

# UMA PERSPECTIVA ALTERNATIVA SOBRE MARCAS: MERCADOS E PRINCÍPIOS MORAIS

equipa bem formada e a maior parte das empresas que opera em África está a sentir o impacto da crise da SIDA. Mas representam uma tendência mais preocupante, sobre a qual tanto os activistas como as empresas deviam estar inquietos: a crescente imprecisão dos limites entre público e privado e a desresponsabilização estatal de providenciar o bem público.

O investimento da Nike e de outras empresas na verificação das condições de trabalho nas fábricas dos países em vias de desenvolvimento é uma tentativa louvável de assegurar que os seus trabalhadores, pelo menos, estão protegidos e que o valor da sua marca está seguro. Mas, como escreve Daniel Litvin, a complexidade de tentar verificar 700 fábricas que empregam 500 mil pessoas em todo o mundo é gigantesca[16]. Coloca a própria marca em risco, dado que os activistas continuam a tentar encontrar condições de trabalho deficientes, até nas fábricas dos seus fornecedores. Por isso, empresas como a Nike estão sempre na defensiva.

A Nike pode lutar pelas condições de trabalho, mas só até certo ponto. Mesmo com o constante ataque dos críticos e a melhoria contínua, tem na verdade um poder limitado na economia mais ampla dos países em vias de desenvolvimento que mantém os salários baixos e, em alguns países, siginifica que um emprego na fábrica da Nike pode ser mais desejado que ser médico ou professor, porque os salários são mais elevados e os direitos dos trabalhadores estão protegidos.

Especialmente neste sentido, a responsabilidade social das empresas é uma falsa economia. Não seria melhor assegurar o desenvolvimento dos sistemas nestes países – leis, regulamentos, etc. – para fortalecer as instituições que protegem uma faixa mais larga da população? Como salienta Patrick Neyts, director de responsabilidade social da Levi-Strauss na Europa, não é invulgar encontrar num país em vias de desenvolvimento um produto muito conhecido a ser manufacturado em excelentes condições de um lado da parede de uma fábrica, enquanto no outro lado outros colaboradores continuam a ser sujeitos a condições inseguras, a mais horas de trabalho e a salários mais baixos.

O mundo dos negócios é, em parte, culpado por contribuir para o vazio institucional. Nos Estados Unidos, já não existe um sistema escolar que seja adequadamente apoiado pelo Estado, porque os negócios, cada vez mais, não pagam a sua parte dos impostos. Nos Estados Unidos, os impostos sobre o rendimento das empresas desceram de 4,1 por cento do PIB em 1960 para apenas 1,5 em 2001.[17] A OCDE atribui esta tendência, em parte, ao facto de os países quererem reduzir os impostos, de forma a atrair o investimento estrangeiro ou a manter o investimento dentro do país. Mas isto está a ter efeitos perversos, limitando a capacidade dos Governos para

# O MUNDO DAS MARCAS

investir em activos comuns, como o ambiente ou a educação. Esta questão é mais premente nos países em vias de desenvolvimento, onde os Estados já são fracos. O sector empresarial, em vez de procurar isenções de impostos, devia tentar encontrar formas de assegurar o apoio adequado aos governos e o desenvolvimento de serviços públicos mais fortes, que providenciariam um ambiente económico e social mais saudável no qual operar. Estas questões vão muito além da tradicional gestão da protecção e reputação das marcas. São questões que os próprios detentores das marcas deveriam analisar para saberem qual a melhor forma de responder se quiserem proteger o seu domínio. De facto, as multinacionais têm o poder, mas actualmente falta-lhes a coragem, para quebrar posições sociais e escolher outro caminho.

## Redefinir o valor das marcas?

É difícil debater a importância económica das marcas. Segundo a Interbrand, uma consultora de marcas, 70 por cento do valor médio das empresas cotadas na Bolsa de Londres tem por base os "intangíveis". Mas este peso da marca torna muitos de nós mais vulneráveis. Quando os valores das empresas no mercado bolsista caem, geralmente por causa da falta de confiança na "marca", as nossas poupanças e as nossas pensões ficam em risco. Na última recessão económica, mesmo marcas de confiança como a British Airways perderam o desejado lugar no índice FTSE 100.

Neste momento, os métodos de avaliação das marcas, como o da Interbrand, centram-se apenas na utilização económica da marca, com considerações ocasionais sobre factores envolvidos, como a formação dos empregados. Pelos menos uma maneira parcial de sair desta dificuldade é tornarmos o "valor da marca" muito menos dependente dos intangíveis económicos tradicionais e mais dependente de medidas sinceras de desempenho social e ambiental.

Já estão a ser feitas incursões para definir como devem ser avaliados estes factores. A *Global Reporting Initiative*, uma iniciativa internacional destinada a fornecer indicadores comuns para analisar o desempenho social e ambiental, é algo a que os especialistas em avaliações de marca deviam prestar atenção[18]. Nos últimos anos, algumas organizações têm feito esforços para avaliar o "capital social", mas, uma vez que as metodologias utilizadas para o fazer não são partilhadas com o público, é quase impossível dizer o que está a ser avaliado, o que impossibilita que se compare as abordagens para chegar a padrões comuns. O capital social, como uma forma de crédito, deveria poder incorporar medidas de compromisso real com as comunidades, como a utilização da força de trabalho local. Existe um benefício empresarial acrescentado a isto. A Shokoya-Eleshin Construction, uma empresa britânica de construção que tem tido um crescimento rápido, anunciou que quando utilizava mão-de-obra local os seus edifícios não eram vandalizados em áreas urbanas onde havia tradicionalmente um elevado índice de criminalidade.

Existe uma proposta dupla em tornar os intangíveis mais tangíveis, baseando-os em resultados ambientais e sociais. A avaliação irá ajudar os legisladores a assegurar que as empresas pagam pelos custos reais do seu impacto ambiental e social (internalizando as externalidades, recorrendo à terminologia dos economistas). Também ajudará a assegurar que as empresas não vão assumir compromissos nos negócios que favorecem resultados financeiros em detrimento dos não financeiros, porque todos irão acabar por contribuir para o resultado final.

## Uma causa para a liderança

Nenhuma marca empresarial é criada com a intenção específica de prejudicar. Mas as empresas líderes muitas vezes evitam abordar a complexidade do assunto. Tal como sucede com a responsabilidade social, uma empresa geralmente faz o que pode nos mercados e não o que devia. É aqui que as empresas líderes precisam de enfrentar o dilema. Os partidários anti-logo não estão a pedir uma mera adulteração das margens, um pequeno aumento do orçamento para as acções de caridade ou uma iniciativa de *marketing* para melhorar a imagem da marca. Estão a pedir uma revolução na forma como os negócios são feitos.

Reparem, por exemplo, nas empresas que dependem de mercadorias, como a Nestlé e a Cadbury's. Embora o seu trabalho com a Biscuit, Cake, Chocolate and Confectionery Alliance* com vista a eliminar o trabalho infantil nas plantações de cacau seja crucial, não lidam com a questão fundamental que é como os seus produtos perpetuam a pobreza, logo à partida. A vulnerabilidade de quem está dependente da mercadoria não é algo que possa ser ignorado. Como é que se pode transformar os mercados para que o comércio equilibrado deixe de ser necessário? Para que um produto de qualidade continue a estar disponível para os consumidores, mas a sua produção não mantenha desnecessariamente as pessoas na pobreza? Não é apenas uma questão de proteger a marca e a sua reputação através de meios individuais de defesa: envolve todo o sistema. Todas as empresas serão vulneráveis às críticas e às reacções adversas dos consumidores até reconhecermos esse facto.

---

* N.T. Associação britânica dos produtores de biscoitos, bolos, chocolate e outros doces.

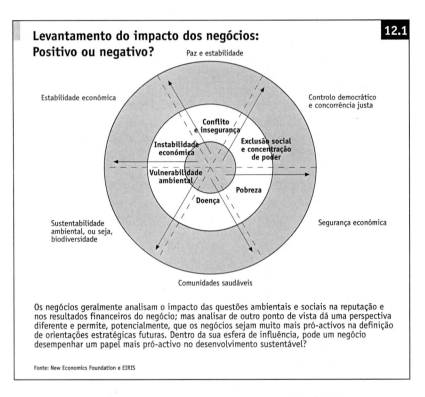

Os negócios geralmente analisam o impacto das questões ambientais e sociais na reputação e nos resultados financeiros do negócio; mas analisar de outro ponto de vista dá uma perspectiva diferente e permite, potencialmente, que os negócios sejam muito mais pró-activos na definição de orientações estratégicas futuras. Dentro da sua esfera de influência, pode um negócio desempenhar um papel mais pró-activo no desenvolvimento sustentável?

Fonte: New Economics Foundation e EIRIS

No sector petrolífero, empresas como a BP e a Shell deveriam fazer maiores investimentos em energias renováveis e deixar de usar a fachada da compra de pequenos produtores de energia solar para somar às suas credenciais "verdes"; investir menos de 2 por cento dos lucros nas energias renováveis é apenas uma gota no oceano. Porque é que estas empresas líderes não têm como objectivo deter 50 por cento do negócio da energia renovável nos próximos 10 ou 15 anos? Como podem estas empresas pressionar os Governos de uma forma mais eficaz, para garantir que os incentivos fiscais e outras formas de intervenção política tornem tais objectivos rentáveis? É habitual que a indústria petrolífera lute contra a legislação, não que a solicite.

A questão que a sociedade deveria colocar é esta: de que empresas e instituições precisamos para ter um desenvolvimento sustentável? As grandes empresas e, por arrasto, as marcas importantes, têm estado concentradas em responder às preocupações dos activistas minimizando o seu impacto negativo na sociedade e no meio ambiente e publicitando

# UMA PERSPECTIVA ALTERNATIVA SOBRE MARCAS: MERCADOS E PRINCÍPIOS MORAIS

## Quadro 12.1 **Questões globais: podem as empresas realmente ajudar?**

| Questão | Problemas | O que podem as empresas fazer? |
|---|---|---|
| **Pobreza, exclusão e concentração de poder** | ■ Fosso crescente entre ricos e pobres.<br>■ Falta de participação na vida política e económica.<br>■ A enorme influência das grandes empresas nas economias nacionais levou a uma perda do controlo democrático.<br>■ Os pobres sofrem com o comportamento irresponsável das empresas.<br>■ Baixo investimento nas áreas mais pobres.<br>■ Investimento de baixa qualidade, incapaz de estimular a actividade da economia local. | ■ Investir em áreas mais pobres e avaliar o impacto local do investimento.<br>■ Confiar, onde possível, no fornecimento e no emprego local.<br>■ Envolver os *stakeholders* ("partes interessadas") na administração da empresa.<br>■ Estarem atentas e aplicar medidas como a *Global Reporting Iniciative* para melhorar a transparência. |
| **Vulnerabilidade ambiental** | ■ Consumo excessivo de recursos, em particular dos combustíveis fósseis.<br>■ Aquecimento global, aumento do nível do mar e maior frequência de tempestades de elevada intensidade e inundações.<br>■ Aumento dos riscos para as comunidades pobres, causados pelos efeitos das alterações climatéricas. | ■ Reduzir o consumo de combustíveis fósseis.<br>■ Assegurar que o *maketing* não se torna uma ferramenta para "dar uma imagem mais verde".<br>■ Parar de fazer *lobby* para manter os subsídios energéticos; pedir incentivos fiscais para aumentar o investimento nas energias renováveis.<br>■ Relatórios transparentes sobre os impactos ambientais, incluindo os custos "verdes" totais. |
| **Doenças e acesso à medicina** | ■ A falta de saneamento e serviços de saúde nos países pobres significa que muitos morrem de doenças que podiam ser prevenidas.<br>■ As patentes mantêm os medicamentos fora do alcance dos pobres.<br>■ Propagação do vírus HIV, dizimando populações nos países pobres. | ■ Libertar os direitos da patente dos medicamentos.<br>■ Contribuir para o desenvolvimento e manutenção dos serviços de saneamento e de fornecimento de água às comunidades.<br>■ Contribuir para os fundos públicos de investigação para tramentos médicos acessíveis. |
| **Instabilidade económica** | ■ O investimento em carteiras de curto prazo e a especulação monetária desestabilizaram as economias nacionais.<br>■ A queda dos preços das mercadorias, juntamente com as dívidas asfixiantes, atingido duramente os países pobres. | ■ Apoiar as economias nacionais, pagando em moeda local.<br>■ Procurar produtos, serviços e mão--de-obra local.<br>■ Empreender investimento apropriado a longo prazo.<br>■ Limitar a pressão nas áreas políticas que podem contribuir para a desestabilização económica. |
| **Conflitos e insegurança** | ■ Muitas regiões são atormentadas por conflitos armados.<br>■ As economias em guerra enfraquecem o desenvolvimento económico e social a longo prazo.<br>■ Isto pode ser inadvertidamente alimentado pelas empresas que operam nas zonas em conflito. | ■ Procurar locais para investimento.<br>■ Apresentar relatórios transparentes sobre as actividades da empresa nas regiões onde há conflitos.<br>■ Política de "tolerância zero" em relação a subornos e a corrupção, incluindo pagamentos por facilitação. |

# O MUNDO DAS MARCAS

estas intervenções como tendo solucionado os problemas do mundo. No entanto, ao promover a responsabilidade social como uma "vantagem competitiva", as grandes empresas estão na realidade a manter as pessoas reféns e a inibir mudanças importantes, que seriam realmente necessárias. A responsabilidade social das empresas deveria incidir sobre a resolução dos grandes problemas globais, sem perder de vista os seus princípios, e não sobre a gestão da reputação da marca.

Ironicamente, neste momento quanto mais bem uma empresa pratica, mais aberta fica ao escrutínio dos activistas globais. Não poderia haver melhor argumento do que o da necessidade das empresas observarem o seu papel na sociedade e solicitarem níveis apropriados de regulamentação aos governos, de forma a nivelar o campo de acção. Ed Crooks, editor de economia do *Financial Times* defende:

> *O equilíbrio entre fazer dinheiro, proteger o meio ambiente e olhar pelos direitos humanos afecta-nos a todos. Deveríamos todos ser capazes de assumir alguma responsabilidade pelas grandes decisões – e isto significa não deixar tudo do lado do mundo dos negócios.*[19]

É pouco provável que as marcas desapareçam nos próximos tempos; até as empresas mais pequenas que têm um objectivo ético, como a Café Direct, irão acabar por sucumbir às tentações de "crescimento" e da necessidade da marca alcançar reconhecimento, para garantir o sucesso a longo prazo. Mas vamos ter esperança de que as marcas éticas mais pequenas não comprometam os seus princípios morais e métodos nesse processo.

A questão não se prende com as marcas enquanto tal. Trata-se de saber de que forma as marcas importantes, muitas vezes com poder de quase monopólio, se têm comportado. As marcas têm potencial para serem uma força do bem, desde que consideremos as formas como são avaliadas e associemos os instintos naturais do mercado à regulamentação apropriada.

## Notas e referências

1 Lee, M., *Fashion Victim*, Broadway Books, Nova Iorque, Março de 2003.
2 Smith, E.A. e Malone, R.E. "Altria means tobacco: Philip Morris's identity crisis", *American Journal of Public Health*, vol. 93, N.º 4, Abril de 2003, pp. 553-6.
3 Vosters, H., "Partial Chronology of Union Carbide's Bhopal Disaster", Corp Watch, 15 de Maio de 2003.

4 Lean, G. e Anderson, A., "Does BP mean Burning the Planet?", *Independent*, 3 de Setembro de 2000.

5 SalterBaxter e EContext, 2002.

6 SustainAbility, *Trust us: The Global Reporters 2002 Survey of Sustainability Reporting*.

7 Buchan, D., "BP Driven to the Back and Beyond", *Financial Times*, 20 de Abril de 2001.

8 *Brand Strategy*, Edição 165, Novembro de 2002.

9 Buckley, N., "Big Food's Big Problem", *Financial Times*, 17 de Fevereiro de 2003.

10 Co-operative Bank and the New Economics Foundation, Ethical Purchasing Index, 2002.

11 Co-operative Bank, *Who are the Ethical Consumers?*, Londres, 2000.

12 *Roper Green Gauge Report*, Roper-Strach Worldwide, Nova Iorque, 2002.

13 Makower, J., *Consumer Power*, RAND, IP 203, 2001. www.rand.org/scitech/stpi/ourfuture

14 "Food shoppers appear to shun ethical goods", *Financial Times*, 21 de Novembro de 2002.

15 Partnoy, F., *Infectious Greed: How Deceit and Risk Corrupted the Financial Markets*, Times Books, 2003, p. 299.

16 Litvin, D., *Empires of Profit: Commerce, Conquest and Corporate Responsibility*, Texere, 2003, p.245.

17 Miller, J., "Double Taxation Double Speak", *Dollars and Sense Magazine*, Março/Abril de 2003.

18 www.GRI.org

19 Sustainable Development Commission, *Business @boo.m&bust*, 2001. www.sd-commission.gov.uk/pubs/ar2001/04.htm

# 13. *Branding* no Sudeste Asiático

*Kim Faulkner*

A s economias dos "tigres asiáticos" do início dos anos 90 estão em recuperação, depois dos sérios reveses que sofreram durante a crise económica de 1997. Se bem que a mais recente recessão global tenha, de algum modo, abrandado a sua recuperação, países como Singapura, Malásia, Tailândia, Filipinas e Indonésia chegaram à conclusão que há muitas coisas que podem fazer para renovar o crescimento económico e atrair investimento para os seus mercados.

Segundo o relatório "Global Economic Prospects and the Developing Countries 2003" (Perspectivas Económicas Globais e os Países em Vias de Desenvolvimento, 2003), elaborado pelo Banco Mundial, os países em vias de desenvolvimento irão crescer em média 3,9 por cento. Contudo, esta média global esconde as grandes disparidades regionais, com o Leste asiático a liderar, com 6,1 por cento, seguido pelo Sul asiático, com 5,4 por cento.

Das muitas lições importantes retiradas da crise financeira asiática, uma foi que a boa governação, instituições fortes e o desenvolvimento de marcas asiáticas mais fortes que surgiram como a chave para a recuperação económica, sendo a última delas uma das poucas formas de ajudar as empresas locais a diversificar-se a nível geográfico, providenciando assim uma maior estabilidade e reduzindo a dependência excessiva do mercado interno para o crescimento. Isto, conjugado com o facto de os consumidores asiáticos estarem entre os consumidores mundiais mais conscientes das marcas, fez com que as empresas asiáticas revissem os seus activos intangíveis.

Este capítulo focaliza-se no *branding* no Sudeste asiático, uma região onde uma cultura baseada no lema "O Ocidente é melhor" – em termos de estilo de vida, de lazer e de nível de vida – e as aspirações dos consumidores levaram a uma procura reprimida de marcas ocidentais. No entanto, os baixos níveis de rendimento disponível, bem como a predilecção asiática por um "bom negócio" (isto é, obter algo de valor por um preço muito mais baixo) promoveu uma cultura de contrafacção que se tornou dominante em muitos países da Ásia que se encontram em vias de desenvolvimento. Por isso, as imitações de relógios Rolex, perfumes Chanel e malas Gucci eram vendidas nas esquinas das ruas e compradas pelos locais

# O MUNDO DAS MARCAS

(para não falar dos turistas ocidentais). A pouca importância atribuída à protecção da propriedade intelectual e do capital intangível deverá mudar, contudo, com a criação e o desenvolvimento de marcas asiáticas fortes e distribuídas a nível internacional. Além disso, níveis mais elevados de rendimento disponível junto da população irão provocar uma preferência gradual pelas marcas genuínas, em vez das contrafacções baratas.

Até agora, apesar de os asiáticos serem conhecidos como fazendo parte do grupo dos consumidores mundiais mais "conscientes das marcas", isto não se traduziu, exceptuando no Japão, na produção de muitas marcas globais poderosas por parte das empresas asiáticas. Isto não quer dizer que não tenham produzido qualquer marca significativa, mas sim que poucas destas marcas alcançaram reconhecimento como líderes nas respectivas categorias, fora do seu mercado de origem. Isto pode ser parcialmente explicado pelo facto de a atenção estar concentrada no fabrico e no aumento da produtividade através de um maior rendimento da produção, muitas vezes à custa da inovação, da criatividade e, por isso, também do *branding*.

Alguns mercados da Ásia foram isolados da concorrência internacional pelos seus governos, com sectores "estratégicos" como as companhias aéreas, a agricultura, a marinha mercante, os serviços financeiros, os meios de comunicação social e as telecomunicações a serem controlados pelo sector público. Em países como a Indonésia, tem sido mais importante para as empresas ter acesso à distribuição, que tem sido controlada pelos conglomerados locais, do que criar marcas fortes. Estes factores levaram muitas empresas asiáticas a pensar somente nos seus mercados domésticos e interesses nacionais; tem havido menos estímulo para construir marcas para os mercados externos. Mas, com a liberalização económica, há sinais de uma nova forma de pensar.

## As marcas asiáticas mantêm a sua posição
Se bem que possam existir poucas marcas asiáticas com dimensão internacional, seria errado presumir que não existem marcas asiáticas fortes. Em muitas categorias de bens de consumo na Ásia, as marcas domésticas proliferam e rivalizam com a concorrência estrangeira. Estas marcas não são apenas muito reconhecidas no mercado interno, como também fazem parte do dia-a-dia de muita gente.

Marcas tradicionais, como os rebuçados de leite Rabbit, eram prazeres muito apreciados pelas crianças, como eram as doçarias Bee Cheng Hiang Chinese durante o Ano Novo Lunar chinês. Se o consumidor malaio acordasse para uma chávena de chá, teria de ser chá Boh, porque "Boh ada Uumph!" (o "Boh" é um chá forte que inspirou este *slogan* da empresa,

BRANDING NO SUDESTE ASIÁTICO

quem em português significa algo como:"O Boh tem energia!"); e se precisasse de um pouco mais de energia bebia o estimulante Yomeishu, porque recebeu a "confiança de gerações". Muitas mulheres jovens retocam o rosto com Hazeline Snow, para obter a compleição macia, clara, apreciada há séculos na Ásia, muito antes de existirem as novas fórmulas branqueadoras e anti-envelhecimento actualmente comercializadas pela L'Oréal e por outras marcas internacionais de comésticos.

Os comprimidos para as dores de cabeça Tiga Kaki (que em malaio quer dizer literalmente "três pernas") tiravam as enxaquecas e a pasta de dentes Darkie (com um sorridente trovador negro na embalagem) tornava os dentes brilhantes – o politicamente correcto não era então uma questão. Estas eram marcas em que os seus pais e avós confiavam e usavam e eram nomes familiares em muitos lares.

Há cinco principais categorias de marcas asiáticas:

- Tradicionais
- Revitalizadas
- Nova Ásia
- Desafiadoras
- Estabelecidas

### Tradicionais

As marcas tradicionais são, por definição, aquelas que se mantiveram fiéis às tradições e à herança que as tornaram tão fiáveis e dignas de confiança. São marcas que foram desenvolvidas durante décadas, se não séculos, nos respectivos mercados internos. Antes de estes mercados serem liberalizados, as marcas tradicionais dominavam as categorias em que operavam, potenciando a vasta rede de distribuição doméstica, a herança e o elevado conhecimento da marca nos mercados.

Contudo, à medida que os mercados se começaram a abrir e as marcas internacionais começaram a competir no seu território, algumas destas marcas sentiram-se pressionadas a evoluir ou arriscavam a extinção. Uma é a Tiger Balm, de Singapura, uma pomada para aliviar as dores usada por gerações de consumidores do Sudeste asiático para dores e maleitas. Face à concorrência das inúmeras marcas comercializadas por indústrias farmacêuticas internacionais, a marca desenvolveu uma série de novas aplicações.

O produto original Tiger Balm era um bálsamo espesso, áspero, mole como cera, vendido em minúsculos frascos hexagonais de vidro, que era utilizado para aliviar dores de cabeça e dores musculares. Haw Par, a

## O MUNDO DAS MARCAS

empresa que fabricava e comercializava este produto, enfrentou dois grandes desafios:

- Em cada aplicação era utilizada apenas uma minúscula quantidade de produto, o que significava que as compras, mesmo pelos mais adeptos, eram escassas e espaçadas.
- Tratava-se de um produto e de uma marca associados a pessoas idosas e doentes, e os jovens consumidores asiáticos pareciam ter pouco uso para lhe dar. Estava por isso a operar num mercado que estava a desaparecer.

No final dos anos 80, a marca tinha-se expandido para novos formatos de produto, tais como emplastros médicos, pomadas para os músculos, óleos e linimentos, direccionados para os desportistas e para uma nova geração de entusiastas do *fitness* e do *jogging*. Esta diversificação coincidiu com a expansão da marca para o exterior, para mercados ocidentais nos Estados Unidos e na Europa, onde patrocinou e distribuiu amostras gratuitas dos seus produtos em eventos desportivos, para ganhar visibilidade e para encorajar as pessoas a experimentá-los. Com a sua embalagem característica e o *design* registado de um tigre, o novo posicionamento e a nova linha de produtos, a marca conseguiu penetrar em novos mercados. Desde então, acrescentou mais produtos ao seu *portfolio*, incluindo comprimidos para as dores de cabeça, sais de banho e repelente de mosquitos. É comercializada em mais de 100 países no mundo inteiro e as vendas no estrangeiro representam quase 60 por cento das receitas totais da Tiger Balm.

### Marcas revitalizadas

Enquanto algumas marcas tradicionais enfrentam o admirável mundo novo aumentando a utilização e as aplicações dos seus produtos, outras – como a Brand's (essência de galinha) da Cerebos Pacific – decidiram que era necessário proceder a uma revitalização radical da marca. A revitalização significou não só alargar o formato do produto da tradicional bebida tónica para as cápsulas mais saborosas e mais fáceis de transportar, mas também reinventar a oferta da marca e aventurar-se a sair da categoria "essência de galinha" para novos suplementos de saúde que não continham essa essência.

A Brand's, que é actualmente comercializada em sete mercados do Sudeste asiático e da "Grande China" (China, Hong Kong e Taiwan), deve a formulação do seu produto à corte do rei Jorge IV, um monarca britânico. Foi produzida quando o rei estava a convalescer de uma grave enfermidade. Chegou à Malásia nos anos 20 e, devido à sua forte ligação com a fé chinesa nos poderes reconstituintes da sopa de galinha em banho-maria, rapidamente se tornou popular. Tem uma longa história na Ásia, como uma marca em que os estudantes confiam para melhorar a capacidade de resistência mental durante as longas horas passadas a estudar para os exames escolares.

Embora a marca tenha continuado a dominar a categoria de "essência de galinha", com percentagens de mercado de 85-90 por cento em cada um dos seus mercados asiáticos, as vendas começaram a baixar em meados dos anos 90. Isto fez soar os alarmes na Cerebos Pacific, então detida pela Suntory. Em 1998 a empresa tinha embarcado num agressivo exercício de revitalização da marca nos sete mercados. Um dos seus principais objectivos era recuperar o crescente número de utilizadores prescritos: os estudantes que não regressavam à marca uma vez que tinham acabado os exames e a população trabalhadora, que se virou para as mais modernas marcas de suplementos de saúde, como a Kordels, a GNC ou a Blackmores. Outros objectivos incluiam atrair públicos novos e mais jovens, para completar a base de consumidores fiéis, mas mais velhos, impulsionando a confiança e a herança da marca, aumentando a sua credibilidade e posicionando-a como um suplemento de saúde fidedigno para os consumidores ao longo de todas as fases da sua vida.

Isto resultou num determinado número de mudanças, começando pela introdução de um novo formato de produto, as cápsulas, e depois alargando-o a outros suplementos de saúde, tais como a glucose, e uma nova variedade de produtos à base de sésamo, a submarca Sesamin. A imagem da marca foi actualizada através de uma nova identidade, embalagem e comunicação de *marketing* alinhada consoante os mercados. As actividades que visavam alcançar uma compreensão da nova afirmação da marca incluiram um *website* que oferecia dicas sobre uma vida equilibrada, o programa personalizado "Health Mate" de informação sobre a gestão da saúde, e um programa alargado sobre fidelização do cliente.

O relançamento da marca conduziu ao aumento das vendas em mercados-chave, aproveitando a tendência de uma maior consciencialização relativamente às questões da saúde e a uma melhor gestão da mesma, ao mesmo tempo que os asiáticos se afundavam com a crise financeira, a recessão global e os estilos de vida urbanos que eram cada vez mais stressantes. As novas ofertas do produto encorajaram os antigos utilizadores a regressar à marca e a empresa foi particularmente bem sucedida em mercados como Singapura, Taiwan e Tailândia, onde a categoria de

# O MUNDO DAS MARCAS

suplementos de saúde registou um crescimento de dois dígitos desde finais dos anos 90.

## Marcas Nova Ásia

Ao mesmo tempo que as marcas asiáticas tradicionais e revitalizadas se desenvolviam ou se reinventavam para enfrentar o desafio das marcas internacionais que estavam a entrar no seu mercado doméstico, uma vaga de marcas da "Nova Ásia" emergiu em sectores tradicionalmente dominados pelas marcas internacionais. Estas novas marcas utilizaram a cultura, a história e a identidade da sua pátria para criar marcas distintas que são internacionalmente apelativas e contemporâneas, mas também tipicamente inspiradas na cultura asiática.

No sector da hotelaria, por exemplo, os outrora dominantes Hiltons e Hyatts são agora desafiados por marcas asiáticas como a Shangri-La e a Raffles International, bem como por estâncias como a Banyan Tree e a Aman. No sector das viagens, a Singapore Airlines e a Cathay Pacific conquistaram reconhecimento internacional e receberam elogios pelo serviço de bordo e pela inovação. O que estas marcas fizeram foi capitalizar a simpatia genuína e a graciosidade da hospitalidade asiática e traduziram-nos numa experiência ímpar para o consumidor, que combina *design* e estética com um produto novo e serviços inovadores.

As estâncias Banyan Tree, por exemplo, contrariaram o princípio que foi a base de muitas marcas de hotéis, cujo objectivo era fazer com que os clientes se sentissem como se nunca tivessem saído dos Estados Unidos, mesmo quando estavam do outro lado do mundo. As marcas de hotelaria asiática estão determinadas a oferecer uma autêntica experiência asiática, mas com todo o conforto e luxo que a moderna tecnologia oferece. As estâncias Banyan Tree, e outras, criaram consistência da marca à volta de uma ideia experimental (neste caso, o ambiente de romance e intimidade). Também incluem variações subtis da marca em cada um dos locais em que operam, para que a experiência individual continue fiel à proposta central, mas com uma diferença refrescante em cada situação.

Por exemplo, as estâncias adoptam os estilos arquitectónicos e os acabamentos de *design* interior do país ou província em que estão localizados. Assim, a estância Banyan Tree, em Phuket, tem arquitectura tailandesa e utiliza artesanato tailandês no mobiliário interior e nos acessórios, bem como no *merchandising* da estância; pelo contrário, a estância Blitan adopta um estilo indonésio e utiliza artesanato indonésio. O mesmo se aplica a estâncias nas Maldivas e nas Seicheles. Em todas as estâncias

232

Banyan Tree, os funcionários, que são locais, sentem-se orgulhosos por assegurar que os hóspedes têm uma experiência que reflete autenticamente as diferenças de costumes, de cultura e de estilos de hospitalidade da Tailândia, da Indonésia, das Maldivas e das Seicheles. O que caracteriza estas marcas da Nova Ásia é o orgulho na sua proveniência. Isto reflecte a nova confiança nas suas raízes e o sentido de identidade que muitas empresas asiáticas partilham nos dias de hoje. Isto porque concluiram que o internacionalismo não significa tentar ser ocidental na Ásia. Isto é mais evidente em países como a Tailândia e a Indonésia, que têm grande orgulho na riqueza e na diversidade da sua história cultural e do artesanato local.

Um bom exemplo de uma marca asiática que permaneceu fiel às suas origens culturais é a tailandesa Jim Thompson, retalhista e fabricante de seda. Esta é uma marca que prosperou sob um manto de mito e mistério. O seu fundador, um bem sucedido homem de negócios norte-americano residente em Banguecoque, desapareceu numa viagem para Cameron, na Malásia. Saiu uma noite para um passeio e nunca regressou; o seu corpo nunca foi encontrado e até hoje o seu destino continua por desvendar. O seu desaparecimento misterioso tornou-se matéria para uma lenda, mas este homem de negócios deixou para trás legados mais tangíveis.

Thompson ressuscitou quase sozinho a indústria da seda tailandesa. No final da II Guerra Mundial, apenas existiam alguns aldeões de língua Lao que ainda teciam manualmente quando a seda manufacturada mais barata tomou conta do mercado. Thompson estava entusiasmado com o estado natural, a textura e os reflexos da seda tecida à mão, que era tão diferente da suave, quase incaracterística seda trabalhada à máquina. Recolheu o maior número possível de amostras e levou-as aos editores das revistas *Vanity Fair* e *Vogue* nos Estados Unidos. Então, segundo reza a história, Edna Woolman Chase, editora da *Vogue*, olhou para as amostras de seda Ban Krua espalhadas pela sua secretária e apaixonou-se por elas. O resto, como se diz, é história.

Thompson fundou a Thai Silk Company em 1948. Mas, curiosamente e para seu crédito pessoal, apesar dos conselhos para centralizar a produção e estabelecer uma fábrica mecanizada, insistiu para que as coisas fossem feitas da maneira tradicional, para que a Thai Silk Company mantivesse a sua individualidade e singularidade. Continuou a fornecer o tecido único em todo o mundo, disponibilizando-o não só para a indústria da moda, mas também para as indústrias de mobiliário e de acessórios. A empresa criou uma cadeia de lojas em Banguecoque e noutros importantes pontos turísticos da Tailândia, vendendo o tecido, bem como artigos acabados co-

# O MUNDO DAS MARCAS

mo lenços, malas de mão, malas de transporte, carteiras, coberturas de sofás, toalhas de mesa e outros acessórios para a casa.

Hoje, a marca é vendida em toda a Ásia. Além da mercadoria principal, há ainda uma variedade de mobiliário de *design*, com inspiração asiática, mas trabalhado num estilo contemporâneo e minimalista. A empresa também introduziu recentemente um serviço de listas de casamentos, que sugere uma decoração de interiores das casas ao estilo "vivendo como Jim Thompson", para casais que vão iniciar uma vida nova.

Ao contrário das marcas como a Jim Thompson, que mantiveram muitos factores da sua origem mas modernizaram a oferta de produtos e de estratégia de venda para corresponder às alterações da procura, países mais cosmopolitas, como Singapura, tomaram uma direcção diferente para criar marcas indígenas da Nova Ásia. De facto, o termo "Nova Ásia" foi criado pelo Departamento de Turismo de Singapura e identificava o nicho de Singapura no turismo asiático como sendo "a porta para a Ásia", apresentando a diversidade cultural da Ásia num contexto compacto e contemporâneo.

O Governo da ilha há muito que se esforça para alcançar uma unidade ao nível da identidade das suas raízes multirraciais e multiculturais, mas o seu desejo de criar coesão e fundir as múltiplas etnias representa um desafio. Singapura tem sido acusada de não "ter rosto" e de ser "estéril". No entanto, da sua identidade Nova Ásia emergiram marcas como a OSIM, uma marca do sector da saúde e bem-estar, que oferece aos clientes uma ampla variedade de produtos "para o bem-estar", desde cadeiras de massagem que custam 3 mil dólares norte-americanos a aparelhos menos dispendiosos, como massajadores portáteis, massajadores para os olhos, monitores da pressão sanguínea, aspiradores que limpam com água e purificadores de água. Embora a marca OSIM tenha origem em Singapura, os seus principais produtos, como as cadeiras de massagem, são fabricados no Japão e os outros aparelhos são feitos em todo o mundo.

A imagem da OSIM não é claramente nem asiática nem ocidental. A identidade, as embalagens e o *design* da marca são internacionais no estilo e o nome é asiático, tal como a sua concepção e filosofia. Os modelos e as figuras públicas que publicitam e aprovam os produtos OSIM são também orgulhosamente asiáticos. Por exemplo, Gong Li, uma actriz chinesa (agora em Hollywood), assinou recentemente um contrato para promover a gama Mermaid de aspiradores da OSIM. Embora talvez se tenha de forçar a imaginação para acreditar que ela ainda empurra um aspirador em casa, os consumidores asiáticos identificam-na como

234

alguém que alcançou sucesso internacional mantendo-se fiel às suas raízes asiáticas e, nesse aspecto, é para muitos um modelo a seguir.

## Marcas desafiadoras

As marcas desafiadoras são aquelas que tentaram copiar os seus parceiros ocidentais com nomes pseudo-europeus como Bonia ou Fion para produtos em pele e Riccino para o calçado. Têm usado o seu conhecimento do mercado e dos gostos locais, mas oferecem produtos de estilo ocidental a um preço muito mais baixo do que as marcas importadas.

Estas marcas quiseram introduzir uma atractividade e sofisticação cosmopolita aos seus produtos, projectando uma imagem ocidental, e quem os pode criticar? Afinal, os rapazes asiáticos andavam a evitar as *t-shirts* Crocodile e Three Rifles que usaram durante anos, em favor das *t-shirts* Lacoste e Ralph Lauren Polo, embora estas cheguem a custar dez vezes mais.

As marcas desafiadoras reflectem o espírito empreendedor e a determinação das pequenas e médias empresas asiáticas, que são flexíveis e suficientemente adaptáveis para captar as últimas tendências e gostos na Ásia. Contudo, as marcas desafiadoras não estão limitadas às marcas "imitadoras", que procuram explorar a adoração dos asiáticos por etiquetas ocidentais.

A BritishIndia, por exemplo, que tem origem na Malásia, é uma marca de moda e vestuário que criou um estilo e imagem próprios. O estilo da marca é o "aspecto colonial" asiático, com algodões e linhos, que causa alguma preocupação às marcas internacionais, como a Gap ou a Ralph Lauren, quando faz a sua incursão nos mercados ocidentais. A BritishIndia evoca o romance e vida tropical da era colonial, sem ser tradicional ou demasiado vitoriana. O colonialismo na marca, que se estende aos produtos têxteis para a casa e ao mobiliário, é descrito como tropical, contemporâneo e "luxuosamente utilitário", um termo criado por Patricia Liew, a fundadora da BritishIndia.

As origens da marca podem ser seguidas até Metrojaya, uma grande cadeia de armazéns da Malásia ocidental, onde Liew era gestora de mercadorias. Foi aí que se envolveu com o desenvolvimento das marcas e criou algumas etiquetas bem sucedidas de produtos para o lar, entre os quais a East India Company. Em 1997, uma mudança na administração do Metrojaya fê-la aventurar-se por conta própria. Criou a BritishIndia, que foi claramente buscar inspiração à East India Company, uma das mais bem sucedidas marcas da Metrojaya.

# O MUNDO DAS MARCAS

Actualmente a marca está disponível em sete mercados asiáticos e no Médio Oriente, incluindo a Malásia, a Singapura, a Tailândia, a Indonésia e o Dubai. Parece estar cada vez mais forte, apesar das difíceis condições económicas, e conquistou uma legião de seguidores, não só entre os asiáticos mas também entre as comunidades de imigrantes ocidentais que se encontram nestes países. A sua política de classificação por tamanhos serve tanto os pequenos e médios clientes asiáticos como os seus parceiros ocidentais de estrutura óssea mais larga.

## Marcas estabelecidas
Uma das marcas estabelecidas da Ásia é a Singapore Airlines. No início dos anos 70, a companhia aérea percebeu que, para competir com eficácia contra as grandes companhias europeias e norte-americanas, tinha de oferecer uma diferença forte e significativa, em especial porque não tinha um grande mercado interno no qual pudesse confiar. Identificou uma diferença simples: qualidade do serviço. Os aviões eram tubos de aço que transportavam pessoas milhares de quilómetros sem o mínimo de conforto, e só depois de aterrarem é que os passageiros começavam a divertir-se. Por isso, a Singapore Airlines decidiu oferecer a experiência de desfrutar a magia da Ásia logo a partir do momento em que os passageiros entravam no avião. Nasceu a famosa "Rapariga Singapuriana", com o seu bonito uniforme, graça e charme, que simbolizava o maravilhoso serviço de que os passageiros iam desfrutar. Esta abordagem conferiu-lhe o reconhecimento em todo o mundo como um líder da indústria.

## Situação actual
Em 1999, o estudo da Interbrand sobre o *Top* das 50 Marcas Asiáticas (ver Quadro 13.1) confirmou que um número significativo das marcas mais fortes pertencia ao sector das viagens e da hotelaria, onde o serviço é crucial para a experiência do consumidor e, como consequência, para a distinção e para a fidelização à marca. Em 2002, num outro estudo patrocinado pelo Governo de Singapura, a Interbrand sugeriu um "valor de *benchmark*" das principais marcas de Singapura (ver Quadro 13.2). O estudo chegou a três conclusões importantes:

- Apesar da baixa avaliação que lhe atribuíam, a marca estava a tornar-se o activo isolado mais valioso das empresas analisadas.
- As marcas que tinham sucesso não eram marcas de um só produto, eram serviços ou um conjunto de marcas.

BRANDING NO SUDESTE ASIÁTICO

## Quadro 13.1 *Top* das 50 marcas asiáticas, 1999

| Posição | Marca | Categoria | Origem |
|---|---|---|---|
| 1 | Singapore Airlines | Companhia Aérea | Singapura |
| 2 | Speedo | Vestuário | Austrália |
| 3 | Shangri-La Hotels | Hotelaria | Singapura |
| 4 | Lee Kum Kee | Comidas e Bebidas | Hong Kong |
| 5 | Foster's | Bebidas Alcoólicas | Austrália |
| 6 | Qantas | Companhia Aérea | Austrália |
| 7 | Sound Blaster | Tecnologias da Informação | Singapura |
| 8 | Acer | Tecnologias da Informação | Taiwan |
| 9 | Star TV | Comunicação Social | Hong Kong |
| 10 | Cathay Pacific | Companhia Aérea | Hong Kong |
| 11 | Regent Hotel | Hotelaria | Hong Kong |
| 12 | Hong Kong Bank | Serviços Financeiros | Hong Kong |
| 13 | Mandarin Oriental | Hotelaria | Hong Kong |
| 14 | Thai Airways | Companhia Aérea | Tailândia |
| 15 | San Miguel | Bebidas Alcoólicas | Filipinas |
| 16 | Tiger Beer | Bebidas Alcoólicas | Singapura |
| 17 | Lonely Planet | Comunicação Social | Austrália |
| 18 | Banyan Tree | Hotelaria | Singapura |
| 19 | Samsung Electronics | Electrónica | Coreia do Sul |
| 20 | Giordano | Vestuário | Hong Kong |
| 21 | Sheridan | Mobiliário para a casa | Austrália |
| 22 | Watson's | Venda a retalho | Hong Kong |
| 23 | Brand's | Comidas e Bebidas | Singapura |
| 24 | Anchor | Comidas e Bebidas | Nova Zelândia |
| 25 | Hyundai Motors | Automóvel | Coreia do Sul |
| 26 | Raffles Hotel | Hotelaria | Singapura |
| 27 | Want Want | Comidas e Bebidas | Taiwan |
| 28 | Tiger Balm | Produtos de Consumo | Singapura |
| 29 | Royal Selangor | Mobiliário para a casa | Malásia |
| 30 | Far Eastern Economic Review | Comunicação Social | Hong Kong |
| 31 | Aman Resorts | Hotelaria | Hong Kong |
| 32 | Peninsula Hotels | Hotelaria | Hong Kong |
| 33 | Arnott's | Comidas e Bebidas | Austrália |
| 34 | Amoy | Comidas e Bebidas | Hong Kong |
| 35 | EVA Air | Companhia Aérea | Taiwan |
| 36 | TVB | Comunicação Social | Hong Kong |
| 37 | LG Electronics | Electrónica | Coreia do Sul |
| 38 | Jim Thompson | Mobiliário para a casa | Tailândia |
| 39 | Tsingtao Beer | Bebidas Alcoólicas | China |
| 40 | Vitasoy | Comidas e Bebidas | Hong Kong |
| 41 | DFS | Venda a retalho | Hong Kong |
| 42 | Anlene | Comidas e Bebidas | Nova Zelândia |
| 43 | Malaysia Airlines | Companhia Aérea | Malásia |
| 44 | Channel V | Comunicação Social | Hong Kong |
| 45 | Quick Silver | Vestuário | Austrália |
| 46 | Chesdale | Comidas e Bebidas | Nova Zelândia |
| 47 | Country Road | Vestuário | Austrália |
| 48 | G2000 | Vestuário | Hong Kong |
| 49 | Hazeline | Produtos de Consumo | Singapura |
| 50 | Star Cruise | Lazer | Singapura |

Fonte: Interbrand

# O MUNDO DAS MARCAS

Quadro 13.2 *Top* das marcas de Singapura, 2002

| Posição | Marca | Valor da marca (milhões dólares de Singapura) | Capital de mercado (milhões dólares de Singapura) | Valor da marca como % do capital de mercado[a] |
|---|---|---|---|---|
| 1 | SingTel (fixos/móveis) | 3 000 | 31 373 | n/d |
| 2 | DBS | 1 000 | 19 966 | 5 |
| 3 | UOB | 950 | 19 953 | 5 |
| 4 | APBb | 820 | 1 165 | n/d |
| 5 | OCBC | 625 | 14 152 | 4 |
| 6 | Great Eastern | 400 | 4 689 | 9 |
| 7 | SIA (Companhia Aérea) | 380 | 13 400 | n/d |
| 8 | Tiger Balm | 110 | 146 | 75 |
| 9 | F&N (bebidas não alcoólicas)[b] | 95 | 2 247 | n/d |
| 10 | Creative | 90 | 1 079 | 8 |
| 11 | Informatics | 75 | 344 | n/d |
| 12 | Brand's | 75 | 650 | n/d |
| 13 | OSIM | 45 | 107 | 42 |
| 14 | Eu Yan Sang | 30 | 54 | 55 |
| 15 | Hour Glass | 20 | 51 | 39 |

a n/d (não disponível) indica que apenas foi considerado um segmento do negócio da empresa.
b A avaliação reflete todas as marcas dentro dos seus respectivos *portfolios*.
Fonte: Interbrand

- Muitas das marcas mais fortes eram caracterizadas por se concentrarem nas atitudes dos clientes e nas necessidades de um estilo de vida, e não na imagem ou benefício funcional.

## Olhar para o futuro

A convulsão económica e política de finais dos anos 90 e o surto da pneumonia atípica em 2003 foram duros golpes para a indústria das viagens e turismo de alguns países do Sudeste asiático. No entanto, apesar destas convulsões, as empresas locais continuaram determinadas a sobreviver e a ser bem sucedidas, e a construir e manter marcas fortes.

É verdade que, além do Japão (e, mais recentemente, da Coreia do Sul), há poucas marcas asiáticas que se destaquem no mercado global, mas pode ser apenas uma questão de tempo para que surjam mais. Desde os choques económicos de finais dos anos 90, "o amigo capitalismo" – onde o que se é é mais importante do que o que se faz e como se faz – está em declínio e a desregulamentação e a liberalização económica estão a ganhar terreno. As empresas estão a descobrir a necessidade

BRANDING NO SUDESTE ASIÁTICO

de se concentrarem no negócio principal e de desenvolverem as suas competências.

Também começaram a compreender que precisam de ser menos dependentes dos mercados domésticos e de desenvolver marcas fortes, que podem competir tanto a nível internacional, como interno. Descobriram que o reconhecimento do nome não implica necessariamente que se tenha uma marca forte, capaz de garantir a preferência do consumidor e a sua fidelização. Como resultado, muitas empresas locais lançaram-se em programas de *branding*, motivadas por pura necessidade, com o objectivo de satisfazerem as necessidades de uma economia mais liberal e cada vez mais global. Esta conjugação dos factores "empurra" e "puxa" irá resultar no aparecimento de muito mais marcas asiáticas a nível global. Gradualmente, a região irá abandonar a determinação de imitar o Ocidente. Irá cada vez mais aceitar e dar valor à sua própria identidade e construir aquilo que torna o Sudeste asiático único e distinto, para desenvolver marcas fortes, como fizeram as marcas de origem asiática anteriormente mencionadas. A Singapore Airlines e a Banyan Tree utilizaram ao máximo o conceito da hospitalidade asiática. A OSIM, a Tiger Balm e a Brand's posicionaram-se na abordagem asiática à gestão da saúde. A Jim Thompson e a BritishIndia olharam para o passado para desenvolver um conceito asiático moderno de estilo e de moda.

A atitude de "pode-ser-feito" e "nunca-digas-acabou" das empresas do Sudeste asiático irá ser vantajosa, à medida que encontram a sua própria voz e identidade no mercado global. Essas empresas reconheceram que os factores que os consumidores asiáticos procuram nas marcas internacionais – a focalização no valor acrescentado e em experiências únicas – são exactamente os atributos que caracterizam o melhor da Ásia e o melhor das marcas asiáticas. Especificamente, a procura crescente entre os consumidores de todo o mundo da autenticidade, da diversidade e da não uniformidade, do serviço personalizado, da abordagem alternativa à saúde e de novas experiências culinárias é algo de que a Ásia pode beneficiar.

Por isso, embora actualmente os consumidores de todo o mundo possam não se sentir confortáveis ao colocar um "Coelho"("*Rabbit*") nas suas bocas, um "Tigre" ("*Tiger*") nos músculos doridos e um "Crocodilo" ("*Crocodile*") nas costas, isto provavelmente não acontecerá para sempre na procura ocidental de novas experiências.

### Dicas para os construtores de marcas na Ásia
- **Seja verdadeiro consigo próprio.** Os consumidores asiáticos estão cada vez mais a procurar autenticidade e não clones do ocidente.

# O MUNDO DAS MARCAS

- **Não prometa de mais.** Os consumidores asiáticos valorizam os bons produtos e esperam que lhes entregue o que prometeu ou deixou implícito.
- **Apele a necessidades universais.** Evite os estereótipos culturais; os consumidores de todo o mundo têm desejos humanos semelhantes.
- **Não seja demasiado sensível a nível cultural.** É importante conhecer os hábitos religiosos (por exemplo, a carne halal* na McDonald's) mas não leve à letra os conselhos de que certas cores, por exemplo, não funcionam.
- **Seja culturalmente instruído.** Compreenda as diferenças culturais; por exemplo, num país dominado pela China, tenha a certeza de que compreende o *Feng Shui*.**
- **Proteja, proteja, proteja.** Tenha a certeza de que todos os elementos da marca estão devidamente protegidos através da lei de propriedade intelectual e combata todas as contrafacções, fraudes e pirataria da melhor forma que puder.

---

\*   **N.T.** Carne halal – Carne permitida. Para se tornarem alimentos permitidos, o frango e outros animais devem ser abatidos de acordo com as directrizes do islamismo. Segundo os preceitos do islamismo, só é permitido comer carne de animais que não sejam carnívoros, que tenham sido mortos sem sofrimento e sacrificados em homenagem a Alá.

\*\*  **N.T.** Com origem na China há pelo menos três mil anos, a arte do *Feng Shui* significa literalmente "vento e água" e estuda a influência do espaço no nosso bem-estar, a forma como os locais onde vivemos e trabalhamos se reflectem no modo como nos sentimos.

240

# 14. *Branding* de locais e de países

*Simon Anholt*

O s locais sempre foram marcas, no sentido mais verdadeiro da palavra. Mencionar este facto perturbará alguns, mas há séculos que os países trabalham no seu *branding* deliberada e sistematicamente. A reputação dos locais sempre foi gerida e ocasionalmente inventada pelos seus líderes, que muitas vezes se inspiraram noutros para aumentar as suas capacidades políticas: poetas, oradores, filósofos, cineastas, artistas, escritores. Se actualmente os Governos utilizam as agências de publicidade e de relações públicas, isso não parece um desenvolvimento particularmente dramático ou sequer especialmente imprevisível. É importante clarificar, contudo, que quem se sente incomodado com a ideia de *branding* dos países é quem geralmente provêm dos países ricos. A noção de que um país pode ser publicitado activamente para o resto do mundo – tendo geralmente como objectivo o crescimento, o turismo, o comércio e uma "imagem" positiva – não parece provocar qualquer alarme nos países mais pobres e em vias de desenvolvimento, a não ser quando consideram que não está a ser feito o suficiente.

Claro que o *branding* dos locais é algo diferente do *branding* dos produtos e ninguém no seu perfeito juízo defenderia que se pode abordar os dois objectivos exactamente da mesma forma. Grande parte da controvérsia, como salienta Wally Olins[1], é criada simplesmente pela utilização da palavra "marca".

O facto é que muitos países se dedicam activamente à tarefa de tomar conta do seu bom-nome, como sempre o fizeram, e um número crescente de cidades e de regiões, tanto supranacionais como intranacionais, estão a começar a fazer o mesmo. Podem não o fazer bem, e quase nenhum o faz com suficiente rigor, consistência, paciência e de forma honesta, mas a maior parte fá-lo e, se não o faz, fala sobre a possibilidade de o fazer.

Só muito recentemente é que o *marketing* passou a ser encarado como tendo alguma utilidade e contribuir para melhorar os locais. Mas o *marketing* está a atingir a maturidade em muitos aspectos. À medida que o mundo desenvolvido se tornou cada vez mais organizado em torno de directivas comerciais, ficou claro que uma ciência que nos mostra como persuadir um grande número de pessoas a mudar de opinião ou a des-

# O MUNDO DAS MARCAS

fazer-se dos rendimentos que tanto custaram a ganhar tem várias aplicações interessantes. Por isso, deixou de ser apenas o mundo dos negócios a reconhecer a utilidade do *marketing*. Os partidos políticos, os Governos, as causas humanitárias, os organismos estatais e até mesmo as organizações não governamentais estão a virar-se para o *marketing*, pois começam a compreender a profunda verdade acerca do comportamento humano que os profissionais do *marketing* sempre conheceram: que estar na posse da verdade não é suficiente. A verdade tem de ser vendida.

## Branding de locais

O que significa *branding* de um local é, pelo menos no geral, muito simples. Uma estratégia de marca de um local consiste num plano para definir a mais realista, mais competitiva e mais apelativa visão estratégica para o país, região ou cidade; esta visão tem então de ser satisfeita e comunicada. As melhores estratégias reconhecem que o principal recurso da maior parte dos locais, tal como a principal determinante da sua "essência de marca", reside tanto em quem lá vive como nas coisas que são feitas e realizadas naquele local. Por isso, concentram-se em encontrar formas de direccionar algumas das energias da população para uma melhor comunicação das suas qualidades e aspirações: o *branding* de um local é o equivalente exacto de "viver a marca"[2] no sector comercial. Em qualquer dos casos, é fundamental assegurar que a visão do local seja apoiada, reforçada e enriquecida por todos os actos de comunicação com o resto do mundo.

Esta coerência de comunicação é necessária, uma vez que, no mundo globalizado em que agora vivemos, cada região tem de competir com todas as outras regiões pelo intelecto, rendimentos, talento e voz. A menos que um local possa representar alguma coisa, tem poucas hipóteses de ser lembrado por tempo suficiente para concorrer por alguma desta preciosa atenção. A maior parte de nós gasta pouco mais de alguns segundos por ano a pensar sobre um país do outro lado do mundo ou acerca de uma cidade na outra extremidade do país. Por isso, a menos que esse país ou cidade *se pareça sempre consigo próprio* de cada vez que surja, existem poucas hipóteses de esses poucos segundos de atenção alguma vez resultarem numa preferência pelos seus produtos, num desejo de ir visitar o local, num interesse pela sua cultura ou – caso tivéssemos algum preconceito contra o lugar – numa mudança de opinião.

As acções de comunicação a que as regiões normalmente se dedicam podem incluir:

242

BRANDING DE LOCAIS E DE PAÍSES

- as marcas que o país exporta;
- a maneira como o local se promove para o comércio, o turismo, o investimento e o recrutamento internos;
- a forma como se comporta em actos de política interna e externa e o modo como essas acções são divulgadas;
- a forma como promove, representa e partilha a sua cultura com outros lugares;
- a forma como os cidadãos se comportam no estrangeiro e como tratam as pessoas que visitam pela primeira vez a sua terra;
- o ambiente natural e construído que se apresenta ao visitante;
- a forma como é descrito nos meios de comunicação mundiais;
- as instituições e organizações a que pertence;
- os outros países a que está associado;
- a forma como compete com outros países no desporto e no entretenimento;
- o que dá ao mundo e o que retira dele.

Estas e as outras formas pelas quais as marcas se expressam geralmente recaem em uma ou outra das seis categorias básicas de comunicação que formam o hexágono do *branding* de locais (ver Figura 14.1).

O *branding* de locais alinha o máximo de "canais" possível, para concretizar e comunicar a estratégia de desenvolvimento da cidade, país ou região. Se for bem feita, tal estratégia pode implicar uma grande diferença na confiança interna e no desempenho externo de um local, como a Irlanda, a Nova Zelândia, a Espanha, Bilbau, Bangalore e Liverpool mostraram recentemente. Estes países e cidades conseguiram mudar completamente, num período de tempo relativamente curto, a forma como são vistos, e isto foi feito de forma deliberada.

O melhor exemplo actual de *rebranding* nacional é, sem dúvida, o do moderno Japão. O efeito do milagre económico do Japão na imagem do próprio país foi tão forte quanto o seu efeito na produção económica. Há apenas 40, ou mesmo 30 anos, "fabricado no Japão" era um conceito decididamente negativo, dado que a maior parte dos consumidores ocidentais baseava a sua percepção da "marca Japão" na sua experiência com os produtos de má qualidade que invadiam o mercado. Os produtos eram de facto baratos, mas não eram bons. Em muitos aspectos, a percepção do Japão era a mesma que a China tem tido nos últimos anos.

No entanto, o Japão tornou-se sinónimo de tecnologia avançada, qualidade de fabrico, preços competitivos e mesmo de estilo e de estatuto. O Japão passa no melhor teste de *branding*: se os consumidores estão pre-

# O MUNDO DAS MARCAS

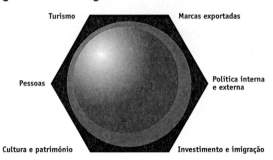

## O hexágono do *branding* de locais — 14.1

**Turismo**
Muitas vezes o aspecto mais visível do *branding* de locais, o turismo, é também aquele onde são gastas mais verbas e investida a força mais competente de *marketing*. Mas apresenta apenas uma parte da imagem e precisa de um alinhamento cuidadoso com os outros canais de comunicação, de forma a alcançar a potência total como "porta-estandarte" do *branding* do país, cidade ou região.

**Marcas para exportação**
Uma marca nacional poderosa, distinta e apelativa é o presente mais valioso que um país ou região pode dar aos seus exportadores: pense no que o "Fabricado no Japão" faz pela electrónica, ou o "Fabricado em Itália" pela moda. Hoje em dia, as exportações de marcas constituem uma das formas mais poderosas de construir e manter uma imagem nacional.

**Política interna e externa**
Os locais também são julgados pelo papel que os líderes desempenham nos assuntos internos e externos, e esta actividade, tal como todas as outras, precisa de ser desempenhada com sensibilidade relativamente aos imperativos estratégicos da marca. Quando a política trabalha em cooperação com os outros canais, há poucas formas mais rápidas de posicionar um local na comunidade global.

**Investimento e imigração**
Muitos dos melhores exemplos de crescimento rápido no século passado aconteceram porque certos locais funcionaram como ímãs para o talento, o investimento e participações de capital em empresas. Uma marca de local forte e consistente pode ajudar a criar preferências e colocar o local nas listas certas.

**Cultura e património**
Os locais que tratam o crescimento como uma questão puramente económica correm o risco de desenvolver uma imagem de marca com duas dimensões, com interesse apenas para os investidores, para quem quer banir impostos e para os especuladores monetários. Cultura, património e desporto fornecem a terceira dimensão, dando aos locais riqueza, dignidade, confiança e respeito no estrangeiro, bem como qualidade de vida em casa.

**Pessoas**
Um "canal de comunicação" que é completamente igual à gigantesca tarefa de comunicar as complexidades e contradições de um local ao mercado global consiste nas pessoas que aí habitam. Quando cada cidadão – não apenas diplomatas, estrelas da televisão e políticos – se torna um embaixador apaixonado pelo seu país ou cidade, a mudança positiva pode realmente acontecer.

Fonte: www.placebrands.net

---

parados para gastar mais dinheiro por produtos idênticos, simplesmente pela sua proveniência. É justo dizer que, nos anos 50 e 60, a maior parte dos europeus e norte-americanos só comprava produtos japoneses porque eram significativamente mais baratos do que a alternativa ocidental. Agora, em alguns segmentos significativos de mercado – como produtos electrónicos, instrumentos musicais e veículos motorizados – os consumidores ocidentais pagam mais por produtos fabricados por marcas anteriormente desconhecidas, unicamente com base no pressuposto de que são japonesas. Pouco espanta que a Dixons, um retalhista de produtos electrónicos do Reino Unido, tenha dado à sua nova marca um nome de inspiração japonesa, Matsui, de modo a receber um pouco do património "aberto a todos" da marca Japão. A imagem e o progresso andam permanentemente lado a lado. Embora seja normalmente verdade que uma imagem positiva é a consequência do progresso, e não o contrário, também é verdade que quando ambos são cuidadosamente geridos, ajudam-se um ao outro e proporcionam uma rápida mudança.

O *branding* de locais dá igual importância à percepção e à realidade. Isto acontece porque a primeira lição que o *marketing* deve ensinar é que somos muitas vezes mais influenciados por aquilo em que acreditamos do que pelo que é verdade. A segunda lição é que os outros estão menos interessados em si do que você, por isso se se preocupa com o que elas pensam, é da sua responsabilidade fazer-se compreender. A objectividade torna-se uma virtude crucial quando se trata do *branding* de um local. Já é bastante difícil para os *marketeers* não serem apaixonados por uma bebida gasosa ou um par de ténis para se colocarem na pele de um consumidor indiferente, quanto mais por um "produto" no meio do qual eles e os seus antepassados nasceram e foram criados.

O *marketing* também ensina que as pessoas não podem ser enganadas durante muito tempo; que quanto maiores forem as expectativas, mais rapidamente rejeitarão a sua oferta se ficarem desapontadas; e não pode fazer com que comprem um mau produto mais do que uma vez. Por isso, todos os bons profissionais de *marketing* sabem que a sua principal responsabilidade é assegurar que o produto corresponde à promessa, porque o *marketing* enganador é um *marketing* ineficaz.

### O poder do país de origem

Onde quer que vá, as marcas mais desejadas nas lojas vêm quase sempre – ou parecem vir – dos mesmos sítios: Estados Unidos, Inglaterra, França, Alemanha, Itália, Japão, Escandinávia, Escócia, Suíça ou Coreia do Sul. Estes países constituem o *top* 10 no que diz respeito à imagem de marca. Diga a alguém que uma marca é feita num destes países ou regiões e irá imediatamente esperar uma certa imagem de marca e um certo nível de qualidade, estando preparada para pagar um determinado preço por ela.

Se a Coca-Cola, a Marlboro ou a Nike não fossem americanas, se a Ferrari, a Gucci ou a Barilla não fossem italianas, se a Chanel ou a Dior não fossem francesas e se a Burberry ou a Rolls-Royce não fossem (originalmente) inglesas, seriam verdadeiramente "metade" das marcas que são hoje.

# O MUNDO DAS MARCAS

A imagem do país, que tantas vezes orienta as nossas decisões de compra, é-nos tão familiar que a aceitamos quase sem hesitação, juntamente com as qualidades que acreditamos que transmite aos seus produtos e serviços. É por esta razão que uma marca nacional poderosa e apelativa é a prenda mais valiosa que um governo pode dar aos seus exportadores: é a sua "vantagem" no mercado global.

Há cada vez menos boas razões para que os países em vias de desenvolvimento não beneficiem também da sinergia de uma marca nacional forte e do *branding* de produtos e serviços. O sector tecnológico de Bangalore, por exemplo, impulsionado por empresas como a Wipro e a Infosys, está a actualizar rapidamente a imagem da Índia como moderna, inovadora, empresarial e global, tal como o aparecimento de marcas como a Samsung, a Daewoo e a LG fizeram nos últimos anos pela Coreia do Sul, e a Sony, a Toyota e outras fizeram pelo Japão nas décadas anteriores. A "marca Índia" é claramente capaz de abraçar também outros valores, conforme várias marcas emergentes da Índia estão a começar a demonstrar através do sucesso das suas exportações. Talvez a mais notável seja a Urvâshi, um perfume criado por Deepak Kanegaonkar, um industrial de Bombaim, que está actualmente a ter um êxito notável nos armazéns de Paris e a desempenhar o seu papel na reafirmação das qualidades tradicionais das marcas indianas, como o exotismo, o mistério, o luxo e a sensualidade.

A importância do efeito marca-país/marca-produto não escapou ao Governo chinês. Numa conferência sobre "O Crescimento das Marcas Chinesas", realizada em Pequim, Wu Bangguo, líder do Congresso Nacional do Povo (parlamento) chinês, apelou à nação chinesa "para fazer esforços no sentido de promover o desenvolvimento das marcas de produtos chineses para beneficiar o povo ... o desenvolvimento de marcas diz respeito ao crescimento económico da China e ao progresso social". Um relatório publicado durante o evento salientou que as dez marcas chinesas mais valiosas registaram um crescimento médio de 30,9 por cento nas vendas anuais e que serão suficientemente fortes para desafiar as marcas mundiais do *top* 500 no mercado global dentro de 3 a 5 anos. Há exemplos suficientes de marcas chinesas notáveis – como os computadores Legend, que têm como objectivo tornar-se o líder mundial do fabrico de PC dentro de dez anos, e a Haier, que já é a segunda maior marca mundial de frigoríficos – para que alguém possa pensar que se trata de mais uma expressão de orgulho sem qualquer fundamento[3].

No entanto, uma boa marca de local contribui para outros factores além do aumento das exportações. Se continuarmos o raciocínio até à sua conclusão lógica, a imagem de marca de um país pode alterar profundamente o seu destino económico, cultural e político, porque os legisladores globais, tal como o resto das pessoas, são guiados tanto pela cabeça como pelo coração.

O que faz, em última análise, a Comissão Europeia decidir quais os países que serão considerados para a adesão ao clube de elite, e por que ordem? Conscienciosamente ou não, as suas deliberações também fazem alusão à imagem de marca de cada Estado candidato e o que pode ou não contribuir para a imagem de marca da União Europeia. Quando irrompem guerras complexas entre países, e até os especialistas são pressionados para dizer qual é realmente a vítima e qual é o agressor, é certamente a imagem de marca de cada país que transporta a opinião mundial em direcção à sua habitual visão a preto-e-branco. E as opiniões mundiais, como sabemos, adquirem à medida que o tempo passa uma crescente influência nos resultados destas questões.

Mais do que apenas uma forma passageira de criar "margem competitiva" para os países que são suficientemente ricos e espertos para o praticar, o *branding* de locais é um imperativo absoluto num mundo globalizado. Desde que Adam Smith fez a ligação entre a economia de comércio livre e a riqueza do Estado-nação, a necessidade de *branding* dos locais tornou-se cada vez mais clara. Mais recentemente, *A Vantagem Competitiva das Nações*, de Michael Porter, marcou provavelmente o ponto a partir do qual ficou óbvio que não há outra forma de um país prosperar senão considerando-se um concorrente num mercado único.

### O *marketing* no topo

A elevação das normais disciplinas de *marketing* comercial às desorientadas estratégias nacionais cria inevitavelmente certas tensões, principalmente em relação àquilo que os especialistas de *branding* acreditam que a sua disciplina pode alcançar e o que os seus clientes nos governos ou câmaras municipais acreditam que é capaz de alcançar. Isto pode ter algo a ver com a qualidade de quem habitualmente trabalha no *marketing*, ou não; certamente tem muito a ver com a "imagem de marca" pobre do próprio *marketing*.

No centro está a velha questão de saber se o *marketing* tem apenas a ver com a comunicação ou com algo mais estratégico. Não ajuda que tantos políticos e pessoas de Estado, tal como a maior parte dos laicos, tenham pouca noção do significado correcto de "marca" e muitas vezes acreditem que é apenas uma questão de desenhar um novo logotipo pa-

# O MUNDO DAS MARCAS

ra o país e um *slogan* para o acompanhar. Mal distinguem entre o *branding* de uma nação e a promoção turística. Administrar uma marca nacional é muito mais complexo e pouco glamoroso do que isso. A maior parte dos países de qualquer dimensão ou antiguidade já tem uma imagem de marca, quer queira quer não. As pessoas ouviram falar deles e acreditam em algumas coisas que se dizem sobre eles. Em muitos casos, o país não precisa nem pode manter uma nova imagem, mas pode beneficiar grandemente ao desafiar os preconceitos e ao abrir as mentes para que ouçam, de vez em quando, algo novo e relevante sobre o local.

Muitas regiões sofrem de uma imagem desactualizada, injusta, desequilibrada ou de *cliché*. Este "efeito das luzes" ocorre porque a imagem memorizada dos locais é um eco distante de associações criadas décadas ou séculos antes. Isto torna as imagens de marca de locais incrivelmente difíceis de mudar: algumas delas parecem estar completamente *enferrujadas* no próprio local. Claro que as guerras, as catástrofes e as vitórias em campeonatos do mundo podem exercer um súbito e forte efeito sobre a imagem de um local, mas já ficou provado muitas vezes que, quanto mais rápido for o efeito, mais curta será a sua duração.

Como é natural, podem encontrar-se agendas muito diferentes entre os *stakeholders* ("partes interessadas") de uma marca nacional ou regional. Um exemplo comum desta situação é a falta de ligação entre a autoridade que tutela o turismo – que muitas vezes gosta de apresentar o país como um lugar remoto, despoluído e escassamente povoado por nativos pitorescos, acolhedores e que falam dialectos em extinção – e o departamento de investimento interno, que encara este tipo de imagem como de pouca ajuda quando se tenta persuadir uma multinacional coreana a construir no país a próxima fábrica de semicondutores.

Por isso, o tipo de *branding* que as nações adoptam é provavelmente mais uma gestão da marca do que um *rebranding*. A gestão da marca é uma actividade bastante modesta: a cuidadosa administração das percepções existentes e a reconciliação meticulosa dos diversos elementos num todo harmonioso, mas distinto. É um processo tão pouco encantador quanto pouco dado a escândalos e não é por coincidência que dificilmente se trata de um assunto que deixe os jornalistas empolgados.

Em muitos casos, o *branding* dos locais pode ser simplesmente uma questão de ajudar os "consumidores" a juntar os elementos que já conhecem e compreendem sobre um local, mas cujo relacionamento um com o outro os tem desiludido. O Reino Unido, por exemplo, sofre com uma visão muito difundida de que vive no passado e, no entanto, as

BRANDING DE LOCAIS E DE PAÍSES

sondagens mostram que, quando questionadas, a maior parte das pessoas de todo o mundo estão bem conscientes da moda, do *design* e da cultura modernos. Uma componente-chave no "*branding*" do Reino Unido consiste simplesmente em relembrar que Stratford-upon-Avon e Covent Garden ficam no mesmo país. De facto, foi o reconhecimento desta necessidade de "juntar" o tradicional e o inovador na imagem internacional do Reino Unido que deu origem ao programa de diplomacia pública que se tornou popularmente conhecido (e ridicularizado) como "Cool Britannia".

Havia pouco a censurar no pensamento estratégico por detrás desta iniciativa: o que correu mal foi a maneira como foi apresentado aos meios de comunicação social e ao público em geral. No Reino Unido, há um vasto – e talvez idealista ou mesmo ingénuo – sentimento de que os assuntos públicos e as relações internacionais dizem respeito, ou deveriam dizer, apenas a documentos e a factos. O *marketing*, contudo, é visto por muitos como um negócio sujo e sem princípios, que lida com o superficial e as ilusões, a vaidade e o engano: em suma, com mentiras. Por isso, a notícia de que o Governo de Tony Blair estava a planear dar um novo *branding* a todo o país provocou, naturalmente, um escândalo imediato e a mensagem principal nunca chegou a ser comunicada: que se tratava apenas de dar a conhecer ao mundo algumas coisas boas e verdadeiras sobre o Reino Unido e que ainda não eram conhecidas.

Afinal, e como é óbvio, os locais não são sabonete em pó e este é o paradoxo central do *branding* de locais: estes são intensamente complexos e muitas vezes contraditórios, mas a essência de todos os *brandings* eficazes é a simplicidade. Encontrar uma estratégia de *branding* que seja credível, relevante para o "consumidor", fiel à realidade e às aspirações do local, mas capaz de envolver esta variedade sem se tornar um compromisso entediante ou alienar a população, é uma tarefa maior e mais complicada do que qualquer outra que as agências de *marketing* tenham tido que enfrentar anteriormente. As relações culturais podem desempenhar aqui um papel muito importante, ajudando a restaurar a riqueza e a dignidade da marca de local que as condições difíceis do *marketing* internacional retiraram[4].

### O *branding* está à altura da tarefa?

Parece, de facto, um lugar estranho para um humilde serviço comercial como a gestão da marca se encontrar: quase acima do governo nacional. No entanto, existe uma questão obrigatória de a estratégia de *branding*

## O MUNDO DAS MARCAS

nacional dirigir, ou pelo menos incluir, a variedade total de desenvolvimento político, económico, cultural e social. Afinal, o argumento para o *branding* nacional depende da aceitação de que, num mundo globalizado, todas as nações precisam de competir umas com as outras por uma parte da atenção e da riqueza do mundo e que o desenvolvimento é tanto uma questão de posicionamento como de outra coisa qualquer. Por isso, tem lógica que os governos façam os possíveis para assegurar comportamentos coerentes em todas as áreas.

Também faz sentido dizer que tudo o que não esteja incluído na jurisdição da marca é, por isso mesmo, um elo fraco na cadeia estratégica e pode minar os esforços e os investimentos feitos em outras áreas. Não faz qualquer sentido, por exemplo, investir numa estratégia de marca que projecte o país como um destino turístico pacífico e belo e um exportador de produtos de qualidade fabricados segundo as normas éticas, se o Governo estiver ocupado a oprimir as minorias, a poluir os rios ou a agir de forma beligerante para com os seus vizinhos. Esta linha de pensamento leva à irresistível conclusão de que o *branding* de um local pode, de facto, encorajar uma política externa mais moderada e benigna, porque concentra a mente dos líderes políticos na importância da sua reputação internacional.

Além disso, o facto dos cidadãos vulgares se sentirem importantes na elaboração e na realização das aspirações internacionais do país pode ajudar a criar um sentido mais forte de *branding* nacional e promover a inclusão social. O país inteiro pode estar unido na análise objectiva das suas forças e fraquezas, através de um processo público e aberto de convergência e modernização.

Tudo gira à volta da necessidade básica de coerência de comportamento e das representações desse comportamento, e se não houver esperança de atingir a coerência, então não há esperança de construir uma marca. Tal como o desenvolvimento do *branding* das empresas e dos produtos levou à conclusão de que o *branding*, se for feito de forma adequada, tem efeitos sobre todos os aspectos da empresa, tanto interiores como exteriores, a mesma conclusão se aplica ao *branding* de um país.

Contudo, outro paradoxo do *branding* de locais é que alcançar este grau de consistência é capaz de ser muito mais fácil com um contrato de emprego do que através de um contrato social, especialmente se for democrático. No sector comercial, é largamente reconhecido que uma liderança forte provou muitas vezes ser essencial para se conseguir o tipo de adesão implacável à estratégia que as empresas precisam de construir para a marca. Há pouca democracia na forma como a maior parte das

250

BRANDING DE LOCAIS E DE PAÍSES

empresas são geridas e as marcas poderosas são muitas vezes o resultado de um visionário determinado, até mesmo moderadamente perturbado, que não tolera desvios à linha da empresa. Isto é compreensível, dado que grande parte do sucesso de qualquer *branding* empresarial depende do grau de consistência que a empresa consegue alcançar na sua comunicação interna e externa. É também admissível, até certo ponto, dado que – supostamente – os colaboradores estão lá de livre vontade e estão a ser pagos para trabalhar da forma que a empresa decide que é no seu melhor interesse. Pode não ser agradável, ou em última análise, muito produtivo, mas isso é outra questão.

Obviamente, com os países a questão é diferente. Um mesmo tipo de abordagem por parte do líder de um país é chamada tirania e é desaprovada nos círculos internacionais, por muito positiva que possa ser para a marca nacional. No entanto, sabemos por experiência que ter muitas pessoas e organizações diferentes (todas com interesses, opiniões e agendas muito diversas) para falar a uma só voz é algo difícil de alcançar através do consenso. Mas uma coisa é clara: a menos que um governo consiga encontrar uma forma de alcançar no seu compromisso a mesma determinação e controlo que o louco visionário alcança numa empresa privada, um programa de marca nacional está condenado a falhar.

## Esperança para o *branding*

Quando se analisa o que está envolvido no *branding* de locais, é fácil ver porque é que as pessoas sem experiência de *marketing* de primeira categoria podem mostrar-se cépticas quanto ao facto de a disciplina estar realmente à altura da tarefa.

Na realidade, a teoria e a prática do *branding* têm algo de valioso a oferecer, em praticamente qualquer área de trabalho. Não há muitas disciplinas que expliquem tão bem e permitam a gestão do empreendimento humano. O *branding* e o *marketing* abraçam a clareza científica de pensamento e a rigorosa observação da psicologia humana, da cultura e da sociedade, com uma simpatia profunda pelo mistério da criatividade. Combinam a gestão avançada do conhecimento (conforme se observa na forma como as melhores marcas são policiadas em todas as suas complexas variantes) com a sensível gestão intercultural (conforme se verifica na forma como as melhoras marcas são divulgadas à escala mundial). O *branding* é um conjunto claro de regras universalmente aplicáveis para desenvolver esforços bem sucedidos. Alia o comércio e a cultura como uma força poderosa para criar prosperidade. Pode controlar o poder da linguagem e das imagens para provocar mudança social mais abrangen-

## O MUNDO DAS MARCAS

te. O *branding* positivo, por si só, tem humanismo e sabedoria suficientes para saber que há uma diferença entre o que faz sentido no papel e a forma como as pessoas na realidade se comportam; tem a inteligência dos académicos, aliada à vivência da prática.

Muitos sentem-se pouco confortáveis com a ideia dos *marketeers* se misturarem livremente com os políticos para os ajudarem a determinar o destino das nações. É possível simpatizar com esta visão, mas a influência da arte e da ciência do *branding* nos governos, se aplicada de uma forma responsável e inteligente, pode ser muito positiva. Se for um *branding* positivo, então trará a tão necessária dose de humanismo prático, rigoroso, igualitário e bem-humorado a uma área onde tais qualidades estão, demasiadas vezes, completamente ausentes.

A construção de marcas é uma das grandes proezas do mundo ocidental, mesmo se tem sido geralmente usado com objectivos de algum modo triviais, aumentando apenas a riqueza onde esta é menos necessária. O *branding* de locais é uma das formas através das quais a disciplina pode começar a aperceber-se de todo o seu potencial, fornecendo uma oportunidade para os profissionais de *marketing* demonstrarem que podem contribuir com algo mais do que a velha máxima "aumentar o valor para o accionista". O *branding* tem o poder único de criar uma distribuição mais justa da riqueza mundial, acrescentando o milagre do valor intangível aos produtos e aos locais que os produzem, para lá do "primeiro mundo". Este processo só agora começou, a avaliar pelo sucesso da Urvâshi – referido anteriormente – e pelas várias centenas de outras marcas globais promissoras criadas nos países pobres e em vias de desenvolvimento.

O *branding* de locais tem grandes implicações no futuro papel das marcas e do *marketing* em geral e é a melhor e, muito possivelmente, a última oportunidade para a indústria criar um duradouro e significativo papel futuro para si própria, além dos limites tradicionais de promoção de produtos e serviços e de ajuda às empresas ricas para ficarem mais ricas. Durante os últimos 100 anos, muita da riqueza dos países ricos foi gerada através do *marketing*. Estas competências deviam agora ser transferidas para os países mais pobres, ajudando-os assim a deixarem de ser meros fornecedores de mercadorias sem marca e com pouca margem de lucro, para passarem a ser proprietários de marcas e de locais de marca.

O *branding* é parte do motivo pelo qual existe um fosso tão grande entre os locais ricos e pobres do planeta. Seria óptimo se pudesse agora direccionar alguma da sua atenção para o objectivo de inversão desta tendência.

BRANDING DE LOCAIS E DE PAÍSES

**Os oitos princípios do *branding* de locais:**

*1 Objectivo e potencial*
O *branding* de locais cria valor para a cidade, região ou Estado de três formas:

- tornando consistentes as mensagens que o local envia, de acordo com uma visão estratégica poderosa e distintiva;
- libertando o talento de quem lá vive para reforçar e satisfazer esta visão;
- criando novas formas, poderosas e eficazes ao nível de custos, de dar ao local uma voz mais eficaz e memorável e realçar a sua reputação internacional.

*2 Verdade*
Muitas vezes os locais são vítimas de uma imagem que é ultrapassada, injusta, desequilibrada ou se assume como um *cliché*. Uma das tarefas do *branding* de locais é assegurar que a imagem verdadeira, completa e contemporânea é divulgada de forma concentrada e eficaz; e nunca comprometer a verdade ou atribuir-lhe encantos de uma forma irresponsável.

*3 Aspirações e melhorias*
A marca de locais precisa de apresentar uma visão credível, apelativa e sustentável para o futuro, no contexto do nosso futuro partilhado. É essa a base para o objectivo de um verdadeiro crescimento económico, político, cultural e de bem-estar social das pessoas que lá vivem, ao mesmo tempo que contribui de uma forma mais que simbólica para o bem-estar de outras pessoas em outros locais.

*4 Inclusão e bem comum*
O *branding* de locais pode e deve ser utilizado para atingir objectivos sociais, políticos e económicos. Inevitavelmente, uma estratégia exequível irá favorecer certos grupos ou indivíduos em detrimento de outros, o que cria uma responsabilidade inalienável para assegurar que os menos favorecidos são apoiados de outras formas.

*5 Criatividade e inovação*
O *branding* da marca deve encontrar, libertar e ajudar a orientar os talentos e as capacidades da população, bem como promover a utilização criativa dos mesmos, de forma a alcançar inovação na educação, nos negócios, no governo, no ambiente e nas artes. Além disso, apenas a criatividade de alto nível pode "realizar a quadratura do círculo" de forma a transformar a complexidade de um local numa estratégia de marca poderosa, distintiva e eficaz (ver Princípio 6).

## O MUNDO DAS MARCAS

*6 Complexidade e simplicidade*
A realidade dos locais é complicada e por vezes contraditória, se bem que a essência do *branding* eficaz seja a simplicidade e a franqueza. Uma das tarefas mais difíceis do *branding* de um local é fazer justiça à riqueza e à diversidade dos locais e das suas gentes e comunicá-las ao mundo de uma forma simples, verdadeira, motivadora, atraente e memorável.

*7 Conectividade*
O *branding* de locais faz a ligação entre as pessoas e as instituições, a nível interno e externo. O objectivo claro e partilhado resultante de uma boa estratégia de *marketing* pode ajudar a unir o governo, o sector privado e as organizações não governamentais; estimula o envolvimento e a participação entre a população; e, a nível externo, ajuda a construir relações fortes e positivas com outros lugares e outras pessoas.

*8 Tudo leva o seu tempo*
O *branding* de locais consiste num esforço a longo prazo. Não precisa e não deve custar mais do que cada local pode gastar sem preocupações, mas não obterá resultados imediatos, nem é uma campanha de curto prazo. Imaginar uma estratégia apropriada para o *branding* de um local e implementá-la implica tempo e esforço, sabedoria e paciência; se for bem realizada, as vantagens a longo prazo, tanto tangíveis como intangíveis, irão ultrapassar largamente os custos.

Fonte: Placebrands Ltd, 2003

### Referências

1 Olins, W., "Brading the Nation – the historical context", *Journal of Brand Management*, Vol. 9 N.º 4-5, Abril de 2002.

2 Ver Ind, N., *Living the Brand*, Kogan Page, 2001.

3 Anholt, S., *Brand New Justice: The Upside of Global Branding*, Butterworth-Heinemann, Oxford, 2003.

4 Anholt., S., "Editor's Foreword", *Journal of Brand Management*, Vol. 9 N.º 4-5, Abril de 2002.

# 15. O futuro das marcas

*Rita Clifton*

O futuro das marcas está inseparavelmente ligado ao futuro dos negócios. De facto, o futuro das marcas é o futuro dos negócios, se estivermos a falar de criação sustentável de riqueza. Dada a interacção das marcas com a sociedade e o facto de tantas marcas socialmente influentes terem origem no sector sem fins lucrativos, o futuro das marcas também está inseparavelmente ligado ao futuro da sociedade.

Este capítulo analisa futuras tendências e previsões, tanto dos negócios como das sociedades, e pondera a forma como as marcas podem influenciar ou ser influenciadas relativamente a estas mudanças. Também explora as categorias e os países que serão os prováveis produtores de algumas das principais marcas mundiais no futuro e faz algumas observações sobre o que as marcas de todos os tipos terão de fazer para serem bem sucedidas.

Mas, antes de mais, poderá ser útil recapitular os principais temas e argumentos apresentados em capítulos anteriores:

- A identidade existe há centenas de anos e desenvolveu-se até se tornar um conceito moderno que pode ser aplicado a tudo, desde produtos e serviços a empresas, a organizações sem fins lucrativos e até mesmo a países.
- As marcas bem geridas têm um extraordinário valor económico e são as mais eficazes e eficientes criadoras de riqueza sustentada. Compreender o valor de uma marca e como criar mais valor são informações essenciais para a gestão.
- As marcas também podem ter uma grande importância social e beneficiar tanto os países desenvolvidos como os que se encontram em vias de desenvolvimento. Isto aplica-se quer às marcas comerciais, quer às das organizações sem fins lucrativos.
- A maioria das grandes marcas mundiais têm hoje origem norte--americana, em grande parte devido aos seus sistemas político, comercial e social "livres". No entanto, o conhecimento e o processo que permite criar grandes marcas pode ser (e está agora a ser) aplicado em todo o mundo.
- Todas as marcas, para terem sucesso, precisam de ter um posicionamento claro, identificado através de um nome, identidade e de to-

# O MUNDO DAS MARCAS

dos os aspectos do produto, do serviço e do comportamento. Para a eficácia e a eficiência empresarial, a marca e o seu posicionamento devem ser usados como uma ferramenta de administração transparente para a gestão do *portfolio* e para os relacionamentos com as unidades da empresa.

- Cada vez mais, as marcas necessitam de uma experiência distinta para o cliente. De facto, cada vez mais a marca representa essa experiência, mesmo através do comportamento do seu pessoal. A marca deveria ser o princípio organizador central para tudo e todos.

- Todas as marcas precisam de uma ideia criativa forte e de a fazer nascer através da identidade visual e verbal. Este processo criativo precisa não só de inovação e imaginação, mas também de coragem e de convicção para ser levado até ao fim.

- A comunicação mais forte da marca pode funcionar ao nível da informação, da criação de fama e através da criação (muitas vezes inconsciente) de associações. Estes elementos, que são mais difíceis de avaliar e de justificar, não são menos importantes; de facto, muitas vezes são os elementos principais.

- As relações públicas das marcas só terão sucesso se forem baseadas na sua promessa e na realidade interna da empresa; as pessoas estão a ficar cada vez mais cépticas e, numa cultura de 24 horas de informação, as organizações não têm onde se esconder, tanto dentro como fora.

- Se uma empresa investir a longo prazo numa marca, precisa de se assegurar que as suas "características identificáveis" têm uma protecção legal adequada; e tem de fazer cumprir vigorosamente essa protecção, cada vez mais a nível global.

- As marcas globais líderes podem, e devem, ajudar o público a compreender os benefícios da globalização e do comércio livre. Mas só podem fazer isto se forem abertas, se se comportarem de uma forma positiva e mostrarem os seus benefícios de uma forma colectiva. Também têm de se assegurar que continuam a inovar.

- As marcas precisam de avaliações de sucesso melhores e socialmente mais abrangentes. A responsabilidade social da empresa deveria incidir sobre a genuína solução dos problemas e não apenas sobre a gestão da reputação da marca.

- A Ásia está a mostrar todos os sinais de se estar a tornar um gerador de marcas globais, não só em termos de vantagem de custos nas marcas-produtos fabricados, mas também devido à sua herança em áreas como o serviço personalizado e a saúde.

# O FUTURO DAS MARCAS

- Num mundo "globalizado", as nações precisam de competir umas com as outras pela atenção e pela riqueza do mundo. Um *branding* activo do país pode ajudá-las e no seu melhor, pode dizer-se, que constitui uma oportunidade para, no futuro, se redistribuir a riqueza do mundo de uma forma mais justa.

Se o último tema, em particular, deixa qualquer um frustado, vale a pena lembrar a importância que a China está a dar ao crescimento das "mercadorias com marca" como uma forma de progredir a nível mundial e "para o benefício dos povos à escala global"[1]. Enquanto muitas nações ocidentais se mostram elegantemente renitentes em relação à natureza do capitalismo e às marcas na sua mais elevada manifestação, os países em vias de desenvolvimento estão a encarar as empresas com marcas, bem como as suas próprias imagens, como uma oportunidade para o desenvolvimento, a riqueza mais estável e o controlo económico. Quer seja irónico ou não, a constante procura de novidades e de autenticidade por parte dos consumidores ocidentais pode ajudar a assegurar que as "novas" economias tenham um público interessado nas suas propostas.

Mas antes de reflectir sobre quando e como os principais temas deste livro podem ser levados a cabo no futuro – e antes de especular sobre a proveniência das marcas mundiais com mais sucesso no futuro – vale a pena analisar o contexto futuro mais amplo.

## O futuro

O futuro não será certamente o que tem sido, mas um artigo recente de Martin Rees, astrónomo real britânico, deu-nos uma visão bastante deprimente.[2] A frase de abertura era:

*Penso que as probabilidades de a nossa actual civilização na Terra sobreviver até ao final do século não sejam mais do que 50-50.*

Rees atribui esta tese à potencial má utilização "rebelde" da ciência e/ou das armas de destruição maciça. Entretanto, claro, há sempre a possibilidade dos supervulcões ou da queda de asteróides.

No outro extremo, Watts Wacker, um futurologista norte-americano, tornou o futuro parte da sua filosofia de trabalho para encorajar as organizações a desenvolver planos a "500 anos". Isto deveria ser simbólico e não literal, mas exagera um pouco.

É interessante considerar a variedade de previsões para o ano 2025, retiradas de vários pensadores e futurologistas.[3] Incluíam guerras de

# O MUNDO DAS MARCAS

mercado pelo gelo na lua; expansão dos bebés fruto de *design*; um homem verdadeiramente grávido; um Silicon Valley abandonado, ultrapassado por tecnologias de computadores quânticos, ópticos e de ADN; e uma que se aproxima do cenário catastrófico de Rees, um vasto ciberterrorismo.

Basta consultar uma lista aleatória de filmes de ficção científica e de livros de futurologia para compreender os perigos de publicar previsões específicas. Mesmo tão recentemente como em meados dos anos 90, Nicholas Negroponte previa que no ano 2000 mais pessoas estariam a divertir-se na Internet do que a ver televisão. Veremos se Toshitada Doi, presidente do Laboratório Digital da Sony, tem razão ao dizer que os *robots* irão eclipsar os PC no crescimento de produtos a nível mundial dentro de 30 anos (ou mesmo daqui a 10 ou 15 anos).[4] Contudo, como Alvin Toffler escreve na introdução ao livro *Future Schock*, ("O Choque do Futuro") "a incapacidade de falar com precisão e certeza sobre o futuro... não é desculpa para o silêncio".[5]

É obviamente importante tentar compreender as tendências gerais e as possibilidades em termos científicos, económicos e sociais se pretendemos planear e adaptar futuras marcas, tanto para as novas como para já existentes. Mesmo as marcas mais fortes de hoje podem ficar presas numa outra dimensão, ultrapassadas por concorrentes novos e sem passado.

## Questões sobre marcas futuras

Mediante tendências passadas, as probabilidades parecem pender a favor de as marcas que estão actualmente no *top* aí permanecerem daqui a 25 anos. Conforme foi sublinhado na introdução deste livro, mais de metade das 50 marcas mais valiosas existem há mais de 50 anos. Contudo, é difícil ver de que forma o desempenho no passado poderá dar uma segurança tão forte face às extraordinárias mudanças a que provavelmente iremos assistir no poder e nas economias mundiais nos próximos dez anos.

As marcas de sucesso no sector da tecnologia e das telecomunicações já mostraram como podem progredir rapidamente se lerem e agirem correctamente com base nas tendências do consumidor e do negócio (veja-se os casos da Microsoft, da Nokia e da Intel). O desafio que enfrentam é manter a sua posição e o seu valor. Para o conseguir, têm de continuar a inovar e, muito importante, a aprofundar e a alargar a relação da sua marca com os clientes, muito para além do nível do valor tecnológico; para o valor a longo prazo, as marcas precisam de atractividade emocional, bem como tecnológica. De facto, terão de investir nas suas marcas como sendo a sua maior vantagem competitiva sustentável.

O FUTURO DAS MARCAS

Não é insensato, por exemplo, imaginar que uma nova aplicação assassina irá emergir de um local como Bangalore num futuro próximo. Nem é pouco razoável supôr que as competências de serviço e de *branding* necessárias para passar de uma proposta a uma marca sustentável se desenvolveram de tal forma na Índia, que o estatuto de marca global está ao seu alcance. Além disso, a diferença de "custo da competência" entre a Índia e os Estados Unidos ou a Europa, que já viu organizações globais como o Citibank e a GE a recorrerem ao *outsourcing* dos seus serviços no subcontinente, significa que as diferenças de preço irão tornar as suas marcas ainda mais atractivas. Em termos de comparação, repare nas diferenças salariais em todo o mundo: em 2003, o salário mínimo por hora era de 5,15 dólares nos Estados Unidos e de 4,20 libras no Reino Unido, salários esses equivalentes a 18 *pence* (29 cêntimos) na China e sete *pence* (11 cêntimos)[6] na Índia. No que diz respeito aos serviços de especialistas, um estudo recente da Deloitte Research chegou à conclusão que, nos próximos cinco anos, dois milhões de postos de trabalho das instituições financeiras ocidentais estarão no estrangeiro, o que significa que cerca de 356 mil milhões de dólares da actividade de serviços financeiros irá sair das economias do primeiro mundo. Com efeito, as marcas estabelecidas terão de continuar a alavancar a sua confiança e a sua herança, mesmo numa altura em que o núcleo da sua oferta de serviço está de passagem para a Índia, de forma a reduzir custos e satisfazer os mercados de Wall Street (EUA) e a City londrina. No entanto, para agarrar a oportunidade da forma correcta, a Índia terá de trabalhar a marca do país em termos de segurança das infra-estruturas e da "mancha" que é a corrupção.

Com 1,3 mil milhões de consumidores, a China é o maior mercado mundial de consumo potencial. Actualmente, é difícil assistir a uma conferência sobre comércio mundial e questões financeiras sem que os oradores especulem sobre o extraordinário impacto que a China está e continuará a ter. Um estudo da Engineering Employers' Federation do Reino Unido[7] refere que um terço das fábricas estava a considerar transferir a produção para a China. Um caso real é a Hornby, uma venerável empresa britânica, fabricante dos clássicos comboios de brinquedo, dona da marca Scalextric e que recentemente voltou a ficar famosa pela construção do Expresso Hogwarts nos filmes de Harry Potter. Ao falar das vantagens de deslocar a produção para a China, o presidente executivo (CEO) afirma que:

*A tensão começou a diminuir imediatamente. Usámos as poupanças para aumentar a qualidade e os pormenores nos modelos, por esse motivo as vendas começaram a aumentar.*

# O MUNDO DAS MARCAS

No essencial, a empresa manteve apenas os *designers* e os gestores na sede do Reino Unido, em Margate, reduzindo o total de colaboradores de 550 para 130, se bem que alguns observadores se mostrem cépticos quanto à viabilidade a longo prazo de separar a inovação da produção. Outro aspecto que o presidente executivo da Hornby salientou foi a sua visão do destino da empresa caso esta não tivesse transferido a produção: "A Hornby teria fechado ou sido comprada por uma empresa chinesa se não tivessemos mudado". Isto não foi nenhum alarde inútil, à luz do caso da Haier. Há quase 20 anos, a fábrica de frigoríficos de Qingdao comprou a tecnologia da linha de produção da Liberhaier, uma empresa alemã, e utilizou-a como a base para o nome da sua marca. Conforme foi mencionado no capítulo anterior, a Haier é agora a segunda maior marca mundial de frigoríficos. É discutível dizer que parte deste sucesso está relacionado com a crença "emprestada" de alguns consumidores de que a marca tem origem alemã.

Este tipo de falsa proveniência, real ou assumida, não é uma ideia nova. Na categoria dos produtos electrónicos, tem sido hábito os retalhistas do Reino Unido dar aos seus produtos nomes que soam a japoneses, uma vez que existe uma maior associação com a qualidade do que tratando-se de produtos electrónicos britânicos. Pense também na Haagen-Dazs, na Estée Lauder, na Hugo Boss e na Sony como marcas com um nome pouco vulgar em relação ao país de origem e à sua propriedade. Claramente, embora a proveniência e a autenticidade dessa proveniência seja importante em categorias como o luxo e os automóveis, muito depende de como a marca é construída e gerida. Muitas das marcas mundiais mais valiosas transcendem agora o seu país de origem. Uma empresa chinesa como a fabricante de computadores Legend irá precisar de todas as competências do *branding* de classe mundial se quiser realizar a sua ambição global. Conforme abordámos anteriormente, a sua ambição de se tornar no maior fabricante mundial de PC dentro de dez anos não irá necessariamente torná-la na mais valiosa marca mundial de PC. No entanto, há uma marca asiática particularmente forte que lhe pode servir de inspiração para o futuro.

A Samsung, da Coreia do Sul, é uma das histórias de sucesso mais interessantes de uma marca global, nos últimos anos. De um valor de marca abaixo dos 2,5 mil milhões de dólares em 1997, aumentou para quase 11 mil milhões de dólares em 2003 e tudo indica que continuará a ter sucesso. É a razão do seu êxito que nos interessa neste caso. Em meados dos anos 90, os gestores da Samsung chegaram à conclusão que ficariam na "estrada da perdição" das mercadorias e dos baixos preços se não de-

# O FUTURO DAS MARCAS

senvolvessem a marca. Viram uma oportunidade real na plataforma digital, investiram fortemente na inovação de qualidade superior e na investigação e desenvolvimento e, acima de tudo, investiram na sua própria marca, em vez de ficarem indefinidamente condenados à incerteza do estatuto OEM[8]. Construíram uma imagem da marca a nível mundial e resolveram utilizar o seu valor (em vez de apenas os valores puramente financeiros) como uma medida-chave de desempenho. O Director e Presidente Executivo (CEO) afirmou na altura:

> Competir com sucesso no século XXI irá exigir mais do que apenas produtos muito bons e funções de qualidade. Os intangíveis, como a imagem da empresa e da marca, serão factores cruciais para alcançar uma vantagem competitiva.

Esta preocupação com outras medidas e com as formas de avaliar o desempenho para assegurar que todos os colaboradores de uma empresa continuam a construir valor de marca em vez de apenas a negociarem, é algo que deveria ser objecto de reflexão por parte de um maior número de empresas ocidentais, particularmente empresas cotadas em bolsa, bem como pelos mercados bolsistas.

Poderá parecer que a marca América sofreu uma série de golpes nos primeiros anos do século XXI. No entanto, embora possa ser verdade que existem ligeiramente menos marcas detidas por norte-americanos no *top* 100 actual em comparação com um passado recente, isto tem tanto a ver com as alterações de mercado e comportamento das empresas como com a herança norte-americana. Mais de 60 por cento das marcas mundiais mais valiosas ainda são norte-americanas. Apesar das sondagens de opinião e das manifestações anti-Estados Unidos, os consumidores podem ser radicais no questionário de estudo de mercado e reaccionários aquando da constatação.

Contudo, outros países estão a começar a aprender o jogo da marca global e empresas como a Coca-Cola e a Nike precisam de continuar a reflectir sobre a sua sensibilidade às culturas e aos hábitos locais nas suas abordagens de gestão e de *marketing*. É interessante observar que, enquanto a marca América tem sido uma marca forte nos últimos 50 anos, representando a liberdade e a aspiração a um determinado estilo de vida, o certo é que a crescente familiaridade e a expansão da democracia significaram que estas qualidades anteriormente "mágicas" perderam a sua importância. As marcas norte-americanas terão de trabalhar mais arduamente para conquistar um posicionamento, funcionamento e comunica-

# O MUNDO DAS MARCAS

ção mais imaginativos para as suas marcas, isto se pretendem resistir ao desafio de todas as novas marcas que vão aparecendo.

Uma batalha interessante de marcas de retalhistas e de filosofias de funcionamento está potencialmente a nascer entre a poderosa Wal-Mart e a Tesco, um retalhista originário do Reino Unido. Em muitos aspectos, a Wal-Mart é o arquétipo da história de sucesso empresarial norte-americano. Tem em Sam Walton um fundador com uma filosofia caseira distintiva, disponibilizando um serviço e ética moral fortes, bem como um evangelismo zeloso que tem o intuito de oferecer às pessoas oportunidades de vida ao estilo norte-americano. Até ao momento, a expansão internacional da Wal-Mart tem sido cautelosa, como foi o seu comportamento durante a compra e a gestão da marca Asda no Reino Unido. Embora o gigante do retalho tenha conseguido fazer com que uma filosofia simples de preços baixos e de verdadeiro serviço ao cliente funcione bem nos Estados Unidos e tenha conquistado muito do seu respeito devido aos colaboradores, talvez possa aprender muito com a experiência do melhor vendedor de produtos de mercearia a retalho do Reino Unido relativamente a inovação, construção da própria marca e gestão das relações com os clientes. Há várias pequenas diferenças entre a média dos negócios de grossistas a retalho no Reino Unido e nos Estados Unidos. Embora algumas destas diferenças estejam relacionadas com a posição dominante das principais cadeias de retalho no Reino Unido, essas disparidades também se devem ao sucesso da criação dos seus próprios valores de marca e da utilização dos seus próprios produtos e serviços de marca para manter uma imagem de qualidade, em vez de se limitarem a travar lutas de preços contra as marcas dos fabricantes. A Tesco é agora não só o retalhista número um do Reino Unido e uma das suas empresas mais respeitadas, como também o maior grossista mundial *online*; e a *joint-venture* com a iVillage.com criou o maior destino *online* feminino a nível mundial. Dos dez países em que opera, a Tesco é actualmente o líder de mercado em seis deles. O seu objectivo central é "criar valor para os clientes de forma a conquistar a sua eterna fidelização". Direccionou a sua capacidade para estender a marca muito para além das mercearias, transportando-a para os sectores da banca, dos cuidados de saúde e dos telemóveis. É uma marca em que confiamos, independentemente da área em que opere.

A capacidade de uma marca forte para transcender categorias e receber a confiança dos consumidores em qualquer categoria onde decida operar parece ser uma propriedade importante das principais marcas mundiais no futuro. Num mundo super competitivo, com excesso de comunicação, procuramos e precisamos cada vez mais de simplificar as

262

nossas compras e a gestão do tempo. Mais ainda, num confuso mundo físico e virtual, qualquer marca terá capacidade para ser um intermediário e retalhista poderoso – pelo menos no espaço virtual. As marcas de confiança fornecem a navegação ideal para os consumidores através de vários sectores e, atendendo a que as mais fortes serão capazes de "saltar" para categorias sem ter um registo prévio do percurso do produto ou serviço, nenhuma marca continuará a ser sagrada no seu mercado. Embora tenha os seus desafios financeiros, a marca Virgin é outro bom exemplo desta capacidade "de arriscar". Possui uma visão forte e valores em torno do lema "defensor das pessoas", é inovadora e irreverente e, através do apoio popular, conseguiu entrar em vários mercados, desde as companhias áreas aos cosméticos, dos serviços financeiros aos telemóveis, das bebidas sem álcool às bebidas alcoólicas e muitos mais.

A questão das marcas que desafiam categorias também é relevante quando olhamos para as novas e crescentes categorias que parecem ter mais capacidade para provocar um crescimento forte das marcas no futuro. Incluem:

- saúde e bem-estar, incluindo estilos de vida mais holísticos e orgânicos;
- lazer, entretenimento e experiência de "novas aventuras";
- segurança física e emocional;
- serviços para a geração dos "novos velhos" (uma tendência importante nos países industrializados);
- educação para a vida inteira;
- gestão da informação e do estilo de vida (relevante para a previsão da Sony dos "robots pessoais");
- biotecnologia e genética;

Estas áreas podem produzir no futuro marcas globais completamente novas; pode muito bem acontecer que a marca mais valiosa nos próximos 25 anos ainda não tenha sido inventada. Contudo, é igualmente possível que uma marca já existente, de confiança, se possa ampliar ou entrar nestas novas áreas. Como parte disto, a confusão entre os mundos online e offline (uma distinção que já é de alguma forma reconhecida pelos adolescentes globais) significará que qualquer marca se pode tornar poderosa tanto como intermediária ou retalhista, de maneira virtual ou de outra forma.

Será mais difícil para as marcas actuais baseadas em produtos do que para as marcas de serviços ou retalhistas aprofundarem e alargarem as re-

# O MUNDO DAS MARCAS

lações com os seus públicos. E não é só pelo facto de estarem a ter que investir tanto, ao nível do apoio de *marketing*, na distribuição a retalho, em vez de o gastarem na comunicação com o consumidor. É também porque, na sua forma actual, lhes falta capacidade para controlar a experiência total do consumidor e, dessa forma, para conseguir interessar o seu público tanto quanto gostariam. O capítulo 6 deste livro salienta a crescente importância da experiência na criação de marcas e devemos esperar ver, no futuro, muitos mais "retalhistas-fabricantes": empresas com os seus produtos de marca, que desenvolvem as suas próprias experiências como retalhistas e as relações directas com os seus clientes, tanto *offline* como *online*. A experiência da Unilever com a "myhome", um serviço doméstico de limpeza e de lavandaria, foi interessante na expansão do Persil e do Cif como marcas de serviços. Apesar de não ter ido além do teste de mercado, demonstrou pelo menos o interesse da empresa em desenvolver marcas centrais para lá da forma do produto. Para facilitar este processo de concentração em recursos, inovação e investimento que está por detrás das suas marcas mais bem sucedidas, a Unilever tem eliminado as marcas mais pequenas e mais fracas, vendendo-as ou abandonando-as. Uma vez que outros conglomerados têm feito o mesmo, está aberta uma possibilidade interessante. Não só iremos continuar a assistir a uma maior consolidação de marcas e ao jogo das "cadeiras musicais" nas empresas, como algumas das marcas que estão a ser vendidas poderão acabar no sector das economias mais novas, impulsionadas por um espírito empreendedor e um novo ângulo de venda. Lembre-se da Haier sempre que puder.

Outras áreas de actividade relacionadas com marcas que deverão registar um crescimento no futuro são as co-marcas (a Sony Ericsson, por exemplo) e o *branding* das celebridades (como nos exemplos actuais de David Beckham e de Jennifer Lopez). O desafio para as primeiras é tornar clara a proposta da marca conjunta (nunca é fácil numa sociedade) e, para a última, identificar de que forma se pode gerar valor sustentável a longo prazo depois de esmorecido o brilho da celebridade.

Também é interessante, como tendência, que grandes empresas como a Mars e a Estée Lauder tenham lançado ou adquirido marcas que parecem "empresas sociais" explícitas, permitindo-lhes operar sem ligação óbvia da marca ao dono da empresa. A Mars adquiriu a Seeds of Change em 1997, que tinha sido lançada em 1989 com o objectivo de preservar a biodiversidade e o desenvolvimento sustentado. A Estée Lauder comprou a Aveda, uma marca que conjuga "a beleza, o ambiente e o bem-estar". Numa conferência realizada pouco depois, Leonard Lauder disse que a própria empresa Estée Lauder estava decidida a eliminar completamente

264

O FUTURO DAS MARCAS

os sintéticos, de forma faseada, seguindo o caminho da Aveda. Utilizar novas fusões deste tipo como teste para novos princípios de negócio indica que as principais empresas reconhecem que, no futuro, os negócios têm de ser encarados e conduzidos de forma diferente.

Outra área que merece referência relativamente ao crescimento das marcas é o sector das Organizações Não Governamentais (ONG). Quando os governos nacionais, sejam quais forem as razões, não puderem ou não quiserem agir, as ONG e sem fins lucrativos podem desempenhar o papel de "guardiães das marcas". Um exemplo recente é o papel que a Oxfam desempenhou na crise do café no mundo em vias de desenvolvimento, no decorrer da qual os produtores de café dos países mais pobres enfrentaram a queda dos preços e novos graus de pobreza. Num relatório de 2002, a Oxfam exigia que as multinacionais envolvidas na compra e comercialização de café demonstrassem um "compromisso de longo prazo para com a compra ética".[9] No futuro, conseguir financiamento permanecerá, para estas organizações, um desafio igual ao que tem sido. Para evitar o perigo de transmitir que "se deixam levar" por parcerias empresariais vantajosas, talvez devessem pensar mais em "vender" ou licenciar a sua propriedade intelectual relativamente às melhores práticas em processos e avaliações éticas.

## Mais considerações sobre a gestão das marcas

Para maximizar e manter o valor das marcas no futuro, tem de ser dada mais mais atenção aos seguintes aspectos:

- **Compreensão do valor e dos motivadores de valor da marca.** Como pode ser observado no caso da Samsung, a concentração no valor da marca e a avaliação do desempenho com base no valor acrescentado da marca pode criar energia e crescimento sustentado. Constitui também informação crucial de gestão nas fusões, aquisições e desinvestimentos, que continuarão a verificar-se no futuro, à medida que os mercados entram em crise e se consolidam. Actualmente, poucas fusões gerem valor a longo prazo para o accionista, em grande parte por causa da excessiva importância das operações financeiras. Uma maior concentração no valor da marca ajudaria as fusões a serem bem sucedidas – bem como a gerar verdadeiro crescimento orgânico.
- **Clareza do posicionamento da marca.** Clareza de visão, valores e posicionamento são aspectos que recebem muitas vezes, na prática, atenção insuficiente. A maioria das visões empresariais e de marca

265

# O MUNDO DAS MARCAS

são permutáveis e encaradas com cepticismo. Num mundo onde existe um excesso de comunicação, a falta de clareza irá reduzir substancialmente a eficácia e a eficiência; e as estruturas complexas de marcas e de submarcas sem uma verdadeira audiência racional irá reduzir ainda mais estas vertentes. A clareza da estratégia é também um dos principais critérios pelos quais as empresas serão avaliadas.

■ **As marcas como experiências totais e princípios organizadores centrais e não apenas produtos e logotipos.** O sucesso das marcas com base na experiência da criação de relações mais profundas com os clientes, à custa das marcas baseadas apenas no produto, constitui um forte argumento para que todas as marcas pensem na sua "cadeia de experiência total" – da identidade visual à publicidade, ao produto, à embalagem, às relações públicas – e na crescente presença e disponibilidade *online*. A tecnologia irá providenciar a oportunidade para se construir uma ainda maior experiência sensorial das marcas através do tacto, do cheiro e do som. Independentemente do que surja, o valor distintivo pode e vai precisar de ser acrescentado em todas as fases da experiência ou, pelo menos, não deve ser perdido.

■ **Expressões mais envolventes e mais imaginativas da identidade de uma marca e da comunicação das marcas.** Os executivos seniores podem não se sentir completamente confortáveis nesta área, mas a capacidade de atravessar a proliferação de marcas e de comunicação depende da imaginativa e inovadora expressão criativa. No mundo desenvolvido, as audiências estão bem informadas e conhecem o *marketing* e, cada vez mais, "apagam" a comunicação que consideram aborrecida ou irritante. A imaginação precisa de ser aplicada, não só à mensagem criativa, mas também ao meio. A colocação de produtos em meios editoriais e o patrocínio apropriado de eventos, programas e jogos de computador serão cada vez mais importantes. Em particular, os jovens de todo o mundo têm expectativas elevadas em relação às marcas e são cada vez mais difíceis de alcançar e de satisfazer.

■ **A necessidade de as operações internas e externas estarem alinhadas – e serem transparentes.** Num mundo digital e num ambiente de negócios mais feroz, onde os colaboradores de todos os níveis podem ser embaixadores ou sabotadores da reputação da empresa, deixará de haver esconderijos. As organizações não terão outra opção senão ser transparentes nos seus acordos e cumprir as suas

O FUTURO DAS MARCAS

promessas ou ser alvo de pressão com vista à transparência. Sob um ponto de vista mais positivo, numerosos estudos confirmaram que o investimento nos colaboradores de uma empresa, e o seu bom tratamento, traduz-se numa maior satisfação do cliente. A satisfação e a fidelização do cliente são, e serão, os motivadores do valor sustentável da marca no longo prazo.

■ **Protecção jurídica rigorosa em todo o mundo.** Estima-se que 9 por cento do comércio mundial seja de contrafacção. Embora as leis internacionais estejam a ser cada vez mais cumpridas, mesmo nas anteriores capitais mundiais da contrafacção, é provável que, enquanto houver marcas para copiar, haja fabricantes e compradores de cópias. Os detentores das marcas têm de usar o peso da lei, rápida e publicamente, para prevenir a perda de valor e a degradação. A avaliação da marca, que pode demonstrar o valor do prejuízo económico atribuído ao *passing off* (quando uma marca comercial ou de serviço não é passível de registo mas continua a ter direito a uma determinada protecção) é uma forma eficaz de sustentação de casos como este.

■ **A responsabilidade social das empresas como responsabilidade central.** A responsabilidade social das empresas parece ser um termo excessivamente utilizado em demasiadas organizações e toda uma nova indústria cresceu à volta dele. Apesar de as boas intenções poderem lá estar, as organizações olham muitas vezes para a responsabilidade social das empresas como uma apólice de seguros ou uma forma mais sofisticada de *marketing*, em vez de como a parte central das suas operações. Muitas empresas responsáveis produzem elaborados relatórios de responsabilidade social, incluindo o desempenho social e ambiental. Contudo, é necessário perguntar se o princípio básico de relatórios separados é o correcto ou se deveria existir uma forma mais integrada e central de lidar com estas questões no futuro, se é que vamos ter o tipo de mundo que todos gostaríamos. Ou, pelo menos, para reduzir os cenários pessimistas de destruição ambiental e de alimentação do terrorismo em zonas de pobreza e de exclusão que todos receamos. Para aqueles que diriam "mas o que tem isto a ver com empresas e marcas", o facto de as marcas terem o poder de mudar a vida das pessoas e moldar o mundo em que vivemos não é uma noção extravagante, mas um facto demonstrável. As marcas têm um poder económico extraordinário, ultrapassando muitas vezes os governos nacionais, sendo capazes de se interligar com a vida das pessoas, os comportamentos e

# O MUNDO DAS MARCAS

as compras transfronteiriças. Se alguém defender que a única preocupação das empresas deve ser ter lucros, então não só não compreende a responsabilidade social das empresas ao nível básico – que a responsabilidade social das empresas, por definição, exige mais do que o objectivo dos lucros – mas também a perder oportunidades para a liderança da marca no futuro. Da análise de mais de 3 mil estudos de marcas em todo o mundo, a liderança é a característica estreitamente relacionada com um valor forte a longo prazo.

Qualquer marca que procure ter sucesso e mais valor no futuro tem de pensar e agir como um líder: aos níveis básicos da distinção de produtos e serviços e aos níveis mais emocionais da criatividade, dos valores e da contribuição social.

## O futuro da liderança da marca

Convém, de tempos a tempos, que os governos, as empresas e todas as organizações questionem a razão da sua existência. A Procter & Gamble reafirmou recentemente o seu objectivo central de melhoria da vida dos seus consumidores; a Samsung defende criar produtos e serviços superiores e "contribuir para uma melhor sociedade global – para a prosperidade das pessoas em todo o mundo – uma única sociedade humana"; e o governo do Reino Unido publicou os seus indicadores de "qualidade de vida" em 1999, em resposta aos desafios sobre como criar uma sociedade mais sustentável.

É fácil, mas provavelmente não ajuda, ser céptico em relação a este tipo de declarações. Ironicamente, um dos travões ao progresso em questões ambientais e sociais por parte das empresas tem sido o receio de que estas acções sejam interpretadas com cepticismo. Embora as críticas sejam um importante incentivo para as empresas não terem um comportamento negativo, os meios de comunicação social formadores de opinião poderiam por vezes pensar em dar encorajamento às empresas que tentam fazer o que é correcto e que tentam equilibrar os interesses dos accionistas, dos consumidores e do público em geral.

Este acto de equilíbrio conduz também a debates sobre como as empresas (e os governos) são avaliadas e recompensadas e sobre como avaliar verdadeiramente a riqueza e o bem-estar da sociedade em geral. Um estudo recente da Future Foundation concluiu que o aumento da riqueza e das posses no Reino Unido estava pouco relacionado com felicidade[10] e a Sustainable Development Comission (comissão governamental britânica para o desenvolvimento sustentável) descobriu o mesmo num estudo

268

O FUTURO DAS MARCAS

sobre prosperidade[11]. Embora seja fácil estar sentado no Ocidente rico a filosofar sobre estas coisas quando as pessoas no mundo em vias de desenvolvimento estão a morrer por falta de serviços básicos, isto levanta, ainda assim, questões sobre o objectivo do desenvolvimento. Será que a nossa prioridade de sucesso económico acima de qualquer outro irá ser apropriada no futuro, tanto nos países desenvolvidos como em vias de desenvolvimento? Há várias referências neste livro a sistemas de avaliação alternativos para as empresas e para a sociedade. Estes fornecerão uma base mais ampla para as prioridades dos presidentes executivos e dos governos.

Claro que seria melhor para as organizações terem um papel activo na definição de normas em diferentes mercados. O que pode ser designado por "marca líder" não é uma marca líder no sentido ultrapassado, reflectindo apenas escala e músculo; reflecte antes uma liderança nova, irrequieta e que estabelece agendas, através de todas as áreas de filosofia e de operações, a nível interno e externo. As marcas líderes também precisam de se assumir para explicar os vastos benefícios do *branding* e mostrar cada vez mais sensibilidade relativamente às culturas locais, para que continuem a ter licença para operar (e ser bem-vindas), mesmo nas partes mais difíceis do mundo. Como foi discutido ao longo do livro, as marcas podem estar a unir influências e a desenvolver poderes económicos e sociais. É importante para todos os detentores e influenciadores de marcas geri-las correctamente, como uma força do bem, e assegurar que nos ajudam a compreender os benefícios de uma maneira mais informada.

A tendência deste livro tem sido, sem qualquer vergonha, "Pró-Logo", mas há aqui um "Pró" condicional. As marcas continuarão a ter sucesso se o merecerem e, como o futuro das marcas é o futuro dos negócios sustentáveis, fundamental para o desenvolvimento da sociedade, é importante para todos que as marcas tenham sucesso.

### Referências

1 Presidente do parlamento chinês, Wu Bangguo, referido no *China People's Daily*.

2 "The end of the road?", *Sunday Times*, 20 de Abril de 2003.

3 "Chronicle of the future", *Sunday Times*.

4 "Sony re-dreams its future", *Fortune,* 10 de Novembro de 2002.

5 Alvin Toffler, *Future Shock*, Bantam Books.

6 Citado em "The great Indian takeaway", *Sunday Times*, 8 de Junho de 2003.

7 Ibid.

269

8  *Original Equipment Manufacturer* – fabricante original de equipamentos; equipamento construído sem recurso a terceiros; equipamento de marca própria.

9  "Mugged: poverty in your coffee cup", Oxfam, 2002.

10 "High anxiety screws up our hi-tech heaven", *Sunday Times*, 27 de Julho de 2003.

11 "Re-defining prosperity", Jonathan Porritt, Presidente da Sustainable Development Commission, Junho de 2003.

# Índice Remissivo

A **negrito** indicam Figuras.

## A

"3", 120
3Com, 95
3i, 140, 141
3M, 17
abordagens de valor de mercado, 33
accionistas,
    expectativas, 25
    rendibilidade do capital para os, 217
Acordo de Madrid, 185
acordos de *know-how*, 20
Accenture, 40
actividades *above the line*, 149-150
actividades "bellow the line", 149, 150
actividades "*through the line*", 150
"activos intangíveis identificáveis", 31
activos intangíveis, 27-33, **28**, 45, 220, 221
AdAge, 162
África, 207, 208, 215
    crise da SIDA, 218
    economia, 149
África do Sul, 22, 212
agência de viagens Cook, 15
agências de publicidade, 15, 26, 111, 150
agilidade, 171
Akasie, John, 30
Akzo Nobel, 142
"alerta sobre os lucros", 218
alinhamento/conformidade, 9, 104, 116
Altria, 18, 213
Aman, 232
Amazon.com, 104, 110, 196
ambiente, 54, 60, 63, 78, 211, 218, 223, 243
American Express, 15, 40, 69
*American Journal of Public Health*, 213
Amnistia Internacional, 64
amortização, 30, 32
ANA, 102
análise da procura, 39
Análise de Porter, 85
análise financeira, 39
Andersen, 3
Anheuser Busch, 156
anticapitalismo, 1
antiglobalização, xiv, 3, 16, 47

anúncios de "encomenda por correio", 153, 162
anúncios em janelas de publicidade que surgem
    nos computadores, 207
apoio da marca, xv
Apple, 52, 89, 138
"apresentação", 181, 184, 190
aquisições, 20, 28, 30, 35, 44, 45, 189, 265
Ariel, 84
Aristóteles, 158
arquitectura da marca, 94-98, **95**, 112
Asda, 61, 262
Ásia
    aparecimento de marcas asiáticas, 5
    economia, 148, 227
    "economias dos tigres", 227
    produtos da Coca-Cola, 178
    sinais de se tornar um gerador de marcas
        globais, 256
    *ver também* em Sudeste Asiático
Associação Europeia de Marcas, 34
associações, 156, 157
Aston Martin, 30
AT&T, 17, 137
auditorias, 114
Austrália: marcas nos balanços, 30, 32
avaliação competitiva, 67
avaliação da marca, xiv, 9, 27-46
    abordagens, 25
    abordagens baseadas na investigação,
        35-36
    abordagens financeiras
        análise da procura, 39
        análise financeira, 39
        *benchmarking* competitivo, 39
        cálculo do valor da marca, 39-40
        com base no custo, 36
        comparáveis, 36-37
        preço *premium*, 37
        segmentação do mercado, 38
        utilização económica, 37-38, 46
    amostra do cálculo do valor da marca,
        42, 43
    aplicações, 40-41, 44
        gestão estratégica das marcas, 40-
        41, 44
        transacções financeiras, 44
    demonstração do valor da marca, 27-30, 267
    fontes de valor da marca, 72, 77

271

# O MUNDO DAS MARCAS

marcas nos balanços, 30-33
processo, **38**
redefinir o valor das marcas, 220-221
valor social das marcas, 33-35
avaliações pelos mercados bolsistas, 27
Aveda, 264-265
Aviva, 18
Azerbeijão, 215

## B

balanços, marcas nos, 30-33, 45, 58
*balanced scorecard*, xv
Banca, 23, 99, 107, 142, 201, 218
Banco de Inglaterra, 24
Banco Mundial, 198, 204
"Global Economic Prospects and the Developing Countries 2003", 227
Bangalore, 243, 246, 259
Banguecoque, 233
Barilla, 245
Bass, Saul, 137
Bass, cerveja, 15
marca registada "Red Triangle", 15, 182
Beckham, David, 264
Bee Cheng Hiang, doçarias, 228
*benchmarking*,
competitivo, 39
histórico, 67
Bentley, 20
Bernbach, Bill, 162-163, 164
Bestfoods, 20
Bezos, Jeff, 107
*Big Brands, Big Trouble*, 208
Bilbau, 243
Birds Eye, comida congelada, 171
Biscuit, Cake, Chocolate and Confectionery Alliance, 221
Blackmores, 231
Blackston, Max, 160
Blair, Tony, 249
BMW, 20-21, 68-69, 70, 134, 209
Body Shop, 62, 214
Boh, chá, 228-229
Bolsa de Valores de Londres, 32
Bonia, 235
Boston Consulting Group, modelo do, 85
Bovis, 139
BP, 40, 61, 137, 140, 213, 215, 221
Brand's, 230-231, 239
*branding*
*branding* em empresas, 21-22
*branding* nos serviços, 22-24
explosão do, 21-24
*branding* das celebridades, 264

*branding* de locais e de países, 241-254
*branding* de locais, 242-245, **244**
esperança para o *branding*, 251-252
o *branding* está à altura da tarefa?, 249-251
o hexágono do *branding* de locais, 243, **244**
o *marketing* no topo, 247-249
o poder do país de origem, 245-247
os oito princípios do *branding* de locais, 253-254
*branding* em empresas, 21-22
*Brand Strategy*, revista, 216
Branson, Richard, 23, 82
Brasil, e inovação socialmente benéfica, 50
British Aerospace, 214
British Airways, 143-144
British America Tobacco, 214
BritishIndia, 235, 239
Broadway Café, Kansas City, 199
Browne, John, 215
BT, 140
Budweiser, 66, 161-162
Buitoni, 97
Burberry, 209, 145
Burger King, 33
Burson-Marsteller, 214
*Business Ethics Magazine*, 218
*business process reengineering* (BPR), 107

## C

Cabayo, perto de Manila, 205
Cadbury Schweppes, 32
Cadbury, 49, 214, 216, 221
cadeia de fornecimento agrícola, 55-56
cadeia "It's a Grind", 199
Café Direct, 62, 216, 224
Camel, 16
campanha "*branding* dos ingredientes", denominada Intel Inside, xvi
campanha "Kicks-in-the-Clutch", 160-161
campanha "Rock the Vote", 60
campanhas antimarcas, xvi, 217
Campeonato Mundial de Futebol, 178, 248
capital social, 220
capitalismo, 33, 48, 49, 197, 202, 257
amigo, 238
Carlson Marketing Group, 101
Carphone Warehouse, 93, 102, 105
*cash flows*, previsão de, 19
Cathay Pacific, 232
*cause-related marketing* (CRM), 216
Cerebos Pacific, 230-231
cerveja Bud Light, 154-155
Chanel, 227, 245
Chase, Edna Woolman, 233
Chenault, Ken, 172-173

272

## ÍNDICE REMISSIVO

China, 204
  aprovação de "mercadorias com marca"
    por parte do Governo, 1, 257
  economia, 147, 246
  e *direct mail*, 203
  e televisão, 150
  maior mercado mundial de consumo po-
    tencial, 259
  salários, 259
Christian Aid, 65
Ciba, 142
cidadania, 170, 172, 177, 179, 180
Cif, 264
cinema, 149
Cisco Systems, 95, 218
Citibank, 259
clientes
  dados sobre, 208
  enganar os seus, 54
  expectativas, 25, 74, 104, 111, 245
  experiência, 108-110, 111
  fidelidade, xiv, 16, 19, 38, 48, 49, 52, 71-73,
    231, 238, 262, 267
  hierarquia de, 86-87, **87**
  necessidades, 92, 169
  procura, 37-38
  satisfação/ serviço aos, 21, 23, 75, 99, 169,
    174, 267
  *ver também* consumidores
Clifford Chance, 109
*co-branding*, 26, 41, 264
Co-operative Bank, 62
Coca-Cola company, xiv, xvi, 3, 4, 6, 15, 18, 19, 22,
  27, 28, 29, 29, 45, 47, 53, 61, 62, 66, 69, 70, 101, 137,
  149, 172, 177-179, 182, 183, 200, 201, 207, 212, 245,
  261
coesão social, 65
colaboradores
  atitudes, 174
  comportamentos, 168
  estabilidade do emprego, 4
  formação, 36, 104, 105, 111, 113
  formação e comportamento, 144
  orgulho, 170
  recrutamento, 106, 168, 209
  recompensa, 104
  satisfação, 25
  valor, 27
Colcol, Jovy, 205
Colgate-Palmolive, 69
Collins, Jim: *Good to Great*, 75
Columbia Broadcasting System (CBS), 137
comentadores do sector da indústria, 25
comércio livre, 202, 209, 256

Comissão de Normas Contabilísticas dos Estados
  Unidos, 32
Comissão de Normas Contabilísticas do Reino
  Unido, 32
Comissão Europeia, 247
Comissão Internacional de Normas Contabilísticas, 32
companhias aéreas, 102, 103, 108, 145-146, 205,
  232, 236
Compaq, 76
comparação, 36
Compassion in World Farming, 55
comportamentos, 168, 169, 171, 174, 180
compromisso, 101
comunicação
  ambiente, 96
  digital e analógica, 159-163
  eficaz, 164
comunicação da marca, 149-165
  através da comunicação da informação,
    153
  através da criação de associações que irão
    influenciar o comportamento, 156-157
  através da criação de consciencialização, de
    fama, de familiaridade ou de "proemi-
    nência", 153-154
  através da criação de envolvimento, 155-
    156
  avaliação, 151
  como é que a comunicação constrói mar-
    cas?, 150-152
  comunicação digital e analógica, 159-163
  de que forma é que a comunicação da mar-
    ca influencia o comportamento?, 152-163
  efeitos de mais longo prazo sobre o com-
    portamento da marca, 152
  estimular o comportamento de curto pra-
    zo, 152
  integração, 157-159
comunicação social, grupos do sector da, 31
comunicar a marca, 113-114
concorrência
  com base no desempenho e no preço, 34
  entre marcas, 5, 199-200, 207
  global, 200
  local, 212
  indústria farmacêutica, 21-22
  sufocar a, 33
Concorde, 101, 144
Conferência sobre "O crescimento das marcas chinesas" (Pequim), 246
confiança, xvi, 24, 58, **59**, 61, 63-64, 65-66, 82, 91, 92,
  93, 98, 101, 161, 173, 177, 178, 212, 243, 262
conflito, 222

# O MUNDO DAS MARCAS

conhecimento, 67
Consignia, 18, 100, 146
consistência, 102, 111
consumidor ético, 216-217
consultores de marca, 9
consumidores
    empresariais, 37
    hábitos de compra, 35
    individuais, 37
    mito do consumidor ético, 216-217
    necessidades e desejos, 58
    *ver também* clientes
consumidores, grupos de, 201
consumismo, 197, 203
contabilidade, 35
Container Corporation of America (CCA), 137
contrato vendedor/comprador, 19
"Cool Britannia", 249
Coreia, 15
Coreia do Sul, 204, 238, 245
cores, 134, 136, 137, 145, 158, 181, 183, 240
Correios, 18, 100
cosméticos Avon, 61
Cowley, D., ed.: *Understanding Brands*, 81
credibilidade, 77, 85, 93, 95, 97, 179, 180, 231
crescimento, 171, 174, 198, 199, 208, 224, 227
criação de riqueza, 48-50
criminalidade, 60, 61, 221
crise do vírus antraz, 177-179
Crocodile, 235, 239
Crooks, Ed, 235, 239
Crunch, 97
Cruz Vermelha, 3, 6, 63-64, 136
custo de vida, 52
*customer relationship management* (CRM), xvi, 107

## D

Daewoo, 246
Daft, Doug, 172, 177-178
Damásio, António: *O Erro de Descartes*, 157
Danone, 30
Darkie, pasta dentífrica, 229
DDB, 154
    inquérito *Brand Capital*, 154
declarações de rendimentos, 30
decoração distinta de pontos de venda, 184
Dell, 76
Deloitte Research, 259
departamento de *marketing*, 41, 111
Departamento de Turismo de Singapura, 234
departamentos governamentais, 135
desastre de Bhopal, Índia, 213
desempenho
    da empresa, 19, 25, 27

dos produtos, 34
marca, *ver* desempenho da marca
    objectivos de, 41
    padrões elevados de, 169
desempenho da marca, 44, 67-77
    a maior parte das marcas líderes são mercadorias, 70
    a maior parte das marcas líderes são norte-americanas, 69-70
    competências para construir uma marca, 77
    o que faz as marcas líderes perder terreno, 74-75
    o que partilham as marcas mais importantes, 68-73
        uma ideia convincente, 68
        um objectivo central firme e valores de apoio, 68-69
        um princípio organizador central, 69
    o que torna as marcas importantes, 71-73
        alinhar o compromisso interno e externo com a marca, 72-73
        capacidade de se manter relevante, 73
        consistência no cumprimento da promessa, 71, **71**
        posicionamento distinto e experiência do cliente, 72
        produtos e processos superiores, 72
    *rankings*, 67-68, **68**
    recuperar terreno perdido, 75-76
*design* de lojas, 36
*design* gráfico, 139
designação/nome da marca, xvi, 112, 181
    criação do, 92-94, **93**
    mudança de, 17-18
    o elemento mais importante da marca, 16
*designers*, 26, 137-138
*designs* registados, 191-192
desporto, 160, 243
detentores de marcas
    e compradores leais, 19
    e comunicação, 151
    e protecção jurídica das marcas, 267
    e qualidades subjacentes, 19
    e satisfação do cliente, 23
    quantificar o valor que as marcas representam, 67
    responsabilidade social, xv, 16, 33
Diageo, 9, 18, 94
diamantes De Beers, 197
Diesel, 16
diferença de salários, 259
diferenciação, 75, 77, 85, 89, 141
Dior, 245

274

## ÍNDICE REMISSIVO

directiva europeia que harmoniza as legislações dos Estados-membros em matéria de marcas, 182, 183
*direct mail*, 149, 150, 203
director de *marketing*, 208
Direito Europeu do Desenho Comunitário Registado, 191
direitos de autor, 25, 190-191, 193
direitos humanos, 55, 56, 60
*discounted cash flow*, 33
Disney, 16, 29, 69, 89, 208
distribuição, 26
diversidade, 143-145, 172
dívida do terceiro mundo, 65
Dixons, 244
Dockers Khakis, 212
doença, 223
Doi, Toshitada, 258
Dole Food Company, 218
domínios e a Internet, 192-193
Dove, sabonete, 171
Dow Chemical, 203
*downsizings*, 24
Dubai, 235
Duke Energy, 40
Dulux, 158
Dunhill, 197

### E
East India Company, 235
easyGroup, 100
easyJet, 100
economia global, 62
*Economist, The*, 1, 74
Econtext, 214
Edsel, 134-135
educação, 48, 58
    *ver* também formação
eficácia, 92
Egg, 23
Ehrenberg, Andrew, 154
elasticidade, 85-86
Electrolux, 52
embalagem, xvi, 24, 36, 114, 181, 266
empresas
    necessidade de proteger o valor da marca, 56
    tempo médio de vida, 28
    *ver* também multinacionais empresas cotadas no FTSE 100, 2, 220
empresas cotadas no FTSE 250, 214
empresas de consultoria em gestão, 142
empresas de contabilidade, 142, 214
empresas de estudo de mercado, 26
empresas de utilidade pública, 21

empresas *dotcom*, 141
empresas farmacêuticas, *ver* indústria farmacêutica
empresas subsidiárias, 41, 44
*End of Advertising as We Know It, The* (Zyman), 208
energia, 171
energia solar, 213, 221
enfoque, 169, 171
Engineering Employers' Federation, 259
"engramas", 157
Enron, 3, 22, 218
equipas de futebol, 21
escolhas
    diversidade de, 18
    influência das marcas nas, 28, 38
    limitação das, 33
Espanha, 243
Estados Unidos
    a maior parte das marcas líderes são norte-americanas, 69-70, 255, 261
    classificação de bens e serviços, 184
    "diplomacia pública", xiv
    domínio dos mercados da TV e da comunicação social, 5
    impostos sobre o rendimentos das empresas, 219
    "Marca América", xiv, 4, 5, 261
    membro do Protocolo de Madrid, 185
    milagre da produtividade, 199
    registos de marcas, 188
estância balnear Bintan Banyan Tree, 232
estância balnear de Phuket Banyan Tree, 232
estâncias balneares de Banyan, 232, 239
Estée Lauder, 260, 264
estratégia da marca, 94, 98, 249
estratégia empresarial, 8, 139, 169
Estratégia Seis Sigma, 107
estrelas *pop*, 21
estudo Roper Green Gauge, 217
estudos de Thomas L. Harris, 179Eurostar, xvi
eventos, 149, 266
experiência da marca, 99-114
    icebergue da gestão da marca, 102-111
        pessoas, 104-107
        processo, 107-108
        produto, 108-110
        proposta clara, 102-104
        redefinir, 110-111

### F
fábrica de frigoríficos de Qingdao, 260
Fairtrade, 62
Fanta, 29
FASB 141 e 142, 32

275

# O MUNDO DAS MARCAS

*Fast Company*, revista, 143
fazer lobby, 202
Federação Mundial para a Natureza (World Wildlife Federation), 178
FedEx, 69
Feira Mundial de Nova Iorque, em 1964, 138
Ferrari, 245
Filipinas, 205, 227
*Financial Times*, 224
financiamento, obtenção, 44Fion, 235
firmas de advocacia/advogados, 135, 142
First Direct, 23, 101, 102-104, 108, 201
Fisher, Jeff, 140
Food Standards Agency, 53
*Forbes*, revista, 30
Ford, Edsel, 134
Ford, Henry, 18, 134
Ford Mondeo, 94
Ford Motor Company, 30, 134
formação, 36, 102, 104, 105-106, 109, 113, 168
*Fortune*, revista, 18, 133, 143
    lista das Empresas Mais Admiradas, 170, 179
Forum Corporation, 104
fotografia, 134, 136, 146
Four Seasons, hotéis, 174
*franchising*, 26
FRS 10 e 11, 32
Fujitsu, 40
Fusões, 20, 28, 35, 41, 44, 45, 189
    *boom* das fusões, 142
Future Foundation, 268
futuro das marcas, 255-269
    expressões mais envolventes e mais imaginativas da identidade de uma marca e da comunicação das marcas, 266
    marcas como experiências totais, e como princípios organizadores centrais, 266
    marcas futuras, 258-265
    mais considerações sobre a gestão das marcas, 265-268
        clareza do posicionamento da marca, 265-266
        compreensão do valor e dos motivadores de valor de marca, 265
    necessidade de as operações internas e externas estarem alinhadas – e serem transparentes, 266-267
    o futuro da liderança da marca, 268-269
    protecção jurídica rigorosa em todo o mundo, 267
    responsabilidade social das empresas como responsabilidade central, 267-268
    uma perspectiva futura, 257-258

## G

Gallup, 99
Gap, 201, 212, 235
Garcia, Jerry, 135
Garcia, Patrício, 205
Gates, Bill, 51,
gelados Ben & Jerry, 135, 213
General Electric (GE), xiv, xvi, 20, 29, 95, 259
General Foods, 137
gestão baseada no valor, 35
Gestão da Qualidade Total, xvi, 107
gestão da marca, 8, 114
    compreender que a gestão bem sucedida da marca é uma tarefa complexa, 26
    desenvolvimento de longo prazo e, 98
    estratégica, 40-41, 44
    explore o potencial financeiro da sua marca, 26
    honre os seus *stakeholders*, 25
    proteja a sua marca, 24-25
    trate a sua marca como um investimento e não como um custo, 25Gillette, 208
gestão empresarial, 8, 25
Glaser, Milton, 137
GlaxoSmithKline (GSK), 17, 21, 214
Global Reporting Initiative, 220
globalização, 1, 20, 58, 61, 62, 197-210, 211, 256
    a importância das marcas, 197-200
    altura para uma nova abordagem, 207-208
    necessidade de respostas honestas, 208-210
    o que a globalização pode fazer por si, 203-205
    pensar nas intenções, 206-207
    quem é que realmente detém o poder?, 200-202
    virtude e culpa, 202-203
GNC, 231
Golden, William, 137
Gong Li, 234
Goodman Fielder Wattie (GFW), 31
*goodwill*, 32, 45, 190, 194
Grand Metropolitan, 17, 30, 31, 32
Grande China, 230
Grateful Dead, 135
Greenpeace, 64, 65, 202, 214
grupos de interesse, 25
    aparecimento, 15
    aumento da utilização, 90
    domínios e a, 192-193
    enorme quantidade de serviços que esta distribui, 21
    *homebanking*, 24
    instrumento de desafio para as marcas e instituições norte-americanas, 5

276

# ÍNDICE REMISSIVO

notícias e opiniões prejudiciais, 21
séries da BMW, com curtas metragens, 209
Gucci, 32, 197, 209, 227, 245
Guinness, 17-18, 32, 145

## H
Haagen-Dazs, 136, 260
Haier, 246, 260, 264
Haji-Ioannou, Stelios, 100
Hall, Mike, 152, 154
Halsbury, Lord, 190
Harley-Davidson, 70, 73, 102, 109, 110
Harley-Davidson Europe, 73
Harley Owners Group (HOG),109
Harry Potter, filmes, 259
Harvard Business Review, 174
Haw Par,229-230
Hazeline Snow, 229
"Health Mate", programa de informação sobre a
gestão da saúde, 231
Heath, Robert: The Hidden Power of Advertising, 157
Heineken, 141
Heinz, feijão cozido da, 15
Hellmann's, maionese, 20
Heublein, 31
Hewlett-Packard, 69
Hilton, 32, 232
histórias, recurso a, 135, 145
HIV, 60
Hoechst, 141
hologramas, 184
Hong Kong, 204, 230
Hopkins, Claude, 156
Hornby, 259-260
HSBC, 61, 103, 201
Hugo Boss, 260
Hume, David, 156
Hyatt, 232

## I
I&D
   com marca/sem marca, 34
   indústria farmacêutica, 21
   investimento em, 36
   reestruturação, 96
IAS 38, 32, 44
IBM, xiv, xvi, 29, 40, 69, 75-76, 90, 93, 97-98, 133, 134, 137, 138
ICANN, 193
icebergue da gestão da marca, ver experiência da marca
ICI, 140
identidade, 168, 169, 180
   ver também identidade visual e verbal

identidade da categoria, 140, 141
identidade da marca, ver identidade visual e verbal
identidade empresarial, 133, 137, 139, 140, 142
identidade visual e verbal, 133-147
   controlo e identidade da categoria: o "manual de IC" e afins, 140-143
   desde o brandr até aos dias de hoje, 136-137
   identidades de diversificação, 143-147
   identidade orientada pelo designer, 137-138
   identidade orientada pela estratégia,138-140
Igreja de Inglaterra, 21
IHMI, ver Instituto de Harmonização no Mercado Interno
Ikea, 72
ilustração, 134, 136, 146
Império Austro-Húngaro, 14
imprensa, 149
Índia, 212, 259
   imagem de marca, 246
   e inovação benéfica a nível social, 51
   salários, 259
   e marcas ocidentais, 203
"índice do papel do branding", 39
índice Ethical Purchasing de 2002, 216-217
Índice Morgan Stanley Capital, 4, 29-30
Índice S&P 500, 30
Indonésia, 203, 209, 227, 232, 235
indústria cervejeira, 26
indústria de seda tailandesa, 233-234
indústria farmacêutica, 21-22, 141-142, 201, 214
Industrial and Commercial Finance Corporation, 10
Infosys, 246
iniciais, 93
iniciativa "Reach for the Sky", 60
Innocent Drinks: Livro de Regras da Empresa, 145-146
Inovação, 25, 89, 92, 170, 178, 180
   benéfica a nível social, 50-52
insegurança, 223
instabilidade económica, 223
instituições de caridade/obras de beneficência, 65, 135
Institute of Grocery Distributers, 217
Instituto Bud Light, 154-155, 158
Instituto da Marca Comunitária, ver Instituto de Harmonização do Mercado Interno
Instituto de Harmonização no Mercado Interno (IHMI) (conhecido como Instituto da Marca Comunitária), 185, 188
Instituto Fraser, 198
integração, 157-159

277

# O MUNDO DAS MARCAS

da marca, 158
funcional, 158
temática, 158-159
integração funcional, 158
integração da marca, 157-159
integração temática, 158-159
integridade, 172
Intel Corporation, xvi, 20, 29, 69, 183, 258
Interbrand, xvi, 29, **31**, 220, 236
"internalização" das marcas e sua gestão, 21
International Business Machines, 93
Internet
Invensys, 94
investimentos nas marcas, 41
Investors in Industry, 140
Irlanda, 243
Ironman Triathlon, 160
iVillage.com, 162

## J

Jacobsen, Egbert, 137
Jaguar, 30
Japão, 14, 238, 243
J.D. Power and Associates, 110
jetBlue, 201
Jogos Olímpicos, 178
Johnson & Johnson, 52
joint ventures, 44
JP Morgan, xvi, 29
Jubilee 2000, 65
J Walter Thompson (agência de publicidade), 15, 153

## K

Kanegaonkar, Deepak, 246
Keebler, 30
Kelleher, Herb, 174
Kellogg's, 49, 69, 95
Kelly, Marjorie, 218
    The Divine Right of Capital, 218
Key, sabão, 51
Kia, automóveis, 61
King, Stephen, 153
Kit Kat, 97
Klein, Naomi: No Logo, 1, 211
Knorr, caldos, 20
Kodak, 15, 53, 69, 137, 149, 182
Kordels, 231
Kraft Foods, 213

## L

Lacki, Tom, 103
Lacoste, 235
Ladbrokes, 32

Land Rover, 30
Lazarus, Shelly, 69
Legend, computadores, 246, 260
Lei Sharia, 61
lema, 89, 135, 145, 162, 167, 175, 183, 227, 263
Leo Burnett, agência de publicidade , 109
Leste asiático, 56, 221
Levi-Strauss, 212, 219
liberalização económica, 228
Liberhaier, 260
licenças, 26, 41, 44
    acordos de licenciamento, 35
liderança, 113, 114, 170, 180, 221-224, 268
liderança da marca, o futuro da, 268
liderança social das empresas, 48, 57-62, **59**
líderes de opinião, 25
Liew, Patrícia, 235
linguagem, 135, 138, 144, 145, 146, 161
Lipton, chá, 171
Littlewoods, 218
Litvin, Daniel, 206, 219
Liverpool, 243
lixo electrónico, 207
Locke, John, 156
Loewy, Raymond, 137
logos, 16, 18, 24, 53, 100, 111, 134, 137, 138, 141-142, 145, 181
logotipos ver logos
Logue, Christopher, 140
Lopez, Jennifer, 264
L'Oréal, 32, 229
Lucky Dog Phone Company (mais tarde Lucky Guy Phone Company), 17
"Lucky Strike", 137
lucros e perdas, 30
Lux, sabonete, 66
LVMH, 32

## M

McDonald's, xiv, xvi, 4, 16, 20, 29, 29, 33, 47, 53, 54-57, 74-75, 110-111, 134, 145, 200, 207, 208-209, 216, 239-240
McGrath, John, 9
McKinsey, 199
    estrutura de estratégia dos 7S, 85
Maclay, Doug, 152, 154
MADD (Mothers Against Drunk Driving), 65
Malásia, 204, 227, 231, 235
Malásia Ocidental, 235
Maldivas, 232
Mambo, 16
manufactura, 204
máquinas multibanco (ATM), 24
Marathon, 17

278

## ÍNDICE REMISSIVO

Marca Ala, 150
"Marca América", xiv, 4, 5, 261
marca, competências para construir uma, 77
marca do oleiro, 18, 136
"marcadores somáticos", 157
marcas
  as 100 marcas mais valiosas, 4
  aspecto social e político, 4-6
  como tiranas/opressoras, xiv, 211
  como activos empresariais, 19-21
  compreender o papel das, 6-9
    elementos tangíveis e intangíveis, 8-9
    falta de compreensão, 6-7
    propriedade, 8
    terminologia, 7-8
  desafiadoras, 234-236
  definições, 13
  elementos da marca, 16-19
    criar uma impressão indelével, 18-19
    intrinsecamente marcantes, 16-18
  estabelecidas, 236
  história das, 13-16, 49, 136-137
  importância económica, 2-4
  poder das, 6, 47, 57, 60, 62, 212, 224
  revitalizadas, 230-231
  utilização da palavra em três sentidos, xiii
marcas animadas, 184
marcas de cheiro, 183-184
marcas de contraste, 15
marcas de gado, 136
marcas desafiadoras, 234-236
marcas importantes, ver desempenho da marca
marcas "Nova Ásia", 232-234
marcas para exportação, 243
marcas registadas, xiii, xiv, 7, 27, 98
  legislação, 15
  lei das marcas registadas, 24
  primeira registada no Reino Unido (1876), 15
  ver também protecção das marcas
marcas sociais, 63
marketing
  aulas de marketing nas universidades, 207
  boom (nos anos 70), 138
  centralizado no cliente, 96-97
  directo e interactivo, xv
  despesas, 41
  e melhorar os locais, 241
  enganador, 245
  integrado, 150, 160-161
  métrica, xiv, xv
  papel do, 8
  reconhecimento da sua utilidade, 242
  uma profissão em crise, 208
  visão do, 249

marketing integrado, 150, 160-161
Marks & Spencer, 82, 89, 200-201
Marlboro, xiv, xvi, 29, 245
Mars, 17, 264
Mastercard, 258
Mathlouthi, Tawfik, 4
Matsui, 245
Mecca-Cola, 4
Médicos sem Fronteiras, 63, 214
medicina, acesso à, 223
Melchett, Lord, 214
"Melhores Marcas Globais", quadro classificativo
  das, 29
mercados livres, 202
Mercedes-Benz, xvi, 29, 201, 209
Merck, 21
Metrojaya, 235
Metropolitano de Londres, 134
Michelin, 16, 161
Microsoft, xiv, xvi, 3, 6, 29, 51-52, 69, 95, 258
Midland Bank, 23
migração de marcas, 44
Mini, 68-69
Minnesota Mining and Manufacturing, 17
Minolta, 137
Mintel Consumer Intelligence, 198
missão, 89, 90, 91, 167
modelos de oportunidade, 86, 86, 87, 91, 91
monopólio, 33
MORI, 216
MTV, 60
multinacionais, xiv, xv, 197, 204, 205, 206, 207, 213, 217, 220
"myhome", um serviço doméstico de limpeza e lavandaria, 264

## N

Nabisco, 30
  Oreo Cookies, 95
  Ritz Crackers, 95
Nações Unidas, 63
National Consumer Council (Conselho Britânico
  do Consumidor), 216
National Quorum, 179
necessidade de atenção às marcas por parte do
  presidente executivo, 8
Negroponte, Nicholas, 258
Nescafé, 97, 212
Nesquik, 97
Nestlé, 27, 30, 97, 208, 221
Nestlé Filipinas, 205
Neyts, Patrick, 219
Nigéria, relatório da Shell sobre os direitos humanos na, 55, 206

279

Nike, 16, 47, 54, 56, 66, 69, 71, 141, 145, 183, 204-205, 206-207, 209, 212, 219, 245, 261
Nívea, 53, 84
níveis de vida, 4, 203, 204
"nível de força da marca", 39
nível de vida, 48, 49, 199
No Logo, crítica a, 1, 211, 213, 217, 221
Nokia, xvi, 6, 29, 66, 69, 70, 72, 258
nome, ver designação
Nominet, 193
Norton AntiVirus, 90
Nova Zelândia, 243
    marcas nos balanços, 30-32Novartis, 21, 142
NWAyer (agência de publicidade), 15

**O**
O2, 51
O Sexo e a Cidade, 209
OCDE (Organização para a Cooperação e Desenvolvimento Económico), 219-220
    Guidelines on Multinational Enterprises, 215
Ogilvy & Mather, 69
Oil of Olay, 84
Olins, Wally, 241
Olivetti, Adriano, 138
One-Click, 108
Orange Personal Communications, 94, 145, 183
Orangina, 22
Organização Mundial de Comércio (OMC), 211
Organização Mundial da Propriedade Intelectual (OMPI), 185
organizações não governamentais (ONG), 21, 63-64, 179, 215, 242, 265
OSIM, 234, 239
    gama Mermaid de aspiradores, 234
Otis, 95
outdoor intitulado "American Brandstand", 214
Oxfam, 3, 22, 65, 202, 265
Oxford American Dictionary, 13

**P**
Paepcke, Walter, 137
pagamentos pelos direitos de utilização das marcas, 44
painéis de fonte única, 152
painéis publicitários, 207
países, ver branding de locais e de países
países árabes, 208
países em vias de desenvolvimento
    comportamento das empresas nos, 65
    e globalização, 203-205
    perspectiva das empresas com marcas, 257
Paquistão, 206
Pampers, 51, 83

Panasonic, 208
partidos políticos, 4, 21, 242
"passing off", 189-190, 267
patentes, 20, 22, 27
    lei das patentes, 25
património da marca, xiii, xiv-xv, 18, 76, 94
patrocínios, 114, 149, 150, 174
Pears, sabonete, 149
Penguin Books, 136
Pepsi-Cola, 16, 18, 69, 70, 101
percentagem de lucro, 44
Perrier, 52, 97
Persil, xiv, 264
perspectiva holística das marcas, 100-102, 108, 109
Pfizer, 21
PG Tips, 162
Pharmacia, 141
Philip Morris, 17, 213
Pillsbury, 30, 32, 158
PIMS, base de dados, 152
PIMS Europe, 34
Plataforma petrolífera Brent Spar, Mar do Norte, 55
pobreza, 61, 204-205, 223
Pocket Oxford Dictionary of Current English, 13
"Poder da Tríade", 111
políticas comerciais, 65
Porter, Michael: A Vantagem Competitiva das Nações, 247
portfólio da marca, 44
pós-auditorias, xv
posicionamento, ver posicionamento da marca
posicionamento da marca, 81-98, 112, 168, 180, 265-266
    arquitectura da marca: organizar para fornecer valor, 94-98, **95**
    criação de modelos de oportunidade de posicionamento, 84-88
    desenvolvimento de longo prazo e gestão da marca, 98
    o processo de posicionamento da marca, 83
    reflectir o posicionamento da marca no nome e uma identidade mais abrangente, 92-94, **93**
    stakeholders, 83-84
    tomar uma posição: o programa da marca, 88-89, **90**
    um exemplo concretizável, 89-92, **91**
PPR, 32
Prada, 32
Pratt & Whithney, 95
preço premium, 37
Preço(s) das acções, 204, 208
    e alerta sobre os lucros, 218
    e valor da marca, 19, 34

## ÍNDICE REMISSIVO

sustentar os, 44
preços de transferência, 44
Pret a Manger, 106, 111
preço relativo, xiv
preços relativos, 27
princípio do *marketing*, 37-38
princípio financeiro, 38
Princípios Contabilísticos Geralmente Aceites dos
Estados Unidos, 32, 44
princípios morais, 211-224
anti ou pró-Logo?, 211-213
intenções mal orientadas, 217-220
o mito do consumidor ético, 216-217
redifinir o valor das marcas?, 220-221
responsabilidade social e comportamento
das marcas, 213-216
uma causa para a liderança, 221-222, 224
"Pro Logo" (artigo publicado na revista *The Economist*), 1
processos, 112, 113
Procter & Gamble, 27, 51, 83, 84, 208, 268
produtos, xiii, xiv, 108-110, 112, 113
ciclos de vida, 96
*design* de, 36
melhoria, 34
proeminência, 153, 154, 155
programa da marca, 88-90, **90**, 93, 98, 112
Project Blue (Pepsi), 101
promessa da marca, 105, 106, 112, 113, 169, 174, 180, 256
promoção, 36, 111, 114, 149
propriedade intelectual, 186, 191, 193, 215, 265
leis de, 181-182
protecção da marca, 181-194
*designs* registados, 191-192
direitos de autor, 190-191
domínios e a Internet, 192-193
marcas registadas, 182-190
auditoria ao *portfolio* das marcas registadas, 189
classificação de bens e serviços, 184
criar de uma nova marca: pesquisa, 187-189
manter um *portfolio* das marcas registadas, 186
manutenção de arquivos, 187
*passing off* e concorrência desleal, 189-190
renovações, 186
serviços de supervisão, 186-187
o que se deve registar?, 193-194
onde deve o registo ser procurado?, 184-185
porquê registar?, 186

protecção do consumidor, 48, 52-53
Protocolo de Madrid, 185
Prudential Insurance, 15, 23
publicidade, xv, xvi, 24-25, 36, 100, 109, 114, 145, 147, 159, 266
campanhas, 208
de que forma funciona, 158-160
efeitos de curto prazo, 152
linguagem, 164
papel da, 153
perda de estatuto dos "anúncios", 212

### Q
Quaker, 15, 22, 27
qualidade, 172
qualidade relativa percepcionada, xiv
quantificação monetária, 67
quota de mercado, xiv, 208

### R
Rabbit, rebuçados de leite, 228, 239
rácio cotação-valor contabilístico por acção, 27
rácios preço-receitas da empresa com valores de fidelização acima da média, 99
rádio, 149
Raffles International, 232
Ralph Lauren, 235
Rand, Paul, 137, 138
Rank Hovis McDougall (RHM), 31
recessão global, 227
reciprocidade, 101
Reckitt & Colman, 31
recrutamento, 106, 168, 209, 243
recrutamento de licenciados, xv
Reddaway v Banham, 190
redefinição, 110-111, 114
Rees, Martin, 257, 258
Reino Unido
aumento da riqueza pouco relacionado com felicidade, 268
classificação de bens e serviços, 184
indicadores governamentais de "qualidade de vida", 268
marcas nos balanços, 42, 44
*rebranding*, 248-249
relações culturais, 249
relações governamentais, xv
relações públicas, 149, 167-180, 214, 266
a marca é a empresa, 172-179
Coca-Cola: celebração de uma promessa, 177-179
contextualizar a marca, 167-169, **168**
ligação ao desempenho e à reputação, 169-173, **169**

281

marca e desempenho: Unilever, 171-172
marca e reputação: Coca-Cola, 172-173
US Postal Service: em crise, 175-177
Relatório do Conference Board: *Engaging Employees through your Brand*, 173
relevância, 85
rendibilidade da marca, 44
Rendibilidade do Investimento (ROI – *Return On Investment*), 41, 67, 96
rentabilidade, 27
repartições de finanças, 135
repetição de compras, 38, 99
reputação, xiii, 6, 21-22, 25, 54, 114, 167, 168, 169, 170, 172, 175, 177, 178, 179, 180, 187, 202, 204, 214, 216, 256, 266
Reserva Federal norte-americana, 28
responsabilidade, 180
responsabilidade, xiv, 172
    para com os *stakeholders*, 26
responsabilidade social, *ver* responsabilidade social das empresas
responsabilidade social das empresas, 25, 48, 53-57, 55, 211, 213-216, 217-219, 221, 222, 256, 267-268
Revolução Industrial, 15
Riccino, 235
Richardson Vicks, 84
Ries, Al e Trout, Jack: *Positioning: The Battle for Your Mind*, 81
riscos, 170
Roche, 21
Rockwell International, 137
Rolex, 227
Rolls-Royce, 20, 245
Rolls-Royce Aero Engines, 20
Rolls-Royce Motor Cars, 20
Rowntree, 30
Royal Mail Group, 101, 134
Rucci, Anthony, 174
Russel, John, 73
Rússia
    economia, 147
    McDonald's na, 4
    *ver* também União Soviética

# S
Sainsbury, J., 106
Samsung, 30, 40, 246, 260-261, 268
Samyang, perto da cidade de Ho Chi Minh, 205
Sandoz, 142
Santiago de Compostela, Espanha, 15
Santos, Juan, 205
Satmetrix Systems, 99
saúde, 48, 51, 59, 61, 228-230, 239, 256
saúde pública, 53

Scalextric, 259
Schachter, Daniel: *Searching for Memory*, 157
Schultz, Don, 173
Schultz, Howard, 108
Scott, Walter Dill, 156
    *The Psychology of Advertising*, 156
Seattle, 210, 211
sector B2B, 21
sector da hotelaria, 232
sector de consumo, 21
sector do ensino superior, 141
sector industrial, 21
sector petrolífero, 213, 221-222
sector privado, 53
sector público, 21, 53
sector sem fins lucrativos, 28, 48, 53, 63-64, 255
Seeds of Change, 264
Seicheles, 232
serviços, xiii, 20-24
Série 7 (BMW), 68
serviço de cliente, 143
    reestruturação, 96
serviço por cabo da Sky, 60
serviços de supervisão, 186-187, 193
serviços financeiros, 82, 173
Sesamin, 231
Shangri-La, 233
sector do voluntariado, 21
seda Ban Krua, 233
segmentação do mercado, 38
Série 7, 68
Shell, 16, 54-55, 61, 64, 136, 137, 206, 214, 221
Shokoya-Eleshin Construction, 220
Shredded Wheat, cereais de pequeno-almoço, 15
SIDA, 60, 61, 215, 218
Silicon Valley, 158
símbolos, 134, 136, 137, 139, 155
Simpson, Peter, 103
sindicatos, 201
Singapura, 227, 229, 231, 234, 235, 236
Singapore Airlines, 232, 236, 239
Singer, máquinas de costura, 15
sistemas de avaliação, 113
*slogans*, 181
Smirnoff, 31
Smith, Adam, 247
    *A riqueza das Nações*, 75
Smith's, 32
Snickers, 17
Sociedade National Geographic, 178
Sony, 52, 69, 246, 258, 260
    Laboratório Digital da Sony, 258
Sony Ericsson, 264
sons, 181, 183

282

# ÍNDICE REMISSIVO

Southwest Airlines, 108-176
Sprite, 29
*stakeholders*
   compreender os, 83
   identificar os, 83-84
Standard & Poor's 500, 4
Starbucks, 69, 70, 102, 108-109, 198
Stuart, John, 27
Sudeste Asiático, 227
   as marcas asiáticas mantêm a sua posição,
   228-236
      marcas desafiadoras, 234-236
      marcas estabelecidas, 236
      marcas Nova Ásia, 232-234
      marcas revitalizadas, 230-231
      *top* das 50 marcas asiáticas mais importantes, 1999, 237
      *top* das marcas de Singapura, 2002, 238
      marcas tradicionais, 229-230
   olhar para o futuro, 236-240
      dicas para os construtores de marcas na Ásia, 239-240
   situação actual, 236
Sul asiático, 227
Sunlight, sabonete, 15
Suntory, 231
surto da pneumonia atípica, 236
SustainAbility, 214
   *Global Reporters Survey*, 214
Sustainable Development Comission, 268
sweatshops, 56
"swooshes", 16, 141, 145, 183
Symantec, 90, 91, 92

## T

tabaqueiras, 209, 213, 214
Tailândia, 3, 227, 231, 232, 233, 235
Taiwan, 230, 231
Tanzânia, 51
taxa de desconto da marca, 39
Tazo, 146
tecnologia
   aplicações sociais, 51
   dependência da, 90
   desenvolvimento tecnológico, 21
   e o *branding* como experiência sensorial, 266
   "muda", 107
   nova, 87
   progresso tecnológico, 96
   valor, 27
tecnologias da informação
   empresas, 135
   investimento, 199

telecomunicações móveis, 19, 51, 70, 105, 136-137, 145, 183
televisão, 5, 149, 150, 203
   anúncios, 207
terminologia, 7-8
Tesco, 82, 200, 262
"teste CEO", 82
testes de valorização, 33
Thai Silk Company, 233
"Think Before You Drive", campanha, 61
ThinkPad, 98
Thompson, Jim, 233-234, 239
Thompson, John, 90, 92
Three Riffles, 235
TI, *ver* tecnologia da informação
Tide, 84
Tiga Kaki, comprimidos para as dores de cabeça, 229
Tiger Balm, 229-230, 239
tipo de letra, 134, 136, 145
Toffler, Alvin: *Future Shock* (O Choque do Futuro), 258
tom de voz, 135, 144
turismo, 243
Toyota, 69, 70, 246
Toys 'R Us, 199-200
TQM *ver* Gestão da Qualidade Total
trabalho
   infantil, 56, 61, 206, 221
   local, 221
Trade Marks Act (1938) (Reino Unido), 182-183
Trade Marks Act (1994) (Reino Unido), 182-183
Traidcraft, 214
transacções financeiras, 40, 44
transparência, 25, 173, 266-267
Tribunal Europeu de Justiça, 183Trout, Jack, 81
Tully's Coffee Corp, 198-199
Tylenol, 52

## U

*Uncommon Practice: People who deliver a great brand experience* (Smith e Milligan), 99
*Understanding Brands* (ed.Cowley), 81
União Europeia, 185, 247
   Directiva Comunitária sobre a Protecção Jurídica dos Desenhos e Modelos, 191
União Soviética: sem marcas, 198, 201
   *ver também* Rússia
Unilever, 20, 27, 50-51, 136, 171-172, 208, 213, 214, 218, 264
   estratégia *Path to Growth*, 171-172
   programas *Leaders into Action*, 171-172
Union Carbide, 213
Unisys, 140

283

# O MUNDO DAS MARCAS

United Airlines, 137
United Biscuit, 32
United Technologies, 95
United Way of America, 40
Universidade da Carolina do Sul, 3, 29
Universidade de Harvard, 3, 29
Universidade do Michigan, 110,205
Universidade do Minnesota, 204
Upjohn, 141
UPS, 137
Urvâshi, 246, 252
usar o icebergue da gestão da marca, 111-114
   auditoria à experiência do cliente, 111-112
   comunicar a marca externamente, 114
   comunicar a marca internamente, 113
   criar um programa da marca, 112-113
   delinear a experiência do cliente, 113
   prosseguir com a gestão, auditorias e rede-
   finição, 114
US Inland Revenue Service, 110
US Patent Office, 184
US Postal Service, 174, 175-177

## V
Valor
   acrescentar, 2, 3
   como investimento de longo prazo, 170
   e património da marca, xiv
   marcas empresariais classificadas por, 179
   obter o máximo valor de uma marca, 174
valor actual líquido (VAL), 39
valor empresarial, 33
valor para o accionista, 25, 26, 28, 29, 29, 36, 40, 45
valor para o cliente, xvii
valor social das marcas, o, 33-35, 47-66
   a pressão das marcas para a responsabilidade social das empresas, 53-57
   as marcas e a coesão social, 65-66
   as marcas e a criação de riqueza, 48-50
   as marcas e a inovação socialmente benéfica, 50-52
   as marcas e a liderança social das empresas, 57-62
   as marcas e a protecção dos consumidores,
   52-53
   as marcas sociais, 63-65
      atribuir às ONG o papel de árbitros
      sociais, 63-64
      permitir o fornecimento de serviços
      sociais benéficos, 65
      providenciar um programa de cam-
      panha, 65
valor total dos activos, 27
valor total das empresas, 28

valores, 89, 167, 168-169, 171, 178, 180
Vanity Fair, 233
vantagem competitiva, 6, 21, 45, 82, 113, 174, 222
vantagem de custos, 256
vendas
   curto prazo, 208
   e valor da marca, 34
   reestruturação, 96
   vendedores/pessoal do departamento de,
   26, 51
Vickers, 20
Vietname, 204-205
Virgin, 82, 263
Virgin Atlantic, 23
Virgin Rail, 23
visão, 89, 90, 91
Vogue, 202, 233
Volkswagen, 20-21
Volvo, 30

## W
Wacker, Watts, 257
Wal-Mart, 52, 198, 199-200, 207, 262
Wall Street Journal, 110
Walter Thompson, agência, 153
Walton, Sam, 199
Watson, Thomas, 133, 137-138
Watzlawick, Paul, 149, 159-160, 161
WebSphere, 98
Wedgwood, 182
Windows, xiv
Wipro, 246
Wired, revista, 143
Wirthlin Worldwide: The Wirthlin Report, 179
Wolff, Michael,139
WorldCom, 22
Wu Bangguo, 246
www.Amazon.com, 192

## Y
Yomeishu, estimulante, 229
Young, James Webb, 155

## Z
Zaire, 202
Zeneca, 94